Wolfgang Oelsner · Rainer Rudolph

Karneval ohne Maske

Wolfgang Oelsner · Rainer Rudolph

Karneval ohne Maske

Greven Verlag Köln

Zur Schreibweise mundartlicher Texte:

Alle mundartlichen Texte in diesem Buch werden nach der in den Quellen vorgefundenen Schreibweise zitiert. Soweit die Autoren selber mundartliche Ausdrücke verwenden, folgen sie in der Schreibweise dem Standardwerk von Adam Wrede: Neuer Kölnischer Sprachschatz, Band 1—3, 9. Auflage, Greven Verlag Köln 1984

CIP-Kurztitelaufnahme der Deutschen Bibliothek

Oelsner, Wolfgang:
Karneval ohne Maske / Wolfgang Oelsner ; Rainer Rudolph. — Köln : Greven, 1987.
ISBN 3-7743-0233-2

NE: Rudolph, Rainer:

Titelfoto und Typographie: Peter J. Kahrl
Druck: Greven & Bechtold GmbH, Köln
Buchbinder: Hunke & Schröder, Iserlohn

INHALT

Loß mich trecke

Loß mich trecke dun nit kriesche
Et wed Zick ich muß erus
Hös de nit de Trumme rofe
Nur ne Schluffe blieht ze Hus
Muß jetz stark sin loß mich trecke
Du bes jo nit lang allein
Denn wenn ich ming Pflich jedonn han
Kumm ich Äschermettwoch widder heim
Denn wenn ich ming Pflich jedonn han
Kumm ich Äschermettwoch widder heim

Han schon manche Schlacht jeschlage
Han jerunge met dem Bär
Jedesmol wenn ich erus muß
Fällt d'r Abschied mir su schwer
Putz de Trone af em Schützel
Doch wat sin muß dat muß sin
Jevv mer noch paar Mark die bruch ich
Denn söns kumme ich nit hin

:Loß mich trecke dun nit kriesche

Jevv mer endlich dinge Säje
Langsam wed de Zick jet knapp
Loß mer uns nit explezeere
Meinste mich tröf dat nit hatt
Häs de mir de Botz jebüjelt
Häs de nit ich wed verröck
Ich muß doch noch repräsenteere
Tschüß mi Hätz wünsch mer vill Jlöck

:Loß mich trecke dun nit kriesche

Text: Bläck Fööss/Hans Knipp

Vorworte verführen dazu, fast so viel wie der Autor von sich geben zu wollen. Darum an dieser Stelle ein noch unveröffentlichter Text, der Tünnes im Schäl-Gewand losziehen läßt. Bald ist er wieder daheim, und das Leben geht seinen gewohnten Gang. Dem Buch wünschen wir viele vergnügte und verständige Leser.

Alaaf
DE BLÄCK FÖÖSS

Ach so!

Sie kennen sie schon, die Seele des Kölner Karnevals? Das laute »Ajuja«, die »decke Trumm«, Stimmung und Lustigsein — das gehört dazu? Richtig.

Und der Gesellschaftskarneval soll mit Eitelkeit, aufgeblasener Selbstdarstellung, Knatsch und Klüngelei zu tun haben? Auch nicht falsch.

Sie glauben aber, damit hätten Sie das Fest schon ganz verstanden, Sie hätten Ihre Liebeserklärung oder Ablehnung umfassend begründet? Irrtum!

Natürlich können Sie sich trotzig auf Ihren Irrtum zurückziehen und nicht weiterlesen. Aber dann verpassen Sie etwas. Sie ahnen ja gar nicht, wieviel Tiefgang Sie sich vorenthalten und welchen Karnevalsdimensionen Sie sich dann verschließen. Dabei ließen Sie sich von jenen Tiefen schon immer anrühren — doch geschah dies unbewußt. Und weil Sie noch gar nicht wissen, was Sie immer schon wußten, kommen Sie vom Karneval nicht los, erliegen Sie seiner Faszination immer aufs neue. Sie leugnen? Aber Sie haben doch schon wieder ein Buch über den Karneval in der Hand — trotz Ihrer auf ewig erklärten Treue oder Ihrer hundertfachen Abrechnung mit dem Fest.

Vertrauen Sie sich unserer Führung durch die karnevalistische Seelenlandschaft an, und Sie werden Ihren Hang zum Thema bessser verstehen. Also, machen Sie es sich bequem im Sessel hinter der Couch des Tiefenpsychologen und seien Sie Zeuge, wenn die Narren ihre Masken ablegen, wenn sich seelische Tiefen und Abgründe auftun, von deren Existenz Sie doch schon immer eine leise Ahnung hatten.

Sie werden dann auch verstehen, warum Tünnes und Schäl keine Patienten für Sigmund Freud gewesen wären. Jedenfalls nicht der Tünnes. Und der Schäl nicht, solange er unter seiner steifen Melone die feurige Perücke des Tünnes trägt.

Tünnes ist der Unverfälschte, der unerschütterlich in sich selbst Ruhende. Von seiner seelischen Gesundheit geht ein Sog aus. Ihm strömen sehnsuchtsvoll alle entgegen, die ihre eigene Seelenharmonie der Karriere, dem Erfolg und dem Prestigegewinn opferten. Das sind all jene Schäls, die Tag für Tag in die Norm des großstädtischen Anzugs schlüpfen, die mit wichtiger Miene im Kleinbetrieb regieren und mit unterkühlter Geste auf Vorstandsetagen und Amtsfluren das Image des Dynamisch-Cleveren verbreiten. Schlitzohrigkeit lassen sie sich gerne als rheinische Tugend anerkennen, aber nach Feierabend su-

chen sie die Nähe zum Tünnes, das heißt die Nähe zum Unverfälschten, zum Ursprünglichen, zum Gemüt.

Gemeint sind all jene Schäls, die sich im Smoking nebst dekolletierter Gattin zur Karnevalssitzung begeben, um dem Tünnes auf der Bühne, dem Verdötschten im Babyhöschen oder dem Einfältigen vom Lande zuzujubeln. Mit ihm, der im Bauernkittel oder in Hochwasserhosen mit zwei verschiedenen Socken steckt, lachen die Ordensgeschmückten im Gesellschaftsanzug. Sie lachen mit ihm über die Peinlichkeit »plötzlich abgehender Winde«, mit ihm singen sie von der »Oma«, »d'r Botz« oder von der »Ähzezupp«. Und werden sie gar zur »Buurehuhzick« eingeladen, dann stampfen sie auf Tisch und Stühlen.

Womit wir eigentlich schon mitten im Thema sind. Aber weil das Narrenfest nur seriöse Bücher verdient, wollen wir nun lieber methodisch und der Reihe nach vorgehen. Wir verraten Ihnen deswegen zunächst, was Tünnes und Schäl mit dem Seelenleben der Kölner zu tun haben. Das geschieht zusammenhängend im ersten Teil des Buches. Im zweiten Teil beschäftigen wir uns dann mit den Karnevalisten selber. Hier können Sie nach Herzenslust herumschmökern. Jedes einzelne Kapitel ist in sich abgeschlossen.

Also dann: Loß mer trecke . . .

ERSTER TEIL: AUF DEN SPUREN VON TÜNNES UND SCHÄL

WENN DER KARNEVAL ZUM ZUSTAND WIRD

Eigentlich kennen wir uns ja gar nicht — Sie, der Leser, und wir, die Autoren. Deswegen wissen wir auch nicht, wie gut Sie sich im Kölner Karneval auskennen.

Mag sein, Sie wissen wenig oder nichts darüber. Dann können Sie in diesem Kapitel einiges erfahren, was für das weitere Verständnis wichtig ist. Mag sein, Sie wissen viel vom Karneval. Dann werden Sie hier nochmal an einige wichtige Dinge erinnert.

Selbst in letzterem Falle könnte einiges vom Folgenden aber doch noch neu für Sie sein. Oder wissen Sie etwa schon, was eine Karnevalsgesellschaft mit einer Geheimloge gemeinsam hat, und warum man im Sitzungssaal mehr über den Karneval erfährt als beim Rosenmontagszug?

DIE UNERMÜDLICHEN JECKEN

Karneval in Köln — das ist mehr ein Zustand als ein Ereignis. Kölner werden das leichter verstehen können als Auswärtige. Die Bewohner der Stadt wissen ja, daß der »Fastelovend« oder »Fasteleer« längst nicht nur aus dem Rosenmontagszug besteht. Selbst die drei »Tollen Tage«, auf die sich in anderen Städten der Karneval konzentriert, bilden in Köln nur den Abschluß des mehrmonatigen Dauerkarnevals zwischen Neujahr und Aschermittwoch. Bevor die Jecken zu Weiberfastnacht auf die Straße gehen, haben sie sich in den Sälen nämlich schon seit vielen Wochen in Stimmung geschunkelt.

Die eine Karnevalssitzung, die das Fernsehen alljährlich aus Köln überträgt, ist weniger als die Spitze eines Eisberges. Eine Übersicht von 1987 besagt, daß in 60 Tagen 28 Kostümbälle, 27 Herrensitzungen (diese stehen nur Männern offen), 32 Damensitzungen (nur für Frauen), 148 Sitzungen mit Damen (für gemeinsamen Besuch), 21 Fischessen (zu Beginn der Fastenzeit) und 54 sonstige Karnevalsfeiern stattgefunden haben. Mehr als 300 000 Menschen besuchten diese Veranstaltungen.

Diese Zahlen sind noch nicht einmal vollständig. Sie beruhen auf den Angaben, die das Festkomitee des Kölner Karnevals liefert, in dem sich die bedeutendsten, aber nicht alle Karnevalsgesellschaften zusammengeschlossen haben. Auch Betriebsfeiern, Schulfeiern und Pfarrsitzungen, Feste von Stammtischen und Vereinen sind darin noch nicht enthalten. Rechnet man sie überschlägig dazu, so nimmt

Der Rosenmontagszug ist die bekannteste Veranstaltung des Kölner Karnevals, aber nicht die wichtigste

— statistisch gesehen — jeder zweite von fast einer Million Kölnern an einer solchen Saalveranstaltung teil.

»Auf eine Sitzung zu gehen«, das ist ein Vergnügen, das sich manche Kölner gleich mehrfach während des Karnevals leisten. Die Zeiten, in denen die Jecken ihre Betten in der Pfandleihe versetzten, um Karneval feiern zu können, sind zwar schon lange vorbei, aber unbestritten ist, daß viele sich die Teilnahme an einer vier- bis sechsstündigen Sitzung schon etwas kosten lassen. Friseure und Bekleidungsgeschäfte erhalten zusätzliche Kundschaft in dieser Zeit, der Umsatz an Wein und Bier steigt, und wahrscheinlich gibt es keine andere deutsche Stadt, in der Nacht für Nacht so viele Menschen in Abendsandaletten und Lackschuhen durch winterliche Schneehaufen und Schmutzwasserpfützen stolpern wie in Köln. Auf der Strecke zwischen den großen Festsälen Sartory und Gürzenich ist das ein vertrauter Anblick.

Solche Szenen gehören zu den freundlichen Irritationen dieser Stadt ebenso wie der einsame Jeck, der zum Heimspiel des 1. FC Köln im Clownskostüm erscheint, oder die Kapelle, die auf dem Weg zum Sitzungssaal zur Freude der Passanten schnell noch ein paar Takte spielt, ehe sie ihren Auftritt hat.

In den trüben Winteralltag bringt eine Regimentskapelle schon kurz nach Neujahr jecke Töne

Kaum ein Tag vergeht zwischen Neujahr und Aschermittwoch, an dem nicht mindestens ein halbes Dutzend Sitzungen stattfindet. Nicht dran zu denken, daß zu dieser Zeit eine festliche Veranstaltung anders als in Form einer Karnevalsveranstaltung ausgerichtet werden könnte. Wenn andere noch gar nicht an Narretei zu denken wagen, regieren in Kölns Sälen schon lange die Narren. Die Stadt feiert, die Dollerei hat Hochkonjunktur, und der Karneval wird zum Normalzustand.

HAUPTSACHE, IN DER RICHTIGEN GESELLSCHAFT

Dem Festkomitee sind 49 Gesellschaften als ordentliche und 44 Gesellschaften als hospitierende Mitglieder angeschlossen. Diese Gesellschaften organisieren nicht nur die meisten großen Karnevalssitzungen in Köln, sie repräsentieren auch außerhalb der Session das gesellschaftliche Leben in Köln.

Aus der Zugehörigkeit eines Kölners zu einer Gesellschaft kann man bereits Rückschlüsse auf ihn ziehen. Da gibt es beispielsweise vornehme Frackträger, schneidige Operettensoldaten, derbe Musketiere oder gemütliche Funken. Andere Karnevalsgesellschaften zeichnen sich dadurch aus, daß sie an einen bestimmten Vorort, an einen Berufsstand, eine Gewerkschaft oder womöglich an die frühere Mitgliedschaft im »Trifolium«, dem Dreigestirn aus Prinz, Bauer und Jungfrau, gebunden sind.

Man muß nicht gleich an die italienische Geheimloge »P2« denken, deren Mitglieder Einfluß auf den Staat gewinnen wollten, aber Verbindungen, die in einer Karnevalsgesellschaft angeknüpft werden, können durchaus auch außerhalb des Karnevals von Bedeutung sein. Man pflegt hier nämlich nicht nur freundschaftlichen Umgang, sondern kann die Gelegenheit — vorausgesetzt, es ist die richtige Gesellschaft — auch nutzen, um Geschäftsverbindungen zu knüpfen oder Probleme unter Ausschluß der Öffentlichkeit zu lösen.

Die gemeinsame Mitgliedschaft in einer Gesellschaft kann allerdings auch einen Vertrauensvorschuß bedeuten, der nicht gerechtfertigt ist. Das mußten einige Mitglieder einer durchaus angesehenen Gesellschaft erfahren, die dem leutseligen »Charly« vertraut hatten, einem Bankangestellten. Als er seinen finanzkräftigen Gesellschaftsfreunden günstige Investitionen in einem »Effektenclub Junior« anbot, zahlten die vertrauensseligen Gardisten, bis sie eines Tages feststellen mußten, daß sie in ein Faß ohne Boden inve-

Die Karnevalsgesellschaften unterscheiden sich unter anderem dadurch, daß sie entweder Frack oder Uniform tragen

stiert hatten. Charly war nämlich nur ein kleiner Angestellter, der die Einlagen für ein Leben im Stil seiner Gesellschaftsfreunde durchgebracht hatte. Meist befindet man sich in der richtigen Gesellschaft aber auch gleich in guter Gesellschaft. In manchem Mitgliederverzeichnis finden sich die Namen von Professoren, bedeutenden Geschäftsleuten, Vorstandsmitgliedern von Großkonzernen und Honoratioren der Stadt. Vor solchem Hintergrund erscheint es dann auch nicht verwunderlich, wenn ein Kommunalpolitiker, der seinen Sitz im Rat der Stadt verlor, bald darauf eine neue Karriere als Präsident einer Traditionsgesellschaft begann. Das Festkomitee als die »Gesamtinteressenvertretung« aller dieser Karnevalsgesellschaften kümmert sich mit seinem gewählten Vorstand um die Ausbildung des Nachwuchses für Bütt und Bühne und richtet gemeinsame Veranstaltungen aus. Seine wichtigste Aufgabe ist die Organisation des Rosenmontagszuges, der mit Hilfe von Stadtverwaltung, Polizei und Industrie auf die Beine gestellt wird. Rund 7500 Teilnehmer, 100 Kapellen und Spielmannszüge und bis zu 100 Wagen machen den Zug, der 1987 rund 700000 Zuschauer hatte, etwa 6,5 Kilometer lang. Entsprechend den hohen Kosten für Veranstaltungen und Zug — er allein kostet rund 1,6 Millionen Mark — muß das Festkomitee auch mit viel Geld wirtschaften. Der wichtigste Mann im Kölner Karneval ist daher nicht etwa der Prinz, denn der wechselt schließlich jedes Jahr, sondern der Festkomitee-Präsident, der die Interessen des Karnevals nach außen vertritt.

DER SITZUNGSSAAL ALS URZELLE

Gelegentlich wird das Verhältnis von Straßenkarneval zu Gesellschaftskarneval so dargestellt, als seien dies ganz verschiedene Welten: hier das urtümliche, sich selbst genügende Narrentreiben, dort die gebändigte Lustbarkeit wohlanständiger Kreise. Die Ursprünge solcher nicht ganz zutreffenden Vergleiche gehen bis auf das Jahr 1823 zurück.

Damals wurde das Festkomitee gegründet, das dem oft recht rohen, von Verboten und Auflagen begleiteten Karnevalsgeschehen auf der Straße neue, bürgerliche Bahnen weisen wollte. Das Festkomitee erfand mit der »Sitzung« nicht nur eine karnevalistische Saalveranstaltung, es nahm mit dem von ihm eingeführten »Rosenmontagszug« auch mäßigenden Einfluß auf den Straßenkarneval.

Beide Arten des Karnevals, wie sie heute noch gefeiert werden, wurden also als bürgerliche Veranstaltungsformen innerhalb des Festkomitees entwickelt. Nur ganz selten weisen einzelne Erscheinungen auf frühere Ursprünge zurück. Der Fastelovend in Köln ist nämlich im Verhältnis zu älteren Fastnachtsformen wie der von Basel ein moderner Karneval.

Außer dem geschichtlichen Ursprung gibt es noch ein anderes Bindeglied zwischen dem Gesellschaftskarneval und dem Narrentreiben in den Straßen. Heute wie damals sind es die organisierten Karnevalisten, die Mitglieder der Karnevalsgesellschaften, die alle wesentlichen Ereignisse, ob Sitzung oder Umzug, organisieren. Erst dadurch, daß sie den Zug durch die Stadt schicken, werden Hunderttausende dazu veranlaßt, sich zu versammeln und Straßenkarneval zu feiern.

Selbst die »Schull- un Veedelszöch«, die bereits am Tag vor Rosenmontag Hunderttausende an den Wegrand locken, kommen nicht ohne die Organisationsarbeit des »Vereins der Freunde und Förderer des kölnischen Volkstums« aus, der diese reine Straßenveranstaltung unabhängig vom Festkomitee ausrichtet. Die Schulen, Vereine und Stammtische aus den Stadtvierteln, die sich beteiligen, leisten mit wenig Geld aber viel Phantasie und Einsatzfreude ihren Beitrag zum Straßenkarneval.

Einzig und allein für Weiberfastnacht gilt, daß sie ohne jede Art von Organisation, sozusagen wie ein Naturereignis, über Köln kommt und große Teile des Arbeitslebens lahm legt. Die Frauen, die an diesem Tag das Sagen haben, ziehen in Gruppen durch die ganze Stadt und manchmal von Betriebsfeier zu Betriebsfeier. Vereine, Präsidenten und Orden brauchen sie dafür nicht.

Auch dem Narrentreiben bei den Schull- un Veedelszöch geht umfangreiche Organisationsarbeit voraus

Doch wie faszinierend der Straßenkarneval auch sein mag, nicht hier, sondern im Sitzungssaal kommt man den Triebkräften des Kölner Karnevals näher als an jedem anderen Ort. Der »Saal« ist die Urzelle des bürgerlichen Fasteleer, und nur hier wird man all die Ober- und Untertöne des Narrentreibens hören, die im Getümmel

Nirgendwo lassen sich die Triebkräfte des Karnevals so gut beobachten wie im Sitzungssaal

des Rosenmontags untergehen. Der Zug ist zwar der spektakuläre Höhepunkt der Karnevalszeit, andererseits aber auch nichts anderes als das Ende der »Session«, wie das eigentliche Karnevalsgeschehen zwischen dem 11. 11. und dem Aschermittwoch genannt wird.

Die Session, die sich über Wochen und Monate hinzieht, ermöglicht die Betrachtung des karnevalistischen Geschehens wie in der Zeitlupe. Tag für Tag wiederholen sich hier in großer Deutlichkeit Vorgänge, die Aufschlüsse darüber zulassen, warum der Karneval auf die einen so faszinierend und auf die anderen so abstoßend wirkt. Womit es Zeit wäre, die Frage zu stellen, für deren Beantwortung die Jecken sich nie Zeit lassen und ihre Gegner nur verkürzte Formeln bereit halten: Was bewegt eigentlich die Narren, wenn es sie umtreibt?

KARNEVAL IST GEMÜTSSACHE

Wer auf eine Karnevalssitzung geht, der kann kein Kind von Traurigkeit sein. Dieser landläufigen Meinung wollen wir hier einmal widersprechen.

Vielleicht ist Ihnen ja schon mal aufgefallen, daß Clowns sehr traurig sein können. Manche von ihnen tragen sogar eine geschminkte Träne unter dem Auge. So eine Träne zerdrücken auch die Sitzungsbesucher gelegentlich im Augenwinkel, beispielsweise wenn die Bläck Fööss eins von ihren schönen, anrührenden Liedern singen.

Diese Momente gehen natürlich schnell wieder vorbei, denn zum Glück ist man ja Tünnes genug, um nach einer sentimentalen Minute gleich weiterlachen zu können. Ein paar Stunden vorher hat das möglicherweise noch ganz anders ausgesehen. Da kam sich mancher noch wie ein echter Schäl vor, weil er mal wieder all' die Umstände in Kauf nahm, die eine Sitzung mit sich bringt. Schließlich werden Anzug und Abendkleid jedes Jahr enger, ein Friseurbesuch steht an, und der Sekt kostet fünfmal so viel wie im Supermarkt. Und im Grunde hört man aus der Bütt auch keine anderen Witze als an der Theke. Das kann es ja wohl nicht sein, was Jahr für Jahr Tausende in die Sitzungssäle lockt. Warum geht man also überhaupt zu einer Karnevalssitzung?

Vielleicht kommen wir der Sache etwas näher, wenn wir einfach mal für einen Moment die Witze, die Schunkelwalzer und das Getöse der Regimentskapellen vergessen . . .

» Wenn Fastelovend
kütt eran
Für echte kölsche
Lück
D'r Tünnes und d'r
schäle Jeck
Stonn widder en d'r
Bütt. «
(Jupp Frantzen)

Bei manchen Karnevalsliedern kommt Rührung auf

DIE BLAUE STUNDE DES FROHSINNS

Manchmal spielen sich in den Sitzungssälen auch Szenen ab, die mit dem fröhlichen Bild des Karnevals vordergründig nichts zu tun haben. Das passiert nicht nur in jener blauen Stunde des Frohsinns, wenn der Ball am frühen Morgen seinem Ende entgegengeht, die Musik immer lustloser spielt und die übriggebliebenen Paare merkwürdig verlassen in Ecken und Nischen des Ballsaales hocken.

Solche Stimmungen können auch in prall gefüllten Sitzungssälen aufkommen. Auch hier haben sie ihre Zeit zu fortgeschrittener Stunde, wenn die Weinflaschen schon fast geleert sind und die erste Energie der Feiernden verbraucht ist. Meist geschieht es, wenn die Jecken, die eben noch auf den Stühlen gestanden und geschunkelt haben, nun ermattet auf ihren unbequemen Stühlen sitzen, Hemden und Abendkleider durchgeschwitzt vom Schunkeln.

Kein Literat — so heißen die Programmgestalter in Köln — würde es wagen, jetzt noch einen Büttenredner aufs Podium zu lassen: Die Aufmerksamkeit ist hin. Ein guter Literat weiß, was er der aufziehenden Gesangsgruppe oder dem Musikkorps jetzt als Rat mit auf die Bühne gibt. Wenn sie ihn beherzigen, wird ein Lied gesungen, von dem jeder mindestens den Refrain kennt:

» Wenn ich su an ming Heimat denke
un sin d'r Dom su vür mir ston,
mööch ich direck op heim ahn schwenke,
ich mööch zo Foß no Kölle gon. «

Ganz unvermutet steigen dann Besinnlichkeit, Wehmut und Abschiedsstimmung unter den Narren auf. Dieses Lied singt man nicht nur so hin, man zelebriert es. Zu mitternächtlicher Stunde

Turbulente Höhepunkte und laute Stimmung sind nicht die einzige Seite des Karnevals

angestimmt, wächst es zur Hymne, treibt den Mitsingenden im Saal die Tränen in die Augen, und jeder meint zu spüren, daß in diesem Moment etwas ganz Besonderes geschieht...

Auch das gehört zum Karneval, und eine Sitzung in Köln ist ohne solche Lieder, denen oft mehr Wehmut denn Lustigkeit entströmt, gar nicht denkbar. Dabei muß es gar nicht immer das Lied vom »Heimweh noh Kölle« sein, das angestimmt wird — obwohl es eines der beliebtesten seiner Art ist. Gruppen wie die Bläck Fööss und die Höhner haben schon lange eigene Titel ähnlicher Wirkung, die sie zwischen ihren Stimmungsliedern spielen. Egal, ob es nun das betagtere »Och, wat wor dat fröher schön doch en Colonia« oder das neuzeitlichere »In unserem Veedel« ist, unter den sessionsüberdauernden Evergreens der Karnevalsszene finden sich vielleicht mehr besinnliche Stücke als solche, zu denen die »decke Trumm« als Begleitinstrument paßt. Das gilt auch für andere Karnevalshochburgen. Was den Mainzern ihr »Heile, heile Gänsje«, das ist den Düsseldorfern ihr Lied vom »Alten Schloßturm«.

Selbst in den karnevalistisch nicht infizierten Teilen der Bundesrepublik gibt man sich auf Schiffsausflügen, Kegeltouren und Betriebsfeiern gerne ähnlicher Rührung hin. »So ein Tag, so wunderschön wie heute« ist das Lied, das dabei am häufigsten gesungen wird. Auch hier wird ja im Folgevers wehmütig geklagt: »... der dürfte nie vergeh'n.« 53 Prozent der befragten Bundesbürger gaben 1971 an, daß sie dies Lied am liebsten singen. Nur vorübergehend ist es seit damals anderen Stimmungshits wie »Kreuzberger Nächte«, »Polonaise Blankenese« oder »An der Nordseeküste« gelungen, diesen Evergreen zu verdrängen. Das Lied vom »wunderschönen Tag« blieb die Nationalhymne des deutschen Gemüts, so wie für die Kölner das »Heimweh noh Kölle« eine Art städtische Nationalhymne geworden ist.

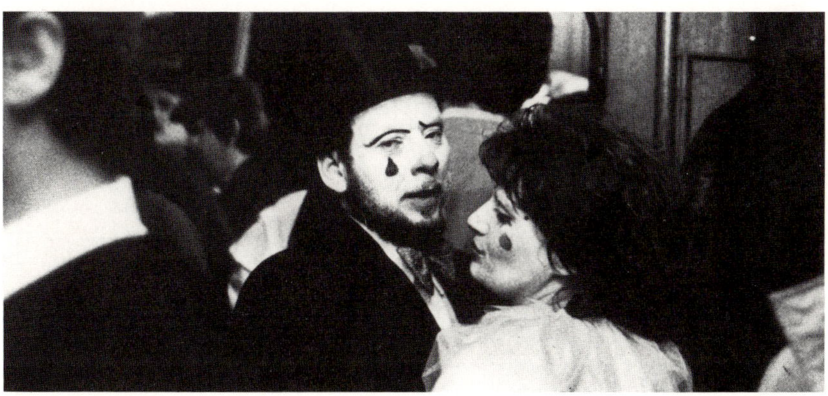

Zur Karnevalsmaske gehört manchmal auch die Träne

DER JECK LEBT NICHT VOM WITZ ALLEIN

Wenn die Menschen auf dem Höhepunkt dessen, was Stimmung genannt wird, gerne sentimental werden, dann zeigt sich daran, daß der Karneval auch Platz für dunkle Gefühle hat. Einem guten Clown steht immer auch eine Träne im Auge, und genauso ist es bei den Narren. Was nicht heißen soll, daß die Träne dort wichtiger wäre als das Lachen. Nur — sie gehört eben auch dazu. Wie überhaupt das Weinen und das Lachen nahe beieinander liegen, wenn der Mensch vom Gefühl angerührt wird. Diese beiden eng benachbarten Gegensätze sind den Menschen als früheste Gefühlsäußerungen mitgegeben. Für Kleinkinder sind Lachen und Weinen die einzigen Mitteilungsmöglichkeiten, bevor sie die Sprache erlernt haben. Diese Nachbarschaft wird in vielen Darstellungen des »herzanrührenden« Karnevals, die nur auf die Lustigkeit abheben, nicht berücksichtigt. Wenn darin vom Karneval als einem Ventil für die Ausgelassenheit gesprochen wird, dann ist das zwar nicht falsch, aber vielleicht noch nicht einmal die halbe Wahrheit.

Diente das karnevalistische Emotionsventil nämlich nur dem Fröhlichsein, hätte das Fest nicht mehr lange zu überleben. Eine weitgehend verweltlichte Gesellschaft, die den Druck moralischer und kirchlicher Normen nicht mehr mit früheren Generationen teilt, bedarf nicht mehr der Erlaubnis zum Ausgelassensein für die Dauer der Tollen Tage vor dem Beginn der Fastenzeit. Üppigkeit in Essen und Trinken, Gelegenheiten zum Tanzen und Scherzen kann man heute das ganze Jahr über haben. Restaurants und Kneipen, Diskotheken und andere Vergnügungsstätten sorgen dafür.

Sogar die karnevalistische Unterhaltung wird heute zu allen Jahreszeiten angeboten. Gesangsgruppen schminken sich nach der Session zwar ab, treten dann aber in Jeans und Turnschuhen auf Pfarr- oder Stadtteilfesten auf; das närrische Erfolgsduo wirbt für den Sommerschlußverkauf, der Krätzchenssänger für ein Autohaus, und Büttenredner versuchen sich bei Betriebsfesten als Conferenciers. Selbst die Tambourkorps wechseln nach Aschermittwoch wohl die Uniformen, aber kaum den Stamm ihres Repertoires. Die Lieder vom »Rheinlandmädel« und von der »Flasche Wein« haben das ganze Jahr über Saison.

Trotzdem fehlt solchen Veranstaltungen das, was den Karneval für die meisten seiner Anhänger erst schön macht — jene Verbindung zwischen dem Lustigsein und der Ahnung, daß da »noch etwas anderes« ist. Es sind vor allem die Musiker, die es mit ihrer besonders gefühlsintensiven Kunst verstehen, diese Saiten im Publikum zum Klingen zu bringen.

Jupp Schmitz, der Komponist von Liedern wie »Am Aschermittwoch ist alles vorbei«, ist einer dieser Musiker. Als er sich nach langer Abstinenz mit 81 Jahren zum ersten Mal wieder bei der Prinzenproklamation 1983 an den Flügel setzte, da weckte er außer Heiterkeit auch so viel Besinnlichkeit, daß die Karnevalisten lange noch von ihrer eigenen Aufmerksamkeit und Rührung schwärmten. Wer wie er »das kölsche Gemüt« zu treffen versteht, dem flechten die Jecken den Lorbeerkranz mit den Insignien von Urwüchsigkeit und Echtheit.

Jupp Schmitz versteht es, die besinnliche Seite der Narrenseele zu rühren

Und dieses Herz läßt sich offenbar eher von leisen denn von aufdringlichen Tönen anrühren. Wenn sich auf einer Sitzung die Augen nicht nur vom Zigarrenqualm röten, dann enthüllt sich die Nachbarschaft von Lachen und Weinen. Die Rührung von Menschen, von denen viele ansonsten nicht gerade die Weichen und Zarten aus Politik und Wirtschaft vertreten, läßt spüren, daß der Karneval noch ein anderes Ventil besitzt — eines für Besinnlichkeit und Wehmut, ja sogar für Traurigkeit. Ein Ventil, das nicht nur im stillen Kämmerlein geöffnet werden darf, sondern vor aller Augen, in der Gemeinschaft. So ist es nichts Außergewöhnliches in Köln, wenn Prinzen, Präsidenten oder Festkomitee-Mitglieder mit Tränen in der Stimme zu ihrem Publikum sprechen.

Als Josef Söller, Prinz Karneval von 1984, seinen 50. Geburtstag feierte, da beschäftigten sich alle Redner des Festabends — vom ältesten Betriebsangehörigen bis zum Oberstadtdirektor — mit der Frage, ob der Prinz »zu nahe am Wasser gebaut« habe. Was in anderen Städten peinlich gewesen wäre, durfte hier offen angesprochen werden. Die Festredner kamen denn auch zu dem Ergebnis, daß die häufige Rührung des Prinzen Ausdruck seiner emotionalen Offenheit sei, die ihn gerade so beliebt mache. Wenn der Karneval Zukunft hat, mag es tatsächlich am ehesten diese Ventilfunktion sein, die sie ihm sichert — die Öffnung zum Gefühl schlechthin, zu dem Lachen und Weinen gleichermaßen gehören.

Diese Erkenntnis muß wohl auch schon die gebildeten Gründungsväter des alles regulierenden Festkomitees des Kölner Karnevals fasziniert haben, die sich viele Gedanken über ihr Tun machten. Symbolisch vereinten sie die Gefühlsgegensätze in der romantisierenden Idealfigur des Helden Karneval, dem Vorläufer des späteren Prinzen.

Chr. Samuel Schier, des Helden Hofpoet, schrieb über seinen Herrn im Schlußvers seiner Festausdeutung nach dem ersten Kölner Rosenmontagszug 1823:

»So pranget er, halb Ernst, halb muntrer Scherz
Wie's jeder will. Wer auf der Wesen Grund
Zu blicken ist gewohnt, tritt allerwärts
mit einem tiefern Sinne in den Bund.
Es sieht's der Geist, verschweigt es auch der Mund.
Die höchste Freude grenzet an den Schmerz.
Gedankenlos bestaunt das Werk der Pöbel.
Der Weise sieht des Werkes verborgne Hebel.«

Auch heute noch sind es diese »verborgnen Hebel«, die den Karneval am Leben erhalten. Und weil der eine ohne den anderen nicht greift, soll hier weder der Fröhlichkeit noch der Traurigkeit allein das Wort geredet werden, sondern dem, dessen Teil sie beide sind — der Emotion. Man könnte auch sagen »dem Gemüt«, wenn man es nicht mit »Gemütlichkeit« gleichsetzt. Gemeint ist das, was in Ergänzung zum Rationalen und Beherrschten das Menschliche erst ausmacht. Doppelseitigkeiten wie diese bestimmen das ganze menschliche Leben. Wie mit der Stunde der Geburt vom künftigen Lebenslauf nur dessen Endpunkt, der Tod, gewiß ist, so wird der gesamte Lebensrhythmus von Tag und Nacht, Wachen und Schlafen diktiert. Genauso machen erst Lachen und Weinen zusammen das Gefühlsleben aus.

Daß dies so ist, wird heute immer häufiger geleugnet, denn eine auf Hochleistungsbereitschaft getrimmte Gesellschaft verdrängt natürlich die jeweils unbequemere Hälfte dieser Begriffspaare. Mit Elektrizität wird die Nacht zum Tage gemacht, mit Aufputschmitteln macht man Müde munter, und das ständige Fitsein wird oft genug mit Bluthochdruck, Migräne und Magengeschwüren bezahlt.

Ähnliches gilt auch für andere Lebensbereiche. Mit erkauften Attraktionen verdrängt man die Stille und feiert die Besinnlichkeit weg, bis sie sich wieder Bahn bricht. Dann kommt es eben dazu, daß mitten in der Turbulenz einer Karnevalssitzung Hunderte von Menschen auf einmal der Wehmut huldigen — gemeinsam und für eine Weile befreit.

DER TÜNNES IM SCHÄL

Mit solchen inneren Widersprüchen leben auch die Karnevalisten. Vielleicht fällt ihnen das in Köln aber leichter als anderswo, weil seine Bewohner sich in zwei Symbolfiguren repräsentiert sehen, die — auch außerhalb des Karnevals — den Charakter der Stadt gerade durch ihre Widersprüchlichkeit verkörpern. *»Den Kölnern (...) blieb die Vielfalt und teilweise Zwiespältigkeit ihres Wesens nicht verborgen, und so schufen sie, gleicherweise dem Hang zur Typisierung wie zur Selbstironisierung folgend, in dem (...) Typenpaar Tünnes und Schäl ein Spiegelbild ihres Charakters, das trotz der äußeren Zwiespältigkeit die innere Einheit offenbar werden läßt«*, schrieb Joseph Klersch in seinem Buch über »Volkstum und Volksleben in Köln«.

Tünnes und Schäl spielen für das Selbstverständnis der Kölner eine große Rolle. Wie groß sie ist, kann man auch daraus ersehen, daß sich immer wieder Wissenschaftler und Künstler mit ihnen beschäftigen. So tauchen sie ebenso im Katalog des Kölner Stadtmuseums auf wie in dem Katalog zur Ausstellung »Le Musée sentimental de Cologne«, die Daniel Spoerri 1979 im Kölner Kunstverein organisierte. Dort heißt es unter anderem:

»Tünnes (...) ist beschränkt und gutmütig, aber pfiffig, das kölnische Gegenstück des braven Soldaten Schweijk aus Prag. Schäl, der Schielende, ist dagegen gerissen und falsch (...) Tünnes und Schäl, der eine immer heiter, der andere mehr säuerlich, sind Freunde und erfinden in Köln alle Witze und nichtsnutzigen Bemerkungen.

Sie sind Idealtypen. Aber man erkennt sie auf der Straße in Hunderten von Gesichtern. Ihr Gemüt ist heiter, beweglich, von unerschütterlicher Ruhe erfüllt, manchmal sind sie auch etwas traurig (...) Aber nie kommt Zorn oder gar Wut in ihnen hoch. Hitzigkeit führt zu nichts. So sind sie ein Bild des Kölnertums in seiner Intelligenz und Genügsamkeit, in seinem Freiheitsgefühl und Distanzbedürfnis, seiner Spottlust, aber auch seiner Menschlichkeit.«

Selbst im Sitzungssaal lassen sich die beiden wiederfinden. Schäl fällt als erster auf. Da sitzt er im Parkett und trägt den schwarzen Anzug oder den Smoking, den das gesellschaftliche Ereignis erfordert. Statt seiner Frau hat er eine »Gattin« an seiner Seite und, wenn er besonders gut ausgestattet ist, einen Orden um den Hals. Erwartungsvoll schauen er und alle seine Ebenbilder zur Bühne.

Dort oben kommt der Tünnes hineingestolpert. Mit roter Perücke und roter Nase steigt er tolpatschig in die Bütt oder turnt — wenn er als Musiker kommt — an seinem Kontrabaß herum. Immer ist er völlig unpassend gekleidet, die Schuhe zu groß, die Hose zu kurz, und kein Teil paßt zum anderen; von seinen Manieren ganz zu schweigen. Wie befreit atmen die Schäls bei diesem urtümlichen Anblick auf. Tünnes gibt ihnen die Freiheit, ihren schwarzen Anzug und den festlichen Rahmen zu vergessen und sich ganz ihrem Gefühl hinzugeben. Sie lachen mit dem Büttenredner über oft gehörte Witze und trauern mit dem Krätzchenssänger um die alten Zeiten, die Heimat oder irgend etwas, das allen angeblich so viel bedeutet.

Hier offenbart sich, daß jeder Sitzungsbesucher so etwas wie eine doppelte Existenz führt. Da tut man vornehm, wirft sich in Smoking und Abendkleid, will im Grunde aber nichts sehnlicher, als alle Zwänge abwerfen. Alle warten nur darauf, daß irgend jemand erscheint, der ihnen das Signal zur Befreiung ihrer Gefühle gibt, der heiteren wie der wehmütigen. Mag sein, daß die Jecken an den

Die Schwarzbefrackten freuen sich am meisten über den, der sich nicht an ihre Kleiderordnung hält

Tischen im Gürzenich bei genauerem Hinsehen nicht ganz genauso aussehen wie der Schäl und die Bühnenkünstler nicht ganz genauso wie der Tünnes; die einen tragen ja keine Melone, die anderen keinen blauen Leinenkittel. Aber so wichtig ist das nicht, denn sie haben ja alle gerade gezeigt, daß es auf den äußeren Schein gar nicht ankommt. Die Überzahl der Schäls hat bewiesen, daß auch in ihnen etwas vom Tünnes steckt, und der Tünnes auf der Bühne hat gezeigt, daß er ganz genau weiß, was der Schäl, die andere Hälfte seines Seins, von ihm erwartet.

Tünnes steht für jenen Gemütsmenschen, dessen Metier die unbefangene Lebensfreude ist. Essen, Trinken und Feiern sind sein Gebiet, aber auch die Hingabe an alle Sehnsüchte seiner Welt und das Leiden an den »Knuutse«, die ihm das Leben immer wieder zufügt. Und Schäl sehnt sich nach seinem Tünnes, so wie der Karnevalsfunktionär sich nach »echtem Fastelovend« sehnt und auf Höhepunkte von Herzlichkeit und Menschlichkeit hofft.

Psychologisch gesprochen: Vielleicht sucht Schäl den verdrängten Teil seiner Identität in der zwillingshaften Nähe zum Tünnes. Das gilt nicht nur für Sitzungsbesucher. Auch im Kostüm des Prinzen Karneval oder im ordensbehängten Frack des Karnevalsfunktionärs steckt Sehnsucht nach schlichter Freude und Warmherzigkeit. So wie Tünnes die eine, abgespaltene Seite des Schäls sein mag, die eigentlich zu ihm gehört, so steckt auch im Karnevalsfunktionär letztlich doch noch der simple Narr: Der Tünnes im Schäl.

Es gibt Kölner, die scheinen den Tünnes und den Schäl in sich selber geradezu zu spüren. Ludwig Sebus und Toni Steingaß gehören offenbar dazu. »Se levve fott en dir, se levve fott en mir. Süch ens dä Tünnes un loor ens dä Schäl, dat sin mir«, bekennen sie in einem Lied.

Auch die vielen Witze, die es über das ungleiche Paar gibt, werden immer wieder gern erzählt, aber so richtig Gedanken über Wesen und Herkunft von Tünnes und Schäl haben sich bisher nur wenige gemacht. Vermutlich hängt das damit zusammen, daß die beiden den Kölnern — und nicht nur ihnen — zwei merkwürdig vertraute Gestalten sind. Und über das, was man zu kennen scheint, pflegt man ja nicht weiter nachzudenken. Von daher ist es dann auch nicht erstaunlich, daß immer wieder einige Irrtümer hinsichtlich der Entstehungsgeschichte von Tünnes und Schäl auftreten.

Der eine Irrtum ist, daß Tünnes und Schäl sehr alt sind und kölnische Menschen und ihre Mentalität womöglich seit dem Mittelalter repräsentieren; der andere, daß sie schon immer ein untrennbares Paar gewesen sind. Nichts davon ist richtig. Beide sind erst im vorigen Jahrhundert entstanden, und die Figur des Tünnes war schon fünfzig Jahre alt, als sich ihr der Schäl hinzugesellte.

Um solchen falschen Vorstellungen nicht aufzusitzen, wollen wir hier die wahre Geschichte von Tünnes und Schäl erzählen. Vordergründig ist das Paar eine Erfindung des Puppenspielers Christoph Winters (1772—1862), der das »Hänneschen-Theater« gründete. In diesem Stockpuppentheater traten Tünnes und Schäl zum erstenmal auf. Genau genommen sind Tünnes und Schäl aber zweimal geboren worden: einmal, als Christoph Winters die beiden gleichnamigen Stockpuppen schuf, und vorher schon, als sich in der Kölner Bevölkerung die beiden Schichten entwickelten, die das Vorbild für Tünnes und Schäl lieferten. Um die Familiengeschichte dieser beiden Figuren besser verstehen zu können, müssen wir uns an den Anfang des vorigen Jahrhunderts zurückbegeben.

EINE MÜDE GESELLSCHAFT AM RHEIN

Um das Jahr 1800 ist Köln am Ende einer Jahrhunderte dauernden Zeit der Stagnation angekommen. Die einst meistbevölkerte Stadt des Deutschen Reiches hat sich seit langem nicht mehr weiterentwickelt. Im 16. Jahrhundert war sie mit 40 000 Einwohnern noch fast doppelt so groß wie die meisten anderen großen deutschen Städte. Anfang des 19. Jahrhunderts ist sie bei gleichgebliebener Bevölkerungszahl kaum noch halb so groß wie Hamburg, das schon 76 000 Einwohner hat.

Nach verschiedenen Zählungen gibt es nicht ganz 8000 Häuser in Köln, dazu zahlreiche Ruinen. Wenn ein Haus verfällt, wird nichts mehr daran getan. Verkohlte Balken ragen in die Luft, Unkraut und Ratten machen sich breit. Die mittelalterliche Stadtmauer ist für den kleinen Stadtkern auch ein halbes Jahrtausend nach ihrem Bau noch immer reichlich bemessen. Der Dom, an dem nicht mehr weitergebaut wurde, ist halb verfallen und wird von den Franzosen zeitweise als Pferdestall genutzt.

Seit 1794 gehört Köln zu Frankreich. Die französischen Revolutionstruppen regieren, geben wertloses Papiergeld aus (sogenannte Assignaten) und kaufen damit die Geschäfte leer. Das wertvolle städtische Metallgeld haben sie beschlagnahmt, Kirchen und Klöster werden säkularisiert, und ständig werden neue Kontributionen verlangt. Die rechte Rheinseite, die noch deutsch ist, gehört nicht zur Stadt. Deutz und Mülheim sind eigenständige Gemeinden, die nur mit dem Boot oder der »fliegenden Brücke«, einer Fähre am Seil, zu erreichen sind. Besonders Mülheim steht in Konkurrenz zu Köln.

Außer der französischen Sprache hört man in Köln auch Holländisch. Der Austausch mit dem Niederrhein und Holland ist noch immer der bedeutendste Handelszweig der Stadt, obwohl er gegenüber früheren Zeiten schwächer geworden ist. Albert Klebe, der damals eine »Reise auf dem Rhein, durch die teutschen Rheinländer, und durch die französischen Departements« unternahm, beschreibt das Leben im Hafen, dem Zentrum der Wirtschaft. Sein Bericht stellt auch einige typische Schichten der Kölner Bevölkerung vor:

»Hier stößt ein holländischer Schiffsknecht hastig alle Flüche seiner Sprache gegen einen kölnischen Lastträger aus, der ihm eben nicht in zierlichstem Deutsch antwortet, dort balgen sich ein paar Schiffsjungen, hier streitet sich der Spediteur mit dem gravitätischen Schiffer, der mit der langen Pfeife auf dem Verdeck spazierengeht, dort naht sich devot ein Bettler und spricht um Almosen an; hier suchen ein paar Kinder mit kleinen Salzsäcken bei dem auf wichtigere Dinge lauschenden

Zollbedienten vorbei in das Tor zu kommen, und dort rudern, von Mauthbeamten verfolgt, eilends ein paar kölnische Schiffer vom Ufer hinweg, wo sie eben eine Ladung Contrebande (= Schmuggelware) *auszuladen gedachten. Die ankommende und abgehende fliegende Brücke vermehren das Gedränge und Lärmen der Menge.«*

Der Hafen ist das Zentrum der Kölner Wirtschaft (Gemälde von Clarkson Stanfield, 1826)

Den größten Einfluß in der Stadt haben wegen ihrer wirtschaftlichen Macht die Kölner Großkaufleute, die zum Teil auch selber Waren herstellen. Ihre Zahl liegt bei etwa 250. Außer dieser schmalen Oberschicht, die im Wohlstand lebt, gibt es einen Mittelstand von etwa 4300 Bürgern. Sie, wie alle anderen Bürger der Stadt, müssen immer mehr Einschränkungen hinnehmen.

Der größte Bevölkerungsteil steht zugleich auch sozial am tiefsten: 20 000 Tagelöhner und Bettler. Sie haben ihre Quartiere in den Nischen der Stadtmauer aufgeschlagen oder bei Kirchen wie St. Ursula, St. Kunibert und St. Mauritius. Seit Jahrhunderten haben sie von der Mildtätigkeit der Kirche gelebt und stellen nun, da deren Reichtümer von den Franzosen beschlagnahmt worden sind, ein ständig größer werdendes Problem dar. Die Kriminalität wächst,

Schlechter Baubestand und soziale Probleme kennzeichnen die Verhältnisse in der Stadt (Wohnung an der Kunibertstorburg)

und die Kölner gelten allgemein als ein rauhbeiniges und ungeschliffenes Volk. Auch der Karneval ist so verroht, daß unter seinem Deckmantel Brutalitäten an Minderheiten begangen werden. Den französischen Herren in der Stadt scheint die Situation desolat. Sie versuchen mit der Einführung der Straßenbeleuchtung und mit Anweisungen zur Reinhaltung der Straßen den schlimmsten Mißständen in der Stadt abzuhelfen. Vergeblich.

Ein Bauer muß die Mahl- und Schlachtsteuer entrichten. Er trägt den Leinenkittel, der für Tünnes typisch wurde. Im Hintergrund reitet die vornehme Gesellschaft aus (Gemälde von Wilhelm Kleinenbroich, 1847)

In vielerlei Hinsicht hat Köln ländlichen Charakter. Von seinen 806 Hektar Grundfläche liegt die Hälfte vor der Stadtmauer und wird intensiv landwirtschaftlich genutzt. Aber auch innerhalb des Mauerrings wird geackert und gesät.

»In diesem weiten Raum der Stadt ist wie in Aachen oder Brüssel viel Leeres, und bis mitten in die Stadt hinein laufen Gärten. Die ganze südwestliche Landseite an der Mauer hin ist fast nichts als Gärten und kleine Bauernhütten, und selbst Strohdächer findet man in dieser Mutter aller deutschen Städte. Mancher dieser Halbbürger baut Korn und Wein innerhalb der Mauern soviel, daß er davon oft verkaufen kann.« So berichtet der Schriftsteller Ernst Moritz Arndt, der um die Jahrhundertwende durch Köln kommt. Die Stadt hat soviel Dörfliches, daß die französische Stadtverwaltung nach der Ankündigung von Napoleons Besuch im Jahr 1804 als erstes dafür sorgen muß, daß keine Schweine mehr über die Straße laufen und den Kaiser der Franzosen womöglich in eine kölnische Schweinekuhle purzeln lassen.

An der Wende zum 19. Jahrhundert beherbergt die Stadt eine müde Gesellschaft, die sich auf dem Lorbeer vergangener Zeiten ausruht. Daß Köln als Handelsstadt — trotz aller Einschränkungen und Auflagen — überhaupt überlebt, hat es weniger seinen satten Kaufleuten zu verdanken als seiner günstigen Lage und dem Schifffahrtsweg nach Holland. Reich werden dadurch aber nur wenige Händler und Gewerbetreibende in Köln, während immer mehr Bürger zu Tagelöhnern und Bettlern absinken. Die französische Verwaltung schätzt den Wert des gesamten Baubestandes der Stadt als kaum noch nennenswert ein, und an St. Severin ackern, säen und pflügen die kölschen Kappesbauern. Zu überleben in diesem Dorf mit den Problemen einer Großstadt, ist nicht einfach.

ALS TÜNNES NOCH ALLEINE WAR

Eine Änderung dieser Verhältnisse scheint noch lange nicht in Sicht, als der Bonner Schneidergeselle Johann Christoph Winters im Jahr 1800 die Tochter eines Kölner Spezereihändlers heiratet. Da der 28jährige keine Arbeit als Schneider findet, muß er seine Familie auf andere Art und Weise ernähren — im Sommer arbeitet er als Anstreicher, im Winter unterhält er ein Puppenspiel.

Viele Jahre lang kämpft er um das Überleben seines Stockpuppentheaters, das unter dem Namen »Hänneschen« um Zuschauer wirbt. Immer wieder muß er den Spielort wechseln und an den »Bürger Maire« schreiben, um befristete Erlaubnis für seine Vorführungen zu erhalten. Dabei hat er durchaus Ungewöhnliches zu bieten. Im Gegensatz zu seinen Konkurrenten spielt Winters weder biblische Szenen nach, noch übersetzt er das Schauspieltheater ins Puppenspiel. Er betreibt eine Puppenbühne, die sich auf Köln, seine Menschen und sein Milieu bezieht.

Wie weit sich Winters der städtischen Wirklichkeit anpaßt, läßt sich an der Figur des »Mosjö Amtmann« erkennen. Mit einer Schärpe in den französischen Farben und einem napoleonischen Hut versehen, repräsentiert er die französischen Besatzer. Jahre später wird er vom »Schnäuzerkowski« abgelöst, der mit Pickelhaube, Säbel und Uniform nun die preußische Autorität verkörpert, die nach den Franzosen die Stadt regiert.

Es ist eine weitgehend bäuerliche Welt, die Winters auf die Bühne holt. Knollendorf heißt der Ort, an dem sich alles abspielt, und natürlich wird damit auf Kölns ländliche Ecken angespielt. Hauptfigur ist das »Hänneschen«, das, undefinierbaren Alters, mit Zipfelmütze, Weste und Dreiviertelhosen in den stadtkölnischen Farben

Das »Hänneschen« gab dem Puppenspiel von Christoph Winters seinen Namen

Tünnes ist charakteristisch für den bäuerlichen Menschenschlag innerhalb der Kölner Stadtmauern

gekleidet, so etwas wie Gemüt und praktische Vernunft repräsentiert. In ihm verkörpert sich die verbliebene Lebenstüchtigkeit und Zukunftsorientiertheit der Kölner dieser Zeit.

Die charakteristischste Gestalt des Knollendorfer Milieus ist aber der Tünnes. Schon vom Äußeren her ist er das Ebenbild jenes Menschenschlages, der um 1800 herum die Gärten und Äcker an der Stadtmauer belebt, auf dem Alter Markt seine Waren verkauft und bei besonderer Gelegenheit eben auch einmal in irgendeiner umgebauten Scheune das handfeste Puppentheater des Christoph Winters bewundert.

Tünnes trägt »den blauen Fuhrmannskittel der Kölner Kappesbauern (als Arbeitskleidung der flämischen Landbevölkerung bereits auf Breughelschen Bildern erkennbar!) mit weißer Drillichhose und übergroßen Holzklumpen«, schreibt Max-Leo Schwering, der die Geschichte des Hänneschen-Theaters erforschte. Eine dunkle Stimme, behäbige Bewegungen und die groben Gesichtszüge — riesige Ohren und eine rote Nase, die von der Lust am Trinken und am Essen erzählt — betonen noch die bäuerliche Herkunft der Gestalt. Selbst ihr Name scheint Programm zu sein. »Tünnes« ist die Verkleinerungsform von Antonius, und der Heilige gleichen Namens wird als der »Patron der Schweine« verehrt.

Zur Tünnes-Familie gehören in den Anfangsjahren des Stockpuppentheaters noch zwei weitere Puppen: das mit Hänneschen verlobte »Bärbelchen«, Tünnes' Tochter, und »Annekatring«, Tünnes' Frau. Die anderen Figuren gehören überwiegend Hänneschens Familie an. »Sippschaft« ist im Hochdeutschen vielleicht das richtige Wort, um die Beziehungen innerhalb dieser Großfamilie und der an ihrem Rand existierenden Figuren wie dem Wirt »Mählwurmspitter« oder dem Krüppel »Speimanes« zu beschreiben. In Köln nennt man so etwas einen »Klüngel«. Der Zeitgenosse Johann Georg Kohl berichtet in seinem Buch über »Reisen in den Niederlanden« (1850), wie ein Kölner ihm das Phänomen mit folgenden Worten beschrieb:

»Bitte, blicken Sie nur unsere Stadt und unsere Straßen an, da werden Sie es bald begreifen. Schauen Sie, wie die Häuser dichtgedrängt zusammenstehen, gleich den Bienenzellen, wie die Straßen alle ineinander verlaufen und sich zu einem Netz verflechten, wie wir Menschen darin wie die Ameisen leben. Das klüngelt da alles zusammen, wie hunderttausend Fische, die in demselben Netz gefangen sind. Wenn nun etwas los ist in der Stadt, ein Auflauf, ein Krawall, zum Beispiel wenn man dem Volk Unrecht tut, dann geht die Hetze an; sie schreien auf allen Plätzen: ›Alaaf Köln!‹, und dann kommt alles, was kölnisch ist, aus allen Straßen hervorgelaufen, wie das Wild aus dem Walde. Und da zeigt sich dann der Kölner Klüngel.«

Dieses Milieu, in dem jeder jeden kennt und an jedermanns Sache ständig Anteil nimmt, holt das Theater nicht nur auf die Bühne, es ist selbst lebendiger Bestandteil dieser bäuerlich-proletarischen Welt im Ring der Stadtmauer. Dem Tünnes auf der Bühne stehen im Zuschauerraum in vielfacher Wiederholung lauter Tünnesse im blauen Kittel gegenüber — Landarbeiter, Hafenarbeiter und Tagelöhner. Das »Hänneschen« ist das Theater der Unterschichten und damit der Mehrheitsbevölkerung in Köln. Stücke und Themen entsprechen der Lebenssituation und der Lebenshaltung seines Publikums. Es gibt keinen politischen Protest und doch werden Amts- und Respektspersonen immer wieder das Opfer derben Spottes. In rauhbeinigen Szenen und Prügeleien verschaffen sich die Puppen und ihr Publikum die notwendige Luft.

SCHÄL ERBLICKT DAS LICHT DER WELT

Mit den Jahren etabliert sich das 1802 gegründete »Hänneschen«. Die Kölner haben es in ihr Herz geschlossen, und nun sind es sogar gebildete und wohlhabende Schichten, die sich für das Stockpuppentheater interessieren. Puppenspieldirektor Christoph Winters steht in Briefverkehr mit dem Universitätsrektor und Kunstsammler Ferdinand Franz Wallraf, mit Sulpiz Boisserée, der sich für den Weiterbau des Doms einsetzt, mit dem Mundartautor und Karnevalserneuerer Matthias Joseph DeNoël und dem Germanistik-Professor Johann Matthias Firmenich, allesamt Mitglieder eines Intellektuellenzirkels, der sich »Olympische Gesellschaft« nennt.

In einem Skizzenbuch von Johann Christoph Winters findet sich diese Zeichnung, die möglicherweise ein Selbstporträt darstellt

Joseph deNoël gehörte zu den Erneuerern des Kölner Karnevals und den Förderern des Hänneschen-Theaters

Das Interesse an dem urwüchsigen Puppenspiel kommt nicht von ungefähr. Im geistigen und kulturellen Leben regiert die Romantik. Man ist die Nüchternheit und den Aufklärungsdrang zurückliegender Zeiten leid und hat das Gefühl wieder entdeckt. Schriftsteller verfassen Märchen und phantastische Geschichten, und Wissenschaftler machen sich daran, Volksgut wie Sagen und Erzählungen aufzuzeichnen und zu sammeln.

Die Wellen des Gefühls schwemmen auf einmal das Bürgertum ins »Hänneschen«. Hier glaubt man langvermißte Ursprünglichkeit und Volkskultur entdeckt zu haben. Die Mitglieder der Olympischen Gesellschaft gehören bald zu den namhaftesten Anhängern des Puppenspieltheaters. Einige ihrer Mitglieder verfassen sogar Stücke für das Hänneschen-Theater mit Titeln wie »Hänneschen auf'm Kirchhof in Meditation versunken, nach Hamlet«.

DeNoël, der das Stück schrieb, gelingt es auch einmal, den preußischen Oberpräsidenten mit Begleitern und Damen in das Stockpuppentheater zu locken, wo »Hänneschen« ihm die Klagen der Kölner über die Verlegung der Universität nach Bonn vorträgt. Bald dürfen die Figuren des Hänneschen sogar beim Rosenmontagszug mitmachen, der Teil der Reformation des Karnevals durch das damals gegründete Festkomitee ist. »Der Bestevader, die Marizebell, das Hänneschen etc. sind durch den neuen Fasching aus ihrer Dunkelheit ans Licht gezogen und die Grundtypen ihrer Charaktere veridealisiert worden«, heißt es 1826 in der »Kölnischen Zeitung«.

Hänneschen hat sichtlich Karriere gemacht. Allerdings betrifft das nur seinen Bekanntheitsgrad. In finanzieller Hinsicht wirft das Theater nicht viel ab, und Winters muß mit seinen Einnahmen sehr genau rechnen. Als sich in den vierziger Jahren wieder einmal Konkurrenz ankündigt, reagiert der Puppenspieler entsprechend nervös. Ein Vorfahre des heute bekannten Volksschauspielers Willy Millowitsch hat vor, ein zweites Puppentheater in Köln zu eröffnen. Franz Millowitsch erbittet 1843 in Briefen an die Stadt und den Oberpräsidenten die Erlaubnis dazu. Sie wird ihm allerdings nicht für die Stadt selber gewährt.

Um dennoch so nah wie möglich an Köln zu bleiben, betreibt Millowitsch ein mobiles Puppentheater auf der neuen Brücke zwischen den Städten Köln und Deutz. Er benutzt dabei ungeniert die von Winters erfundenen Figuren wie Hänneschen und Besteva und bald gilt er sogar als der bessere Spieler. In Deutz, auf der »Schäl Sick« (der »schielenden«, rechten Seite des Rheins, wie sie auch heute noch in Köln genannt wird), kann er sich einige Jahre später in einem festen Haus niederlassen.

Winters, der 50 Jahre zuvor die Stockpuppen Hänneschen und Tünnes erfunden hat und seitdem um Anerkennung und Besucher kämpft, ist erbost. Schon hoch in den Siebzigern, erfindet er noch einmal eine Figur, die in Knollendorf für Aufsehen sorgt. Es ist eine lange, hagere Gestalt mit scharfer Nase und hervorquellenden

Mit der Figur des Schäl kommt ein völlig neues Element in die Puppenbühne

Augen — keine Figur, die auf Anhieb sympathisch ist. Während das eine Auge himmelwärts schaut, scheint das andere in die Westentasche zu gucken. »Schäl«, der Schieler, ist geboren — als Anspielung auf den lästigen Puppenspielkonkurrenten von der Schäl Sick.

Die neue Figur unterscheidet sich stark von den übrigen Knollendorfern. Was sie sagt und tut, ist doppelbödig und nicht gerade heraus, wie man es von den Knollendorfern gewöhnt ist. Sie gibt sich vornehm und weltmännisch, ist dabei aber entschieden weniger ehrlich und offen als die unverstellten Kappesbauern. In vielem ist Schäl schon jetzt das genaue Gegenteil von Tünnes, dessen Partner er erst noch werden soll.

Vordergründig nur eine Karikatur von Millowitsch, bringt Schäl doch ein ganz neues Element in das Puppenspiel. Zum ersten Mal ist eine Figur des »Hänneschen« wie ein Städter gekleidet. Mit einer Melone auf dem Kopf, in einen schwarzen Cut und dunkle Hosen gekleidet, wirkt er zunächst wie ein Fremder in der kleinen Welt der Knollendorfer. Ein halbes Jahrhundert, nachdem Winters den Kölner Bauern und den kleinen Leuten in Gestalt des Tünnes ein Denkmal gesetzt hat, formt er mit dieser Stockpuppe den Repräsentanten einer neuen Bevölkerungsschicht in Köln nach — den Städter, wie ihn die Industrialisierung des 19. Jahrhunderts auch in dem bis gerade noch verschlafenen Provinznest Köln hervorgebracht hat.

AUFBRUCH IN EINE NEUE ZEIT

Tatsächlich hat sich Köln gewaltig verändert in diesen letzten 50 Jahren. Seit Tünnes 1802 das Licht der Welt erblickte, hat sich die Einwohnerzahl der Stadt verdoppelt. Schon die Franzosen gestatteten den von den Katholiken vertriebenen Protestanten und Juden, darunter vielen Kaufleuten, die Rückkehr in die Stadt. Als Köln 1814 preußisch wird, ziehen so viele Protestanten nach, daß sie bereits nach zwei Jahren 13,5 Prozent der Gesamtbevölkerung stellen.

Mit den heimkehrenden Vertriebenen kommen auch solche Bürger, die sich vom preußischen Staat einen Aufschwung in Köln erhoffen. Die Bevölkerung wächst daher bald schneller als das Angebot an Wohnraum, und die Menschen müssen immer dichter zusammenrücken. Während früher jede Familie ein Haus für sich hatte, wohnen am Kleinen Griechenmarkt nun bis zu 12 Familien in einem Haus. Die Bevölkerungsdichte steigt innerhalb von nur 30 Jahren von 121 Einwohner pro Hektar auf 319 Einwohner.

Eine neue Zeit hält in Köln Einzug. James Watt persönlich legt mit einem seiner Dampfschiffe am Rheinufer an, und durch das Pantaleonstor dampft die erste Eisenbahn hinaus. Während das Großgewerbe und die Industrie Zuwachsraten erzielen und bald auch in Kölner Fabriken 26 Dampfmaschinen stehen, verarmen die Handwerker. In den vierziger Jahren bricht ein beispielloser Bauboom aus. Angeregt auch durch die preußischen Städtebaumeister, werden an allen Ecken und Kanten von Köln neue Privathäuser hochgezogen. 2000 Häuser werden gebaut und vergrößern die Gesamtzahl der Wohngebäude in weniger als einem Jahrzehnt um 25 Prozent. Das Geld dazu liefern die jetzt entstehenden Banken. Seit 1820 gibt es auch wieder eine Börse, und bald sind Kölns Bürger, statistisch gesehen, nach denen von Berlin und Breslau die wohlhabendsten in ganz Preußen.

Der Reichtum aber bleibt ungleich verteilt. 25 000 Menschen, das ist immer noch mehr als ein Viertel der Bevölkerung Kölns, sind in den Armenlisten eingetragen. Während Kölns reichster Mann, der Zuckerraffineur Carl Joest ein Einkommen von 60 000 Talern hat, verdient ein Hafenarbeiter im Jahr etwa 110 Taler. Unzufriedenheit macht sich breit.

Die sozialen Gegensätze bergen auch politischen Zündstoff. Karl Marx kommt nach der Verkündung des Kommunistischen Manifestes von London nach Köln. Der Chefredakteur der »Neuen Rheinischen Zeitung« wird den preußischen Behörden so lästig, daß die Zeitung bald verboten wird. Als es Marx gelingt, 7000 Menschen in seinem Arbeiterverein zu organisieren und in die Revolution von 1848 einzugreifen, wird er ausgewiesen.

Unter die kleinen Leute im Arbeitskittel aus blauer Baumwolle hat sich während all dieser Ereignisse im Straßenbild eine neue Erscheinung gemischt. Längst tragen nicht mehr nur die vornehmen Kreise dunkle Jacketts und Krawatte, auch Beamte und Angestellte haben sich der neuen Kleiderordnung angepaßt. Die Kleidung aber ist nur Ausdruck einer neuen Geisteshaltung. Auch der kleine Mann sucht seinen Vorteil und hofft auf den Aufstieg. Er hat etwas vom kaufmännischen Denken und der Gewinnorientierung von Kaufleuten, Bankiers und Industriellen übernommen und setzt auf die Zukunft.

Es ist eine Zeit des Übergangs, in der die Kölner jetzt leben. Während die einen noch in ihrer dörflich geprägten Idylle verharren, nehmen andere schon die Gewohnheiten der neuen, industriell geprägten Zeit auf. Im engen Mauerring von Köln leben sie in dichtem Klüngel und suchen miteinander auszukommen — wie Tünnes und Schäl.

13

Als Winters, der den Schäl als Repräsentanten einer neuen Zeit schuf, im Jahr 1862 stirbt, wird sein ehemaliger Konkurrent Millowitsch bestimmend für das weitere Schicksal der Puppenbühne. Millowitsch hatte bereits zu Winters Lebzeiten Gastspiele in nahegelegenen Städten wie Bonn und Aachen gegeben und die Figuren des Hänneschen-Theaters damit im Rheinland bekannt gemacht. Doch auch er war nicht ohne Mitbewerber geblieben. Immer mehr ungenannte Bühnen im Rheinland spielten bis in die Grenzgebiete zu den Nachbarländern »Kölner Hänneschen«.

Nach Winters Tod sind es auf einmal vier Bühnen, die Anspruch auf seine Nachfolge erheben. Nur zwei von ihnen erlangen Bedeutung. Die eine ist das Puppentheater von Peter Joseph Klotz, der eine Enkelin Winters' geheiratet hatte. Auf sie führt letztlich der Stammbaum der heute noch existierenden städtischen Puppenspiele zurück. Die andere Bühne ist die von Franz Millowitsch, der sich nun »erster rechtmäßiger Nachfolger von Christoph Winters« nennt. Von Rechtmäßigkeit kann zwar keine Rede sein, aber ohne Zweifel bringen die Kölner den Theatern von Franz Millowitsch und seinen Nachfahren mehr Aufmerksamkeit entgegen als der Bühne Klotz.

Hier beginnt auch eine neue Entwicklung im »Leben« von Tünnes und Schäl, die zur Herauslösung der Figuren aus der Welt der Puppenbühne führt. Den ersten Schritt dazu tut Wilhelm Millowitsch, der Enkel des 1875 verstorbenen Begründers der Millowitsch-Theater-Dynastie. Puppenrevuen mit großer Ausstattung, vorwiegend aber Operettenparodien, lösen die Stücke aus dem Kappesboore-Milieu ab. Millowitsch holt sich fremde Stoffe und baut die Figuren des Hänneschen-Theaters in deren Handlung ein. »Der Bettelstudent«, »Der Zigeunerbaron«, »Gasparone«, »Die Reise um die Erde in achtzig Tagen« stehen auf dem Spielplan, und die Hänneschen-Puppen beleben den ihnen eigentlich wesensfremden Stoff.

Mit diesem »Figuren-Operetten-Parodie-Theater« sollen neue Publikumskreise erschlossen werden, denn die Neigung der Kölner Intellektuellen zum Hänneschen-Theater ist in den sechziger Jahren verloren gegangen. In einem Zeitungsbericht der Jahrhundertwende heißt es, »die bessern Elemente« hätten sich zurückgezogen, weil das Hänneschen eine so drastische Richtung eingeschlagen habe, »daß sich der von allzu scharfen und derben Witzen oft gekränkte Lokalpatriotismus und vielfach auch das Familiengefühl verletzt«

gefühlt hätten. »Die bessern Elemente«, das sind offenbar jene aufstrebenden Bürgerschichten, die das Vorbild für die Figur des Schäl geliefert haben. Sie nehmen die Schlüsselpositionen einer neuen Gesellschaft ein. Jenes grobe und widerborstige, schwarz-weißzeichnende und rebellische Puppentheater der unteren sozialen Schichten entspricht nicht mehr ihren Wünschen. Man verlangt jetzt nach eleganter Unterhaltung, wie sie in den Weltstädten schon lange gang und gäbe ist.

Millowitsch paßt sich diesem Geschmack nicht nur mit seinem Programm an, sondern auch mit der Ausstattung. Festliche Räume statt dunkler Verschläge, aufwendige Bühnenbilder statt der ewig gleichen Hintergründe und schließlich sogar fast lebensgroße, künstlerisch gestaltete Figuren statt billig hergerichteter Puppen gehören dazu. Millowitsch kann nun wieder behaupten, daß »jedermann, weß Standes und Ranges er auch sei, den Besuch (. . .) ohne die geringste Inconvenienz wagen« darf.

Trotz all dieser Veränderungen verzichtet Millowitsch nie ganz auf die Typen der Knollendorfer Sippschaft. Noch immer wirken jene gesellschaftlichen Umstände fort, aus denen heraus die Puppenbühne ihre ersten Stoffe bezogen hat. Das Theater besitzt jetzt eine über neunzigjährige Tradition, und seine Figuren haben — unabhängig vom Erfolg oder Mißerfolg der gerade Hänneschen spielenden Bühnen — ein Eigenleben als »kölsche Typen« gewonnen. Immerhin war ja schon in den dreißiger Jahren für die Aufführungen des Hänneschentheaters mit dem Schlagwort geworben worden, es stelle das »kölnische Nationaltheater« dar.

Der Schritt, den Wilhelm Millowitsch 1894 wagt, zeigt, wie sehr die Knollendorfer Figuren bereits als allgemein-kölnische Typen etabliert sind: Millowitsch gibt das Puppenspiel auf und läßt Hänneschen, Bärbelchen, Besteva, Bestemo, Tünnes und Schäl von Schauspielern darstellen. Aus dem Hänneschen-Theater entsteht die »Plattkölnische Volksbühne«. Ihre Aufführungen werden zum Publikumsrenner. Die Bühne, der mittlerweile 52 Personen angehören, geht auf große Tournee durch das Rheinland und kommt nur noch gelegentlich zu umjubelten Gastspielen nach Köln zurück. Dem Inhalt nach bleibt das Programm das gleiche wie zur Zeit der großen Puppen, doch wird es wieder mit Stücken der alten Hänneschen-Tradition ergänzt.

Selbst in der operettenhaft pompösen Variante des Theaters verlieren die sich darin tummelnden Knollendorfer aber nie ganz ihren Biß. Millowitsch muß sogar einmal wegen Majestätsbeleidigung ins Gefängnis. Der Prinzipal, der auf der Bühne selber das Hänneschen darstellte, hatte sich über den Wunsch des Kaisers nach einer Erhöhung seiner Bezüge lustig gemacht.

Ungewollt kommt es um die Jahrhundertwende zu einer weiteren einschneidenden Veränderung. Millowitsch erblindet und kann das Hänneschen nicht mehr spielen. Da er in dieser Rolle nicht zu ersetzen ist, kommt es zu einer Neugewichtung der Figuren an seiner Bühne. Tünnes und Schäl, dargestellt von Peter Classen und Engelbert Jansen, die schon als Nebendarsteller hoch in der Gunst des Publikums gestanden haben, werden die neuen Hauptakteure der Millowitsch-Bühne.

TÜNNES UND SCHÄL MACHEN SICH SELBSTÄNDIG

Millowitschs Tod im Jahr 1909 beschleunigt die einmal eingeschlagene Entwicklung. Tünnes und Schäl werden als Einzelfiguren noch wichtiger, während das Hänneschenmilieu zur Bedeutungslosigkeit herabsinkt. »Aus der Hänneschenbühne wurde ein Tünnes-Theater, und das Ende war unerfreulicher Import von oberflächlich eingekölschten Berliner Operetten«, schreibt der Theaterwissenschaftler Carl Niessen, der das rheinische Puppenspiel erforschte. Tünnes taucht jetzt vor allem als trotteliger Ehemann auf und hat Berufe, die nichts mehr von seiner ländlichen Herkunft verraten: Mal ist er Bankier, dann Kaufmann oder Hutfabrikant. Schäl kommt als Gerichtsvollzieher, Tanzlehrer oder Lotterieagent auf die Bühne. Beide Figuren werden nun mehr mit der Millowitschbühne als mit dem Hänneschentheater identifiziert.

Ihren Endpunkt findet diese Entwicklung unter dem Bühnen-Prinzipal Willy Millowitsch in der zweiten Hälfte dieses Jahrhunderts. Während sein Vater Peter Millowitsch noch weitgehend mit dem Tünnes identifiziert wurde, schaffte es Willy Millowitsch, sich selber als komische Type zu etablieren. Das Publikum lacht nun nicht mehr, weil die Hauptrolle von einem verkappten Tünnes dargestellt wird, sondern weil sie von Willy Millowitsch gespielt wird.

Tünnes und Schäl sind damit bei der Bühne, die ihnen ihre größte Popularität verschaffte, wieder heimatlos geworden. Sie gelten inzwischen als Symbolfiguren des Kölner Humors schlechthin und existieren im Bewußtsein der Kölner heute nur noch in zwei Formen: als Puppen der städtischen Hänneschen-Bühne, vor allem aber als die weitgehend charakterlosen Protagonisten zahlloser Witze und Postkartenklischees.

TÜNNES UND SCHÄL AUF DER PSYCHOLOGEN-COUCH

»Es muß in allem, was ein lebhaft erschütterndes Lachen verursachen soll, etwas Widersinniges liegen.«

Kant

Eigentlich sollte man meinen, Tünnes und Schäl könnten es nicht gut miteinander aushalten. Immerhin stellen sie in vielen Beziehungen genau das Gegenteil voneinander dar. Dennoch kleben die beiden aneinander, als wären sie unzertrennlich, und das sind sie trotz ihrer unterschiedlichen Vergangenheit wohl auch.

Um besser erklären zu können, warum das so ist, werden wir gleich Shakespeare, Goethe und den Dallas-Fiesling »J. R.« bemühen. Als erfahrene Medienleute wissen sie nämlich, daß ein Problem immer noch am einfachsten zu erklären ist, indem man es in seine einzelnen Bestandteile zerlegt. So lassen sich auch manche Widersprüchlichkeiten in unserer Seele leichter darstellen: Die einander widerstrebenden Eigenschaften werden einfach wieder auf mehrere Personen verteilt. Der einen wird die Gutmütigkeit zugeschrieben, der anderen die Verschlagenheit. Die eine kann man »Tünnes« nennen, die andere »Schäl«, und zusammen machen sie dann so etwas wie »den Kölner« an sich aus.

Falls sich aber der eine oder andere unserer Leser mit dem ungebildeten Tünnes oder dem eingebildeten Schäl nicht vergleichen lassen will, so können wir ihn beruhigen: Das braucht er auch gar nicht. Vielleicht würde er sich aber irgendwo in der angenehmen Mitte zwischen beiden ansiedeln können. Genauso sehen wir nämlich die Kölner: ein bißchen als Tünnes, ein bißchen als Schäl; heute mehr dieser, morgen mehr jener; mal »Tünnes im Schäl«, mal »Schäl im Tünnes«. Sie werden staunen, wie gut sich viele Erscheinungen des Karnevals mit diesem Vergleich erklären lassen.

Übrigens, um Mißverständnissen vorzubeugen: Tünnes und Schäl sind bei uns keine Patienten. Sie sind unsere Gäste, und wenn sie es sich gleich auf der Couch bequem machen, dann nur, weil sie ihre Krätzchen und Geschichten auch gerne mal woanders als immer nur an der Theke loswerden wollen. Hören wir ihnen also zu, und versuchen wir nachzuempfinden, was die beiden mal so heiter und mal so traurig stimmt.

Tünnes und Schäl erfreuen sich großer Popularität, obwohl kaum jemand ihre genaue Geschichte kennt. In der Kölner Altstadt hat man ihnen sogar ein Denkmal gesetzt, und an Tünnes' von vielen Fingern blankgewetzter Nase läßt sich ablesen, wie beliebt diese Figur und ihr Partner auch heute noch sind. Die beiden von Jupp Engels gestifteten Plastiken sind nicht die ersten figürlichen Darstellungen von Tünnes und Schäl. Schon 1950 hat es das Paar gegeben, von dem Bildhauer Professor Wallner überlebensgroß aus Holz gearbeitet. Gegen geringes Entgelt, das dem Wiederaufbau des Gürzenich zugute kam, durfte man einen Nagel in ihren hölzernen Rumpf schlagen. So halfen Tünnes und Schäl höchstpersönlich mit, den beliebten Festsaal wieder aufzubauen. Wie zur Anerkennung hat Ewald Mataré ihre Namen auch auf den Bronzetüren des Gebäudes verewigt.

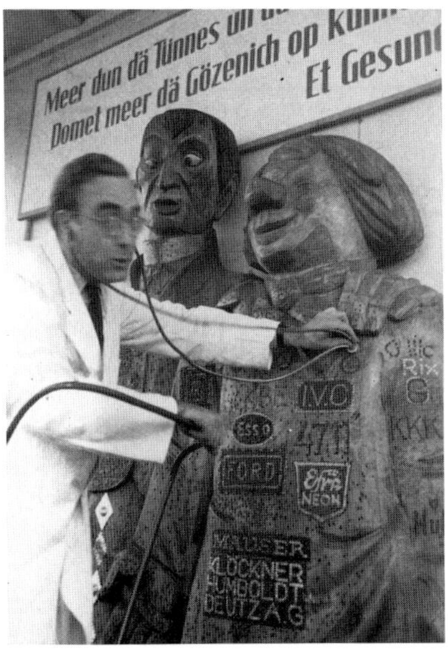

Gegen ein Entgelt konnte man einen Nagel in die Holzfiguren von Tünnes und Schäl schlagen und so zum Wiederaufbau des Gürzenich beitragen

Auf einer Wahlpostkarte wurden Tünnes und Schäl in den Dienst der Politik gestellt

Noch heute gibt es im Karneval ein Zwiegespräch, dessen Darsteller (Gerd und Karl Jansen) unter dem Namen »Tünnes und Schäl« auftreten, ohne allerdings den ausgeprägten Charakterzügen der beiden gerecht zu werden. Außer vielen Witzen, die in Zeitungen und Zeitschriften erschienen, aber auch in verschiedenen Buchausgaben gesammelt wurden, ist dem kölschen Paar zudem eine ganze Anzahl Lieder gewidmet.

Bei Albert Schneider heißt es beispielsweise:

»Dä Schäl, dat eß dä feine Mann, dä och op Bildung hält.
Hä süht sich alles kritisch ahn un weiß jet vun der Welt.
Zwor eß hä d'r Adonis nit, hatt met der Schönheit Pech,
dröm hä ahm »Geis« sich schadlos hält, em Kopp un en der Fläsch.
Met singem Freund, dem Tünnemann, hä wohl et Levve meist're kann.

Jo, wie gesaht, e gold Gemöht d'r leeve Tünnes eß.
Hä hät et Treusin em Geblöt, liet nie der Schäl em Reß.
Wo singe Fründ zo schwatz ens süht, bliev hä der Optimis,
un als ne ächte kölsche Jung hä nie sing Zoot vergiß.
Hä paß zom Schäl, et eß en Staat, wie Pott zum Deckel akkurat.«

In der Kölner Altstadt stehen Tünnes und Schäl als Bronzefiguren, gefertigt von dem Bildhauer Wolfgang Reuter

Auch Willi Ostermann hat sich mit Tünnes und Schäl beschäftigt. Er widmete ihnen zwar kein Lied, benannte aber sein »Humoristisches Kölner Wochenblatt« nach ihnen. Die Zeitschrift »Tünnes und Schäl« ging allerdings schon im zweiten Jahrgang (1931) wieder ein. Einmal bediente sich sogar die Politik der beiden Figuren. Auf einem Wahlplakat hieß es unter einem entsprechenden Bild: »Tünnes und Schäl, die beiden Schlauen, wählen: Liste 1 Burauen!« Ob Oberbürgermeister Theo Burauen, der ununterbrochen von 1956 bis 1973 sein Amt bekleidete, seinen Erfolg dieser Wahl-Werbung zu verdanken hat, muß allerdings bezweifelt werden.

Trotz der besonderen Beliebtheit der beiden Figuren ist es heute aber gar nicht selbstverständlich, daß zwei genau das gleiche meinen, wenn sie von Tünnes und Schäl reden. Das liegt daran, daß die beiden Figuren in ihrer rund 130jährigen gemeinsamen Geschichte viele Wandlungen durchgemacht haben. Die Tendenz ging dabei stetig von der Eindeutigkeit zur Vieldeutigkeit.

Am Anfang hatte die Stockpuppenbühne von Christoph Winters gestanden, der die beiden nacheinander und unabhängig voneinander als Vertreter zweier genau definierter sozialer Schichten der Kölner Bevölkerung geschaffen hat. Ausschlaggebend dafür, daß Tünnes und Schäl als Einzelfiguren besonders beliebt wurden, waren aber die von der Familie Millowitsch über mehrere Generationen geführten Bühnen. Jahrzehntelang prägte das Millowitsch-Theater die beiden Typen und machte sie durch Tourneen und Auftritte in den Massenmedien im ganzen deutschsprachigen Raum bekannt. Mit wachsender Beliebtheit lösten sich die beiden Figuren auch von diesem Theater. Sie begannen in Witzen und Erzählungen ein Eigenleben als Repräsentanten kölscher Lebensart und des Kölner Humors zu führen. Als solche sind sie auch heute noch bekannt. Ein kleinerer Kreis schätzt auch ihre Darstellung in den städtischen Puppenbühnen.

Offensichtlich gibt es also immer noch ein engeres, auf die Stockpuppenbühne bezogenes Verständnis der Figuren und ein erweitertes, nach dem Tünnes und Schäl grundlegende Eigenschaften der Menschen in Köln — und vielleicht sogar Menschliches generell — verkörpern. Das muß einander nicht ausschließen, sondern ergänzt sich sogar. Letztlich liegen Tünnes und Schäl in ihrer symbolhaften Überzeichnung nämlich in guter Tradition mit Gestalten der Weltliteratur und mit Phänomenen der Philosophie, Psychologie und Religion.

Alle Charakterisierungsversuche der beiden Typen laufen auf ein Gegensatzpaar hinaus. Hier der gutmütige, einfältige Tünnes, dort der intrigante Schäl. Ihre auffallend unterschiedliche Kleidung unterstreicht sowohl den Charakterunterschied als auch ein vermeintliches Bildungsgefälle: Städter contra Landbewohner. Das wäre alles nicht weiter aufregend, würden die beiden nicht stets zusammen auftreten. So ungleich sie auch sind, sie leben in einer Zweier-Einheit. Der Name des einen will nicht ohne den Namen des anderen über die Lippen kommen.

»Das Besondere an Tünnes und Schäl ist, daß sie sich zwar oft überwerfen, aber dann immer wieder vertragen. Sie stoßen sich ab, sie ziehen sich an und können einer ohne den anderen nicht leben.«

So wird das Paar im Katalog des »Musée sentimental de Cologne« beschrieben. Und in einer Darstellung von Rudolf Reuter über »Tünnes un Schäl us Köllen am Rhing« heißt es zu Schäl: »Er ist auf den vielverschlungenen Pfaden, auf denen Tünnes durch die Zeiten wandert, der nie weichende Schatten, das andere Ich.«

»ZWEI SEELEN WOHNEN, ACH! IN MEINER BRUST«

Diese merkwürdige Kombination aus Gegensätzlichkeit und Zusammengehörigkeit teilen Tünnes und Schäl mit vielen Gestalten der Literatur und des Theaters, von der einfachsten Volksliteratur bis zum komplizierten Kunstgebilde. So liegen schon im Volksmärchen das Gute und das Böse stets verwandtschaftlich nah beieinander. Da leben »Goldmarie« und »Pechmarie« geschwisterlich unter einem Dach, und einer »guten Mutter« wird oft die Stiefmutter gegenübergestellt.

Es gibt dafür auch Beispiele aus der hohen Literatur. William Shakespeare (1564—1616) wird gelegentlich als Dramatiker der psychologischen Weisheit bezeichnet. Längst bevor es die Psychologie als Fachwissenschaft gab, entwarf er Charakterbilder, derer sich die Wissenschaft heute noch gerne zur Veranschaulichung bedient. Seine Bühnenstücke zeigen häufig Paare gegensätzlicher Persönlichkeiten, die aneinander leiden und dennoch immer wieder, fast zwanghaft, zusammenkommen müssen. Der gutmütige Othello (aus der gleichnamigen Tragödie von 1604) und der verschlagene Jago als sein Gegenspieler bilden so ein Paar. Sie sind Freunde, bis der erste eines Tages am üblen Spiel des anderen zugrunde geht.

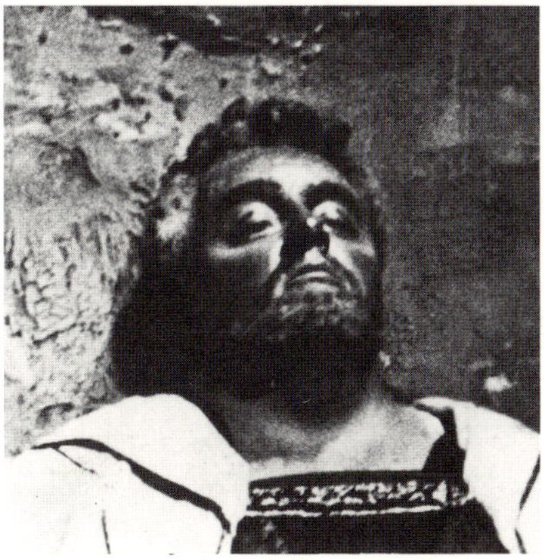

Othello geht an seinem Widerpart Jago zugrunde, und Faust leidet an den »zwei Seelen« in seiner Brust

Solche Auseinandersetzungen mit der zwiegespaltenen Einheit des menschlichen Charakters gipfeln in Goethes »Faust« (1808), der klagend feststellen muß: »Zwei Seelen wohnen, ach! in meiner Brust.« Faust spürt als Individuum, als eine einzelne Person, die quälende innere Zerrissenheit. Die Probleme entstehen also diesmal nicht mehr allein durch den »bösen Nachbarn«, sondern wachsen auch aus der menschlichen Unrast selbst heraus.

Mit solchen Figuren wurde literarisch früh dargestellt, was später zum Gegenstand der psychologischen Forschung wurde: die Zwiespältigkeit der menschlichen Seele. Nachdem die Psychologie als Fachwissenschaft entstanden war, deuteten die Psychologen nun manches Bühnenpaar als die nach außen verlagerten »guten« und »schlechten« Anteile ein- und derselben Person, und die Literaten verlegten fortan den Konflikt der »zwei Seelen« tatsächlich in die »eine Brust«. Hermann Hesses »Steppenwolf« (1927) veranschaulicht so, wie der »Kulturmensch« und der »Triebmensch« täglich Gefechte in uns austragen.

In den Volksstücken sparte man sich die Zusammenlegung der »zwei Seelen« in »eine Brust«. Hier blieben sie verteilt auf zwei Figuren oder Schauspieler; ähnlich wie im Kasperletheater, wo jede Charaktereigenschaft einer bestimmten Figur zugeordnet ist. Die Volksbühne zieht es vor, den Einfältigen effektvoll gegen den Gerissenen auftreten zu lassen, um den vermeintlich Biederen letztlich doch als den Sieger feiern zu können. Der Konflikt zwischen Gut und Böse, zwischen Reinheit und Verschlagenheit, zwischen Unbekümmertheit und Berechnung wird im Miteinander der verschiedenen Rollen ausgetragen. Alle zusammen machen dann eigentlich erst das Wechselspiel der menschlichen Seele aus.

Kasperle und »J. R.« aus der Fernsehserie »Dallas« ändern nie ihren Charakter

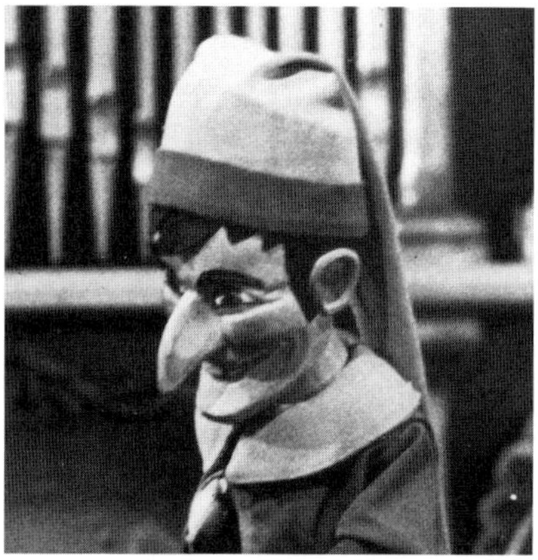

In die gleiche Richtung schlagen auch die idealtypischen und sich nie wandelnden Charaktere von Comic-Figuren oder Fernsehserien-Typen wie zum Beispiel »J. R.« aus der Serie »Dallas« oder »Alexis« vom »Denver-Clan«. Daß sie bei Millionen von Menschen so dauerhaft und gut ankommen, unterstreicht die Treffsicherheit dieser vereinfacht dargebotenen Menschenkunde.

DIE SONDERBARE LOGIK DER PSYCHE

Die Zwiespältigkeit seelischer Erscheinungen beschäftigt die Religion, die Philosophie und die Kunst schon so lange, wie es Kultur gibt. Vor etwa einem Jahrhundert kam die Psychologie als Fachwissenschaft hinzu. Besonders die Tiefenpsychologie erforscht, was es denn mit diesem Irrationalen, diesem so Widersprüchlichen im Menschen auf sich hat.

Um nur zwei ganz einfache Beispiele zu nennen: Bei der Entscheidung, ob und wann man sonntagsmorgens aufsteht, fängt der innere Kampf schon an. Oft genug sieht sich der gute Vorsatz dabei von der eigenen Trägheit enttäuscht.

Oder: Fast jeder, der einmal geliebt hat, kennt auch die plötzliche Verstörtheit, wenn im Affekt, bei Streß oder unter Angst ein Liebesgefühl ins Gegenteil umschlagen kann. Man lernt dann das Phänomen der »Haßliebe« kennen, vor dem junge Paare immer wieder überrascht stehen. Haßliebe erscheint als etwas Verrücktes — und dennoch ist dieses Gefühl eines der grundsätzlichen Erlebnisse, die zu unserer Normalität gehören. Man kann und muß mit solcher Widersprüchlichkeit in sich leben. Wirklich »verrückt« wird man darüber erst, wenn man sie krampfhaft in sich leugnen muß oder wenn man an der Heftigkeit und Ungleichgewichtigkeit dieses Zwiespalts zugrunde geht.

Empfindungen wie die Haßliebe haben zwar nichts Unnatürliches an sich, aber logisch erscheinen sie trotz aller Vertrautheit nicht. Jedenfalls nicht so logisch wie die wissenschaftlich überprüfbaren Naturgesetze, etwa das Gesetz vom freien Fall, oder die Rechnung, nach der zwei mal zwei immer vier ergibt. Es ist eben nicht die Logik der Physik und der Mathematik, die hier wirkt, sondern die Logik der Psyche — die Psychologik.

Wie die Gefühle in einem einzelnen Menschen miteinander ringen, so tun sie es auch, wenn sie auf zwei Personen verteilt in der Literatur oder am Theater erscheinen. So gesehen ist es leichter zu

Tünnes und Schäl haben viele Gesichter . . .

verstehen, warum Tünnes und Schäl sich einzeln nicht entfalten können, sondern immer als Paar auftreten müssen. Erst gemeinsam werden sie unschlagbar. Man kann es rheinischer Kreativität und Gemütsoffenheit zuschreiben, daß solche Charakterexemplare nicht aus Dallas oder Disneyland importiert werden mußten. Hier wurden eigenständige Figuren geschaffen und liebevoll am Leben erhalten, die differenziert genug sind, um neben dem Allgemeinmenschlichen auch noch lokale Charakterzüge widerzuspiegeln.

Welches der vielen Bilder von Tünnes und Schäl das gültige ist, bestimmt sich nach der Sichtweise des Betrachters. Dem oberflächlichsten Verständnis nach kann man die beiden als bloße Stichwortgeber für Allerweltswitze betrachten, obwohl sie dafür eigentlich viel zu schade sind. Da bei solchen Witzen das kölnische Element und die charakterliche Differenzierung fehlt, müssen die beiden Figuren in diesem Falle nichtssagend bleiben.

Aber es gibt ja noch andere Verständnisweisen. Wer davon ausgeht, daß die Abstammung der beiden Figuren das Entscheidende ist, wird die Deutung bevorzugen, wie sie heute im Hänneschen-Theater üblich ist. Hier wird — trotz aller Annäherungen an zeitgenössische Inhalte — die theatergeschichtliche Tradition der Stockpuppenbühne gepflegt, wie sie sich seit Christoph Winters entwikkelt hat. Man hängt dann einer sehr ursprünglichen Interpretation an, von der Spielleiter Gérard Schmidt bedauernd feststellt, daß sie »keine stilbildende Kraft« mehr hat. Tünnes und Schäl sind hier nur zwei aus einem runden Dutzend unterschiedlicher Figuren, die erst alle zusammen das kölsche Milieu ausmachen.

. . . und manche ihrer Züge glauben die Kölner an sich wiederzuentdecken

Das entspricht nicht mehr jener Entwicklung, die beide Figuren an der Millowitschbühne erlebt haben. Hier wurden sie aus der Welt der Hänneschenfiguren herausgelöst und nahmen dabei Eigenschaften an, die vorher anderen Puppen gehört hatten. Das leitete schließlich ihre Verselbständigung auch von dieser Bühne ein. Viele Kölner fanden schließlich sich selber und ihr Leben im Miteinander und Gegeneinander dieser beiden Figuren widergespiegelt. Dieses nirgendwo schriftlich festgehaltene Verständnis könnte die »spontane Auffassung« von Tünnes und Schäl genannt werden. Sie ist auf jeden Fall diejenige, die in den Köpfen und Herzen der Kölner heute zu Hause ist. Aus ihrem allseits anerkannten Repertoire soll in diesem Buch geschöpft werden, wenn es darum geht, bestimmte menschliche Verhaltensweisen — besonders die im Karneval — zu erklären.

Der Tünnes hat in diesem Verständnis also nichts mehr mit dem Kappesbauern des vorigen Jahrhunderts oder dem Spaßmacher des Millowitschtheaters zu tun, auch wenn hier wichtige Wurzeln der Figuren liegen. Für Schäl gilt Entsprechendes. Er hat nichts mehr mit dem aufstrebenden Bürgertum des 19. Jahrhunderts zu tun oder mit Winters Konkurrenten Millowitsch. Selbst ihre typische Kleidung haben die beiden verloren. Wenn im alltäglichen Umgang schon mal das Wort »Du Tünnes« fällt, dann erwartet niemand mehr, daß der Betreffende auch wirklich den blauen Kittel des Kappesbauern trägt.

ZWEI EXTREMISTEN AUS KÖLN

Was aus diesen Zeiten aber übriggeblieben ist, das sind einige Eigenschaften wie die Derbheit des Tünnes und die Verschlagenheit des Schäl. Tünnes repräsentiert jedoch noch mehr. Er stellt das Ursprüngliche, das Sinnenhafte und das Ungezwungene dar. Er ist unvoreingenommen und gutmütig, aber doch stets auf die Befriedigung seiner naheliegenden Bedürfnisse aus. Um dies Ziel zu erreichen, entwickelt er sogar eine gewisse Pfiffigkeit. Tünnes ist ein Triebmensch — oder einfacher: ein Gemütsmensch.

Schäl stellt sich wesentlich komplizierter dar. Er arbeitet viel mehr mit dem Verstand, legt Wert auf gesellschaftliche und kulturelle Konventionen und ist ein Meister der Verstellung. Seine Wünsche und Absichten äußert er nie direkt, sondern sucht seinen Vorteil mit List, Kalkül und Hinterhältigkeit zu erlangen. Gefühle zeigt er nur, wenn er ärgerlich ist, und überall findet er noch ein Haar in der Suppe. Schäl strebt nach Anerkennung als Kulturmensch.

Die Eigenschaften, die den beiden zugeschrieben werden, sind extrem ausgeprägt und durchaus nicht nur sympathisch. Aber Tünnes und Schäl sind ja auch extreme Figuren, wie sie in Reinkultur im Leben kaum auftreten. Und wenn doch, so hat man es mit seelisch Gestörten zu tun. Dennoch liegt irgendwo zwischen den beiden Polen, die sie repräsentieren, das Normale. Es kommt nur darauf an, diesen Punkt zu finden, der als seelische Gesundheit bezeichnet werden könnte. Dazu noch einmal der Ausstellungskatalog: *»Tünnes und Schäl sind wie Plus und Minus, ja wie Gut und Böse. Darum läßt sich im Gegensatz ihres verschiedenen, aber aufeinander angewiesenen Wesens alles Menschliche ausdrücken. Es kann auch einer zugleich Tünnes und Schäl sein, und es gibt Momente, wo man feststellt, an einer Sache seien zuviel Schäle oder zuwenig Tünnesse beteiligt, d. h. sie läge in schlechten Händen.«*

Mag sich auch nicht »alles Menschliche« auf diese Weise darstellen lassen, so können wir uns doch auf diese Weise sehr wesentliche menschliche Eigenschaften vor Augen führen.

EINE WISSENSCHAFT, DIE ES NICHT GIBT

Um das Normale geht es im Karneval nur selten. Es geht vielmehr fast immer um ein Extrem — um das steife gesellschaftliche Ritual der Karnevalssitzung oder um das hemmungslose Ausleben der

Narretei. Das alles kann derselbe Mensch auf der selben Veranstaltung in kürzester Zeit erleben und durchmachen. Das eine Mal zeigt er dann seine schäle Seite, das andere Mal gibt er den Tünnes ab.

In diesem Sinne liefern die Figuren von Tünnes und Schäl gute Hilfe zum Verständnis der Vorgänge, wie sie sich im Karneval abspielen. Wohlgemerkt — mit dieser helfenden Umschreibung sollen keine neuen Begriffe in die Psychologie eingeführt und etwa ein »Tünnes-und-Schäl-Syndrom« analysiert werden. Hier wird lediglich mit populären Namen belegt, was die psychologische Beschaffenheit des Karnevals in Köln (und nicht nur hier) ausmacht.

Warum sich mit Tünnes und Schäl allein nicht jederzeit und nicht alles im Kölner Karneval erklären läßt, wird deutlich, wenn man daran denkt, daß die beiden Figuren ja einem ständigen Wandel unterworfen waren, bis sie endlich das heute vertraute Stadium erreichten. Und natürlich werden sie sich auch in Zukunft weiterentwickeln. Sie sind also keine feststehenden oder unveränderlichen Größen. Ähnliches gilt auch für den Karneval selber. Er ändert sich, wenn auch nicht in großen Sprüngen. Verhältnisse, an denen viele Menschen beteiligt sind, brauchen dazu eben länger als solche, die nur wenige betreffen.

Was viel sichereren Bestand hat als der Karneval selber, das sind jene menschlichen Grundbefindlichkeiten, die sich im Konflikt der (mindestens) zwei Seelen in jedem Menschen äußern. Man kann sie, weil es um Köln und den Karneval geht, ruhig mit den Namen von Tünnes und Schäl belegen. Manche altbekannten Szenen und Ereignisse wird man mit anderen Augen sehen, bedient man sich dieses Vergleiches. Eine eigene Wissenschaft will daraus allerdings niemand machen. Und sollte es doch jemand versuchen, dann sollte man sich vergewissern, ob der tatenfreudige Forscher nicht vielleicht eine rote Knollennase hat oder eine schwarze Melone trägt.

ZWEITER TEIL: EINE SEELENKUNDE DES KARNEVALS

KARNEVALISTISCHE UR-ERLEBNISSE

Machen wir einen neuen Anfang. Im ersten Teil unseres Buches sind wir auf den Spuren von Tünnes und Schäl gewandert und haben uns mit der Frage beschäftigt, was sie mit Köln und dem Karneval zu tun haben.

Im zweiten Teil wollen wir uns den Jecken selbst widmen. Tünnes und Schäl sind uns dabei hilfreich, aber sie stehen nicht mehr im Mittelpunkt der Betrachtung. Jetzt wollen wir endlich mehr wissen über die Leidenschaften und jecken Triebe der Karnevalisten: etwa warum sie so gern Kind sein wollen oder was ein Mariechen in einem Garde-Korps erwartet, warum der schmucke Prinz am liebsten Rievkooche ißt oder was die hohe Geistlichkeit mitten im Narrentreiben zu suchen hat.

Weil das alles zusammen so etwas wie eine Seelenkunde des Kölner Karnevals ergibt, wollen wir wirklich bis ganz an die Anfänge zurück. Das sind in unserem Falle keine historischen Quellen, sondern solche der menschlichen Seele. Lassen wir uns von einigen bekannten und weniger bekannten Persönlichkeiten erzählen, was ihre »Aha-Erlebnisse« in der Begegnung mit dem Karneval waren und warum sie ihm fortan verfallen oder zumindest zugeneigt waren. Diese »Ur-Erlebnisse« beim Narrentreiben sind mal heiter und mal tiefsinnig, mal befreiend und mal tragisch. Allesamt werden sie uns aber helfen beim Versuch, dem Karneval hinter seine Maske zu schauen und die Narren besser zu verstehen.

Geheimrat Goethe und Prinz Jupp zogen aus den Ereignissen philosophierend Konsequenzen für ihre eigene Lebensführung, Thomas Liessem ließ sich davon seinen ganzen weiteren Lebensweg bestimmen.

Witz und Komik dienen dazu, Hemmungen zu überwinden, heißt es in der Tiefenpsychologie. Altmeister Sigmund Freud stellt der Formulierung vom »Sich ausweinen« den Begriff des »Ablachens« gegenüber und meint damit, daß komische Erlebnisse Hemmungen auflösen können.

Wie mit den angeführten Ur-Erlebnissen umgegangen wird, ist Sache der Persönlichkeit, auch ein Stück ihrer Narrenfreiheit. Daß sie letztlich unauslöschlich und lebensformend bleiben, das zu verstehen, bedarf es keiner tiefenpsychologischen Kenntnisse; dazu genügt der einfache Menschenverstand.

THOMAS LIESSEM UND DER »STIEF« IM LAPPEN-KOSTÜM

Auf Autoritäten beruft man sich gern, um die eigene Glaubwürdigkeit zu unterstreichen. Thomas Liessem († 1977), Präsident der Prinzen-Garde und des Festkomitees (1935—1939 und 1954—1963) sowie langjähriger Vorsteher des »Bundes Deutscher Karneval«, ist ein solcher Kronzeuge, den man gerne in Sachen Fastelovend anführt. »Kamelle und Mimosen« nannte er seine karnevalistischen Memoiren. Er beginnt diesen Rückblick auf 40 Jahre offiziellen Jekkendaseins mit der Schilderung seines karnevalistischen Ur-Erlebnisses. Im tiefenpsychologischen Verständnis sind solche Mitteilungen über erste Erfahrungen, insbesondere solche über die Kindheit, sehr gewichtig. »Initialtraum« nennt man zum Beispiel das erste Traumerlebnis, das im Gespräch mit einem Therapeuten erzählt wird. Immer wieder kommt man auf dessen Schlüsselbedeutung zurück.

Thomas Liessem läßt gleich mit dem ersten Satz den Leser an seinem Schlüsselerlebnis teilhaben. Er erzählt von der Begegnung mit einem »Tünnes«, den er bis dahin nur im Gewand des Schäls kannte: »Seine straffe, hoch aufgerichtete Gestalt unterstrich ein Stehkragen, den er — wie wir Pänz meinten — selbst beim Zubettgehen nicht ablegte.« So beschrieb Liessem seinen strengen Ehrenfelder Lehrer Pirot. In ständiger Furcht vor dessen wilhelminischer Attitüde entlasteten sich die Schüler von ihrer Furcht, indem sie ihn hinter seinem Rücken »den Stief« nannten. Just diesen Stief entdeckte der kleine Thomas verdutzt im Rosenmontagszug wieder — im Clownskostüm, singend, mit »decker Trumm« vor dem Bauch. »Und seit jener Stunde auf dem Alter Markt war der sonst so strenge ›Stief‹ mein Idol und der liebste Lehrer, den ich je erlebte.«

Problemlos findet Liessems Rückblick den Übergang von dieser Kindheitserinnerung zu solchen von närrischen Vorträgen im Kriegsgefangenenlager nach dem Ersten Weltkrieg. Liessems zweites Ur-Erlebnis fand im karnevalistischen Jubiläumsjahr 1923 statt. Erfuhr er im Falle seines Lehrers sehr augenscheinlich von der Existenz eines Tünnes unter dem Schälgewand, so macht er als junger

Mann diese Erfahrung nun noch einmal symbolisch. Er erlebt die Nahtstelle von bitterem Ernst und befreiendem Ulk. Liessem schildert die tragikomischen Ereignisse während der Jubiläumsfeier zum hundertjährigen Bestehen der Roten Funken, die in ihrem Äußeren und im Benehmen militärische Gruppen bewußt auf die Schippe nehmen: »Aller Prunk war aufgeboten, um den Anlaß würdig zu begehen ... Im Saal aber saßen 1500 Männer bei dieser Herrensitzung äußerst bedrückt: Ausgerechnet an diesem Festtag einer Militärparodie hatten die Franzosen das Ruhrgebiet besetzt.«

Die Stimmung schwankte zwischen Niedergeschlagenheit, Erregtheit und karnevalistischer Feststimmung. Nicht etwa der »Rote-Funken-Marsch« rührte nun die Gemüter sondern das Trompetensolo »Behüt dich Gott, es wär' so schön gewesen«. Liessem: »Der Applaus aber steigerte sich zu einer tumultartigen Demonstration, als der Trompeter, der über einen satten Tenor verfügte, zusätzlich ein stark national gefärbtes Lied anstimmte.« Dank der Entscheidung des Funken-Kommandanten, auf dem Höhepunkt das Korps der »Kölsche Funke rut-wieß« einmarschieren zu lassen, konnte die Stimmung vor dem Umschlagen in eine womöglich nicht folgenlose politische Kundgebung durch Stippeföttche und Karnevalslaune gerettet werden. Liessems Lebensweiche war nun endgültig gestellt: »Humor besiegte den tragischen Ernst jenes Tages. Die später erregt diskutierte Jubiläumsschau der Roten Funken hatte mich so beeindruckt, daß ich von Stund an dem Karneval restlos verfallen war.«

JOHANN WOLFGANG VON GOETHE: »LÖBLICH WIRD EIN TOLLES STREBEN ...«

135 Jahre früher hatte ein anderer Autor sein karnevalistisches Ur-Erlebnis; nicht in Köln, sondern in Rom. Hier erlebte der hauptberufliche Minister Johann Wolfgang von Goethe (1749—1832) die Faszination und Spannung, die jene Stunde erfüllt, »bis endlich eine Glocke vom Kapitol bald nach Mittage das Zeichen gibt, es sei erlaubt, unter freiem Himmel töricht zu sein. In diesem Augenblick legt der ernsthafte Römer, der sich das ganze Jahr sorgfältig vor jedem Fehltritt hütet, seinen Ernst und seine Bedächtigkeit auf einmal ab.« Goethe erlebte den römischen Karneval 1788 als Enddreißiger auf seiner zweiten »Italienischen Reise«.

Das närrische Geschehen beeindruckte ihn stark. Er wäre aber nicht Goethe gewesen, hätte er auf die überwältigenden Eindrücke reagiert, indem er sich mit Maske und »Baselümche« ins Getümmel gestürzt hätte. Herr von Goethe verarbeitete natürlich auch das literarisch. Doch auch hier spürt man, wie initialzündend im Sinne eines Ur-Erlebnisses der öffentliche Wahnwitz auf ihn gewirkt haben muß, daß er noch viele Jahre später bei der Vollendung seines Reisetagebuches ein Kapitel lang genaue Beschreibungen des Festes gibt und in einer philosophischen Schlußbetrachtung endet, die den Corso des Karnevalsumzuges mit der Lebensbahn vergleicht: »Noch mehr erinnert uns die schmale, lange, gedrängt volle Straße an die Wege des Welterlebens ...«

Wie Thomas Liessem sich von der Enttarnung des Lehrers Pirot beeindrucken ließ, so erlebte Goethe staunend die Demaskierung von Lebensgeheimnissen: »*Wenn uns während des Laufs dieser Torheiten der rohe Pulcinell ungebührlich an die Freuden der Liebe erinnert, denen wir unser Dasein zu danken haben, wenn eine Baubo auf öffentlichem Platze die Geheimnisse der Gebärerin entweiht, wenn so viele nächtlich angezündete Kerzen uns an die letzte Feierlichkeit erinnern, so werden wir mitten unter dem Unsinne auf die wichtigsten Szenen unseres Lebens aufmerksam gemacht.*«

Der Kölner Fastnachtsbrunnen auf dem Gülichplatz

Weniger bekannt als jene Karnevalsepisode auf der berühmten »Italienischen Reise« ist — selbst bei vielen Rheinländern — die Tatsache, daß Goethe auch den Kölner Karneval in dessen reformerischen Anfangsjahren bedichtete. Am Kölner Fastnachtsbrunnen auf dem Gülichplatz ist die Variation einer Zeile seines »Mummenschanz«-Gedichts in Bronze verewigt, die so manchem kleinen Rausch das Alibi liefert: »Löblich wird ein tolles Streben, wenn es kurz ist und mit Sinn, Heiterkeit zum Erdenleben sei dem flüchtgen Rausch Gewinn.«

Doch so, wie jener Brunnen nicht unbedingt jedem Kölner Jekken im Bewußtsein ist und selbst bei vollen Düsen einem Ostermann-Brunnen in seiner Bekanntheit nicht das Wasser reichen kann, so war Goethes Fastelovendbeitrag wohl weniger eine Sache des Herzens als vielmehr eine Gefälligkeitsleistung. Die Gründungsväter des romantischen Karnevals hatten den Dichterfürsten darum gebeten. Heute würde man Goethes Strophen vom »Kölner Mummenschanz« (1825) wohl eher als Auftragsarbeit im Zuge einer Kölner Public-Relations-Maßnahme bezeichnen:

»Da das Alter, wie wir wissen,
Nicht für Thorheit helfen kann,
War' es ein gefundner Bissen
Einem heitern alten Mann,

Daß am Rhein, dem vielbeschwomnen,
Mummenschaar sich zum Gefecht
Rüstet, gegen angekomnen
Feind, zu sichern altes Recht.

Auch dem Weisen fügt behäglich
Sich das Irren wohl zur Hand,
Und so ist es ganz verträglich
Wenn man sich mit Euch verband.

Löblich wird ein tolles Streben
Wenn es kurz ist und mit Sinn;
Daß noch Heiterkeit im Leben
Giebt besonnenem Rausch Gewinn.

Häufet nur an diesem Tage
Kluger Thorheit Vollgewicht;
Daß mit uns die Nachwelt sage:
Jahre sind der Lieb und Pflicht.«

JAN BRÜGELMANN ZETTELT EINEN AUFSTAND AN

Ein kollektives Ur-Erlebnis mag auch die Aufmüpfigkeit jener Herren im Smoking gewesen sein, die auf der Prinzenproklamation im Gürzenich 1975 Aufmerksamkeit erregten. Als ihnen das Tünnes-Gemüt (sie nannten es Volkstümlichkeit) in einem eleganten Programm zu lange verwehrt blieb, griffen sie zur Selbsthilfe. Selber noch im Schäl-Gewand sprengten sie das Sitzungsprotokoll und probten »den Aufstand des Großen Senats gegen eine immer feiner und zugleich langweiliger werdende Prinzenproklamation durch das spontane Anstimmen von Ostermann—Liedern«, wie es der damalige »Rädelsführer« und Bürgermeister, Jan Brügelmann, später beschrieb.

Überhaupt Prinzenproklamationen: Sie scheinen als Bühne für karnevalistische Ur-Offenbarungen besonders geeignet. Keiner hat hier den Versuch lange durchhalten können, dem Schäl seinen Tünnes zu entziehen. So wurde denn Schritt für Schritt auch wieder die Entscheidung rückgängig gemacht, dem »Festspiel am Hofe seiner Tollität« mit Opernstars und teuer bezahlten Auftritten süddeutschen Faschingsglanz zu verleihen. Da sangen Renate Holm und René Kollo, Marléne Charell und die Kessler-Zwillinge steppten und tanzten, und sogar Anna Moffo wurde aufgeboten für den stol-

Der Unmut der Narren galt in den siebziger Jahren einer immer feiner werdenden Proklamation. Das Foto zeigt eine Szene von 1971 mit Prinz Rolf I. (Hochgürtel) und der Opernsängerin Renate Holm (Wien)

zen Preis von 20 000 Mark, wie es hieß. An diesem Honorar entzündeten sich letztlich die Diskussionen, von denen die Reformation der Proklamation dann ausging.

Bernd Assenmacher leitete sie ein, als er das Amt des Festkomitee-Präsidenten übernahm. Er ließ die teuren Bühnengrößen außen vor und engagierte kölsche Stars wie Jupp Schmitz, Karl Schmitz-Grön, Gerhard Jussenhoven oder den Kölner Männer-Gesang-Verein. Den unentbehrlichen, eleganten Flitter holte man sich mit heimischen Artisten und Künstlern aus dem Circus Roncalli, dem Traumtheater Salomé und Interpreten der Kölner Bühnen in den Gürzenich. Tünnes fand wieder seinen Platz im Proklamationsablauf, und das Fest wird seitdem als »kölsche Familienfeier« begangen, in glanzvollem Rahmen, aber mit volkstümlichem Programm.

Besonders vielversprechend schien daher auch das Engagement von Willy Millowitsch mit Sohn Peter und Barbie Millowitsch für eine Proklamation zu sein. Mit dem Auftritt des »kölschen Willy« schien sich der endgültige Triumph des Tünnes anzukündigen. Es kam jedoch anders: Die Millowitschs hatten sich das Schälkostüm übergezogen und sangen im Smoking bekannte Musical-Melodien — der erhoffte Sieg des Tünnes blieb aus, weil sie die Situation nicht richtig eingeschätzt hatten. Anstatt der erwarteten Begeisterungsstürme gab es eher verhaltenen Applaus.

Heute mischen sich »kölsche Tön« in die festliche Proklamation (Marianne Hirsti mit einem Clown des Circus Roncalli)

JUPP SÖLLER UND DIE ERLEBNISSE EINES PRINZEN

»Ich hatte mir mein Amt eigentlich ganz anders vorgestellt«, erinnert sich Josef Söller, der während seiner närrischen Regentschaft als Jupp VI. ein Erlebnis hatte, das ihn und seine Vorstellung vom Amt eines Karnevalsprinzen nachhaltig prägte. »Wir haben nur an Freude und Frohsinn gedacht, alles ein bißchen oberflächlich. Doch wir haben andere Erfahrungen machen müssen. Mein Amt hat mich verändert, und ich gehe mit anderen Augen durchs Leben«, bekannte er, nachdem er schon lange wieder das Prinzengewand gegen seine Zivilkleidung eingetauscht hatte.

Söller, der zusammen mit Claus Wagner (Bauer) und Theo Schneefeld (Jungfrau) das Dreigestirn in der überaus langen Session 1984 verkörperte, ist Glasermeister und mittelständischer Unternehmer, der über mehrere Einzelbetriebe regiert. Als Handwerkerfunktionär sitzt er in zahlreichen Gremien, leitet Tarifkommissionen, bildet aus und unterrichtet Sachverständige seines Handwerks in Vertragsrecht. Inzwischen ist er auch im Vorstand des 1. FC Köln.

Den Sportwagenfahrer und Großwildjäger kennzeichnet aber auch soziales Engagement. So unterstützt er eine Missionsstation in Afrika, in der Kinder betreut werden, finanziert den Besuch von Karnevalsveranstaltungen für Behinderte und Alte, arbeitet mit der Stadtverwaltung im sozialen Bereich zusammen und leistet immer wieder konkrete, individuelle Hilfe für Jugendliche. Allen Voraussetzungen — finanzielle Unabhängigkeit und Erfahrung im Umgang mit Menschen — nach, war er ein idealer Kandidat für das Prinzenamt.

484mal mußte Jupp VI. während der 44 Tage seiner Regentschaft als Prinz und Freudenbringer auftreten. Das brachte ihm außer körperlichen Strapazen vor allem Freude, Popularität und einen gewissen Medienruhm. Der Prinz hatte jedoch auch Erlebnisse, die ihn seelisch stark anrührten, ohne daß sie immer mit strahlenden Gesichtern zu tun gehabt hätten. Da wurden Wünsche an ihn herangetragen, die er nicht erwartet hatte und die er weder befriedigen konnte noch mochte: »Mir ist es immer kalt den Rücken heruntergelaufen, wenn Mütter darum gebeten haben, daß ich ihrem Kind über den Kopf streichele oder ihm die Hand auflege. Das habe ich nie getan. Ein Bützchen ist was anderes, aber ich bin ja kein Glücks- oder Heilsbringer. Für so etwas sind andere zuständig.«

Den Mann, der so im Mittelpunkt stand, erreichten täglich Bittbriefe und -anrufe. Viele Briefe stammten von Frauen. Was sie vom Prinzen gern hätten, trugen sie ihm immer wieder auch persönlich vor. Jupp Söller scheut sich nicht, auch darüber zu sprechen: »Die Angebote sind reichlich und zweifelsfreier Art. Natürlich schmeichelt einem das als Mann, denn jeder freut sich, wenn er begehrt ist. Wenn zu Hause alles in Ordnung ist, dann ist das auch kein großes Problem. Aber ein Leben lang wie ein Schauspieler im Blick der Öffentlichkeit stehen, das möchte ich nicht, über Jahrzehnte kann man wohl nicht widerstehen.«

Noch nach Jahren beschäftigt den ehemaligen Prinzen aber vor allem die Erinnerung an ein Erlebnis, von dem er sagt, daß es ihn dazu veranlaßte, »viel über mich nachzudenken«. Die Begebenheit trug sich in einer der zahlreichen sozialen Einrichtungen zu, die jedes Jahr vom Dreigestirn aufgesucht werden. Auch hier gibt es ja Freude, oftmals unverfälschtere als in den großen Sälen, aber bei den Besuchen in solchen Einrichtungen hat so manches Mitglied eines Dreigestirns auch lernen müssen, daß es ein schweres und belastendes Amt sein kann, diese Freude zu schenken.

Strahlender Prinz Jupp VI., 1984. Am nachhaltigsten blieben Josef Söller jedoch die besinnlichen Erlebnisse im Gedächtnis

Es war in einem Krankenhaus, in dem der Leiter der Einrichtung das Dreigestirn schon vor der Tür auf einen kleinen Jungen aufmerksam machte, der an Leukämie litt und vermutlich nur noch kurze Zeit zu leben hätte. Sein Wunsch sei es, einmal auf dem Arm des Prinzen Karneval zu sitzen. »Wir haben hier einen kleinen Verehrer des Prinzen Karneval«, sprach Söller den Jungen im Saal an und bat ihn zu sich. »Als ich den Jungen auf dem Arm hielt, fragte er mich auf einmal ›Ob ich wohl auch einmal Prinz Karneval werden kann?‹«, berichtete die ehemalige Tollität. Die Prinzenequipe ging weinend hinaus, als Söller antwortete: »In kurzer Zeit wirst du der schönste Prinz sein, den man sich denken kann.« Gemeinsam sangen die beiden dann: »Ach, wär ich nur ein einzig Mal, ein schmucker Prinz im Karneval.«

Söller: »Wir waren dann alle wie vor den Kopf geschlagen, haben stundenlang kaum miteinander geredet und sind die ganze auftrittlose Zeit am Nachmittag pausenlos herumgefahren. Am Ende hatte ich eine halbe Flasche Calvados geleert. Der Junge ist schon lange tot.« Der Griff zur Flasche — während der Auftritte sonst verpönt — blieb langfristig nicht die einzige Reaktion. Söller, der sich ausdrücklich als Katholik, wenn auch nicht als »Kirchenläufer« bekennt, wurde von dem Erlebnis nachhaltig geprägt: »Von allen Geboten halte ich die Nächstenliebe für das wichtigste. Das ist natürlich leicht gesagt, wenn man die nötigen Mittel hat. Aber im Grunde spielt Geld hier nicht die einzige Rolle. Auch ein Gespräch kann ja schon helfen, und man kann wirklich mit minimalem Aufwand den Menschen das Dasein verschönern. Wenn ein Prinz dazu nicht bereit ist, dann ist er nicht der richtige Mann.«

Ob nun als strahlender Prinz , als bürgerlicher »Rädelsführer«, als reisender Schriftsteller oder als »Kind vum Ihrefeld« — alle angeführten Persönlichkeiten berichteten von Karnevalserlebnissen, in denen etwas ganz Unvermutetes eintrat und spannungsgeladene Zustände löste. Das führte mal zu trotzigen Reaktionen, mal bedeutete es Erstaunen oder Befreiung, und manchmal gab es den Anstoß zu tieferem Nachdenken. Gemeinsam ist dem allen, daß es auf der närrischen Lebensbühne möglich wurde.

Welche Kräfte in den Jecken aber im einzelnen wirken, das soll in den folgenden Kapiteln untersucht werden.

ÜBER KARNEVAL, HEIMATKUNDE UND PSYCHO-BOOM

»Heimat ist Sicherheit«
Jean Amery

Eine Karnevalsgesellschaft ist keine Selbsterfahrungsgruppe, und das Festkomitee ist keine Sekte. Auch wenn manche Spötter das gelegentlich behaupten.

Dennoch gibt es etwas, das den Karneval mit solchen Erscheinungen verbindet. Moderne Formen religiöser Kulte und der modische Hang zu allerlei Psychotherapieströmungen sollen nämlich letztlich eine Sehnsucht im Menschen befriedigen, die viele Kölner schon seit jeher mit dem Karneval stillen: den Wunsch nach Geborgenheit in einer Gemeinschaft, nach einer Heimat für die Seele.

Und die Kölner scheinen wie sonst kein zweiter Menschenschlag an unstillbarem Heimweh zu leiden. Ständig wollen sie »zo Foß no Kölle gon«, und manche haben sogar schon »Heimweh en Kölle«, wie es in einem anderen Liedtext heißt. Erstaunlicherweise schwört man aber auch in Bergheim-Niederaußem (Erftkreis) und Toronto (Kanada): »Mer losse d'r Dom en Kölle«. Da liegt die Vermutung nahe, daß es wohl doch keine Frage des Einwohnermeldeamtes ist, wer sich als Kölner fühlen darf.

Mit der Befriedigung des Wunsches nach Geborgenheit und vieler anderer seelischer Bedürfnisse ist der Karneval womöglich »gesünder«, sicherlich aber billiger als manche zweifelhaften Therapiesitzungen oder die Verehrung eines fernöstlichen Gurus. Auf Krankenschein Karneval feiern kann man allerdings noch nicht ...

AUF DER SUCHE NACH DEN WAHREN KÖLNERN

Mitgliederversammlung einer großen Karnevalsgesellschaft: Im Innenhof des Vereinslokals, am mittelalterlichen Funken-Gemäuer oder in der Seitenstraße vom Kasino parkt die Autoflotte. Spiegelnde Lackflächen und teure Markenzeichen signalisieren, daß die Fahrer einen Status erreicht haben, der es ihnen ermöglicht, sich selber und ihre Vaterstadt entsprechend zu feiern.

Wer aber annimmt, das gemeinsame Merkmal der rollenden Statussymbole wäre neben der Nobelmarke auch das Kölner Nummernschild, der liegt verkehrt. Es stimmt zwar, daß sich kaum ein Kleinwagen unter die Zylinder-Armada verirrt; aber was das Nummernschild angeht, da wird man auch »SU-« (Rhein-Sieg-Kreis), »BM-« (Erftkreis), »GM-«Kennzeichen (Oberbergischer Kreis) finden. Schließlich kommt noch lange nicht jeder Kölner aus Köln — ein Widerspruch, der für viele Bewohner der Gemeinden um Köln herum gelebte Realität ist.

Sie fühlen sich als Kölner, obwohl ihr Wohnsitz außerhalb der Stadt liegt. Eine nicht unbeträchtliche Anzahl von ihnen ist sogar lokalpatriotischer gesonnen als mancher Bewohner der Kölner Innenstadt. Ganz sicher zählen zu diesen Lokalpatrioten die Karnevalisten, die mit Begeisterung aus dem Umland herbeiströmen, um in der Stadt mit Nachdruck ihr Bekenntnis zu einem Kölnertum abzulegen, das ihnen ihrer Adresse nach gar nicht eigen ist.

Gelegentlich passiert es sogar, daß Prinz Karneval höchstpersönlich an der Hofburg von einem Auto mit dem Kennzeichen »GL-« (Rheinisch-Bergischer Kreis) oder »LEV-« (Leverkusen) auf eins mit »K-« umsteigt. Es hat Prinzen gegeben, die stammten aus einem Voreifeldorf, viele Kilometer von der Narrenhauptstadt entfernt, oder residierten auf einem Bauernhof in Krawinkel. Puristen haben so etwas nie gerne gesehen, aber es wurde akzeptiert, wenn der Prinz nur leidlich Kölsch sprach.

Man kann in solchen Entwicklungen Beweise für die integrierende Kraft des Kölner Karnevals sehen. Sie begann nicht erst mit der Bestimmung einer jungen Türkin zum Tanzmariechen einer ehrenwerten Gesellschaft. Die Tatsache, daß Refia Gün seit 1985 für die Ehrengarde tanzt, macht aber besonders charmant sinnfällig, welche gesellschaftlichen Brücken der Karneval schlagen kann — auch wenn der Türke im Dreigestirn noch lange Utopie bleiben wird.

Ähnliche Brücken wurden schon nach dem Krieg gebaut, als der Karneval viele Zugezogene aus den ostdeutschen Gebieten in seine Reihen aufnahm. So ist mit Gerhard Wilczek ein gebürtiger Schlesier der Leiter des Heimatmuseums im »Haus des Kölner Karnevals«, und auch im Vorstand des Festkomitees gibt es Mitglieder, deren Geburtsort weit außerhalb des Rheinlandes zu suchen ist.

Es ist zu fragen, wie eng man den Begriff des »Kölnertums« ziehen will, um sagen zu können, wer ein »echter Kölner« ist und wer nicht. Mit einem genügend feinen Ohr kann man ja schon mundartliche Unterschiede zwischen den Bewohnern der Stadtteile Ehrenfeld und Mülheim feststellen. Köln hat eben immer wieder Erweiterungen erfahren, wie sich schon an der »Lebensgeschichte« von Tünnes und Schäl zeigte. Während die Heimat der Tünnes-Puppe noch das von der mittelalterlichen Stadtmauer umringte Köln war, gehörte Schäl bereits einer Generation an, die innerhalb des großräumigeren preußischen Festungsringes aufwuchs. Später sorgte die Eingemeindung von selbständigen Städten wie Deutz, Mülheim oder Ehrenfeld für die Vergrößerung von »Köln« und für die Vermehrung seiner Bevölkerung.

Seit einigen Jahren kehrt sich diese Bewegung um. Mit wachsendem Wohlstand und wachsender Mobilität durch das Auto zementiert sich ein Gutteil des Kölner Bruttosozialprodukts in Form von Einfamilienhaussiedlungen und anderen Wohneinheiten rings um die Metropole. Als Kölner fühlen sich daher immer noch alle, die den Dom noch geradeso sehen können. Und da die Stadt am Rhein nun mal in Buchtlage von höherliegenden Gemeinden im angrenzenden Bergischen und im Vorgebirge umsäumt wird, gibt es eben sehr viel mehr Kölner als jene knappe Million, die das Einwohnermeldeamt erfaßt.

»Mer losse d'r Dom en Kölle«, singt man auch in Übersee. Das Dreigestirn bei den »Kölshe Funke-Rut Weiss, New York« in der Steuben-Parade

So kann sich auch ein nicht mehr in Köln lebender Repräsentant des Dreigestirns dieses Makels entledigen mit dem Hinweis auf Eintragungen in der Geburtsurkunde oder in der Ahnentafel. Die Chance, sich so zu rehabilitieren, ist groß, wenn der Betreffende sich mit Karl Berbuer auf die römische Stamm-Mutter Agrippina beruft, und sich zu den von ihm besungenen »Pänz vum Agrippin« zählt. Sollten die Domtürme aber nun beim besten Willen nicht mehr zu erkennen sein, etwa weil man inzwischen nach Übersee aussiedelte, dann wird man halt kölscher Prinz von Toronto in Kanada, oder gründet die Roten Funken New York, um sein Kölnertum unter Beweis zu stellen.

Dieses Phänomen sah schon Carl Wirts voraus, der 1885 die »Congo Polka« komponierte und textete:

»Die köllsche Kappesboore,
Die han kein Arbeit mieh,
zick durch die neu Stadtmoore
ehr Gähde sinn futtüh.
Der Chreß, et Nies un and're,
die trekke fort vun Huhs.
No Afrika se wand're
mit ehrem Brassel uhs.
Dat Portmoneh voll Füß
su rohfe se Adjüß!
Heut' sehn wir uns zum allerletzten Mal,
jetzt geht's nach Afrika,
jetzt geht's nach Afrika.«

Die ausgiebige Phantasie über das dortige Kolonialleben endet natürlich mit der Schilderung der solcherart exportierten Karnevalsszene:

»Hanswoosch eß och gekumme
Jitz an der Congostrand,
Se jöcken ald de Trumme
Em Labberitzeland.
'ne kölsche Jung sitz bovve,
Dä hät der Vörsitz do,
Der Fasteleer zo lovve,
Zo Köllens Ehr! — Dernoh,
Wenn mer he fädig sin,
Dann gon mer all dohin.«

»HEIMWEH NOH KÖLLE«

Die Stadtflucht brachte den Flüchtigen neben der Steigerung ihrer materiellen Lebensqualität mit Häusern im Grünen aber auch das, was die Gesellschaftswissenschaftler »Krise der Identität« oder gar den Verlust derselben nennen. Gemeint ist, daß diejenigen, die es so eilig hatten, wegzukommen, auf einmal merken, daß sie viele Menschen und Orte, Erinnerungen und Gefühle hinter sich gelassen haben, die für sie von großer Bedeutung sind.

»Heimat ist Sicherheit«, sagt der Schriftsteller Jean Amery, und das wachsende Interesse an Heimatkunde seit den achtziger Jahren ist Ausdruck eines Versuchs, der Unsicherheit und Entwurzelung gegenzuwirken. Die Mitgliederzahlen in den Heimatvereinen schnellen hoch, und das Interesse an regionaler Historie wächst. Lokale Ausstellungen, dialektgefärbte Publikationen, Filme und Fernsehproduktionen wie die sehr erfolgreiche Serie »Heimat« sind eine seriöse Weiterentwicklung dessen, was vor Jahren von einer sentimentalen Nostalgiewelle eingeleitet wurde.

Im Zuge dieser Suche nach verlorengegangener Identität tat sich aber auch eine ganz andere Erscheinung auf — der sogenannte Psycho-Boom. Mit Therapieformen, die von der echten Behandlung bis hin zu zweifelhaften Glücksbringer-Seminaren reichen, wird den Betroffenen Hilfe bei der Lösung ihrer seelischen Kümmernisse versprochen.

Wie seriös oder zweifelhaft die Angebote auch sind, sie antworten zunächst alle auf die gestiegene Nachfrage nach »Identität«. Hierbei spielt eine große Rolle die Sehnsucht nach mehr Anerkennung, nach Herzenswärme und nach mehr Emotion.

Der Wunsch nach Zugehörigkeit und erdhafter Verwurzelung will mit Gefühlen befriedigt werden, die unter dem Begriff Geborgenheit zusammengefaßt sind. Und diese ist nun mal nicht nur an Menschen gebunden, sondern auch an Straßen, Gebäude und Orte — eben an Heimat. Karnevalsschlager spielen auf solche Geborgenheitswünsche an, wenn sie im Lied Heimatkunde betreiben. Deswegen tauchen in ihnen auch immer wieder Straßennamen (»Wenn op d'r Huhstroß de Lampe widder brenne«), Bauwerke (»Nor am Dreikünningepöötzge«), Plätze (»Die Hüscher bunt om Aldermaat«) oder stadttypische Erscheinungen (»Dat Glockespill vum Rothuusturm«) auf. Ludwig Sebus faßt es im Lied zusammen: »Jede Stein en Kölle eß e Stöck vun deer.«

Hans Knipp besingt die Zugehörigkeit zu »seiner Straße« so:

»Noch eimol üvver de Vringsstroß jon
En d'r Heimat sin
Wo et Hätz vun Kölle schleit
Wo ich jebore ben
Noch eimol üvver de Vringsstroß jon
Die ahle Fründe sin
Denn nur he ben ich doheim
Nur he jehör ich hin.«

(Hans Knipp, »Noch eimol üvver de Vringsstroß jon«)

Größter steinerner Bedeutungsträger der Geborgenheitssehnsucht ist der Kölner Dom. In einem der schönsten Lieder über ihn heißt es:

»Am Dom zo Kölle, zo Kölle am Rhing
Do klinge de Glocke su prächtig un fing
He welle mer blieve, he sin mer zo Huus,
He kritt uns kein Deufel, kein Deufel eruss.«

(August Schnorrenberg, »Am Dom zo Kölle«)

Technik, Verkehr und Stadterneuerungsprojekte bedrohen dieses gemauerte Refugium von Heimatverbundenheit — manchmal tatsächlich und manchmal nur dem Anschein nach. Egal, ob Umwelteinflüsse der Kathedrale zusetzen oder ob ein großer Baukomplex in ihrem Schatten entsteht, die Reaktionen auf Veränderungen im Umkreis des Doms sind immer heftig.

Als eine provokativ-witzig gemeinte Werbekampagne Anfang der 70er Jahre daher großformatig forderte: »Reißt den Kölner Dom ab«, war es mit der Idylle vorbei. Die trotzig-erlösende Antwort kam 1973 von den Bläck Fööss und Hans Knipp: »Mer losse d'r Dom en Kölle«. Das Lied wurde zum Schlager und wird in Köln ein Evergreen bleiben, solange die Angst vor Entwurzelung den Menschen befällt.

Reuig bekennen viele Aussteiger und Dom-Abtrünnige, daß sie sich überschätzten, als sie glaubten, ohne ihr »Colonia« leben zu können. Und wer von Kölle die Nase so richtig voll hatte, der lernte in der Ferne Dom und Rhein, Kölsch und Flönz oft erst richtig schätzen. Manche überfällt dieses Gefühl sogar schon bei einem

Garant aller heimatlichen Verwurzelung: der Dom (Zeichnung: Alfred Küsshauer)

Urlaubsaufenthalt außerhalb der Kölner Umgebung. Spätestens, wenn sie bei der Rückfahrt nach Köln die Dom-Spitzen erblicken, wird ihnen die Verankerung dieses Bauwerks in ihrem Herzen bewußt.

Es ist also kein Zufall, daß es eine ganze Reihe von Liedern gibt, die das Empfinden und die Probleme von »Auswanderern« zum Thema haben. Die Höhner etwa schildern auf ihrer ersten Langspielplatte den Fall vom Schäng, der nicht mehr in Köln leben mochte, weil es ihm dort nicht gefiel:

»Met 25 jing dr Schäng domols fott,
noh Üvversee maat hä sich durch de Kood.
Do jing et dann ruck-zuck,
hä zog dat jroße Los
un met vell Jlöck maat hä flöck
dann dat decke Moos.

Sing neue Fründe han mich met Froge üvverrannt
Dr Schäng wod nur ›dr kölsche Jung‹ jenannt
Se saten mir, dat et im he stink
und dat hä stets vun Kölle schwärmb un do alles besser fingk.«

(De Höhner, »Met Kölle han ich nix mih am Hot«)

Hans Knipp bringt es in dem erwähnten Lied auf den Punkt:

»Doch als ich fott wor, wod mer klor,
Watt ich verloren hatt
Denn mi Hätz dat blevv en Kölle
en minger Heimatstadt

Ehts wemmer jet verlore
Erkännt mer singe Wät
Dröm ben ich heimjekumme
Et wor noch nit ze spät
Denn drusse hatt ich ehts jemerk
Wie schlemm et Heimwih es
Wemmer irjendwo allein
Janz ohne Fründe es.«

Ob als Schunkelwalzer, als Rock- oder Rühr-Version, solche Lieder sind Dokumente einer Zeit, die Begriffe wie »Stadtflucht«, »Berufspendler«, »Peripherie« oder »Neu-Bürger« prägte. Es ist aber auch die Zeit, in der die Schlagzeile zu einem überraschenden Umfrageergebnis lautete: »Die Liebe gilt dem Herzen« — womit die Innenstadt von Köln gemeint war.

Die genannten Kostproben von »Heimweh noh Kölle« bleiben bei aller dichterischen Freiheit der Liedtexter nah an der Realität. Sie schildern Einsamkeitsgefühle, »depressive Verstimmungen« und Krankheiten, die allesamt Grund sein könnten, den Psychotherapeuten aufzusuchen. Der Dom-Entzug kann in der Tat schlimme Folgen haben. Das kann bis hin zur körperlichen Erkrankung, zur psychosomatischen Reaktion gehen, etwa so, wie es Fritz Weber in seinem »Colonia-Lied« ausdrückt: *»Denn wo d'r Dom steiht, do eß uns Heimat, woanders simmer krank un drüsch.«*

Selbst die Urlaubsablenkungen im sonnigen Süden können den Kölnern nicht das Heimweh nach dem Dom nehmen, wenn es stimmt, was die Bläck Fööss im »Spanienlied« erzählen: *»He fählt nur vum Balkon die Aussicht op d'r Dom.«*

Kinder helfen sich über den Abschiedsschmerz hinweg, indem sie einen liebgewordenen Gegenstand mitnehmen, wenn sie die vertraute Umgebung verlassen müssen. Erwachsene machen das ähnlich. Allerdings brauchen sie nicht mehr einen Teddybär oder eine Schmusedecke, ihnen genügt zumeist ein Foto. Ist selbst das nicht vorhanden, werden Vorstellungen, sozusagen »innere Bilder«, bemüht. Mehr oder weniger bewußt trägt jeder mit zunehmendem Alter solche »Bilder« mit sich. Sie bleiben als ein nie verlustig gehender Rest Heimat das wichtigste Bauelement für jenes Nest von Geborgenheit, das aus Erinnerungen besteht.

Die »Paveier« besingen diese Verhaltensweise in einem Lied von Hans Knipp:

»Ich nemm d'r Dom met, ich nemm d'r Dom met
Ich nemm en met, ich nemm en met üvverallhin
Un dat jeit jedem Kölsche su, ejal wohin et in verschlät
Weil jede echte kölsche Fätz d'r Dom en singem Hätze drät
Ich nemm d'r Dom met, ich nemm d'r Dom met
Ich nemm en met, ich nemm en met üvverallhin.«

Der Dom ist wohl das beliebteste innere Bild von Heimat, das der Kölner in die Welt mit hinaus nimmt. Es begleitet ihn angeblich sogar auf der »letzten Reise«, wenn man der letzten Strophe des Paveier-Liedes glauben darf:

»Kütt irjendwann ming letzte Reis
Vun dä noch kei Minsch jet jenaueres weiß
Dann sach ich m'r selvs ›Jung et es halv su schlemm
Do bovven do weden jenoch Fründe sin‹
D'r Pretrus setz bestemp met nem Kölsch om Balkon
Un sät: ›Ding Fründe sin schon do, die han och all nen Dom‹.«

TÜNNES UND DIE THERAPEUTEN

Reinold Louis, Ostermannmedaillen-Träger und Initiator der wohl umfangreichsten kölschen Liedsammlung, nennt den Karneval den »Mäzen des kölschen Liedguts«. Gemeint ist damit, daß der Fastelovend Aufführungsanlässe schafft, das Publikum versammelt, die Medien gewinnt und die Finanzen für besinnliche Töne sichert, denen sonst keine große Öffentlichkeit vergönnt wäre. Beispielsweise für die vielen Heimatlieder, die im Gewande eines Karnevalsschlagers einherkommen. Natürlich sind solche Empfindungen kein nur-kölsches Phänomen. Die Düsseldorfer etwa singen, sie seien »Am alten Schloßturm« zu Hause und die »3 Atömchen« aus

Aachen suchen ihre Heimat dort, wo sie »e paar Öcher Printe und ein Butterbrot mit Rübenkraut« verzehren können.

Mit dem besungenen Gebäude, mit der Straße, dem Platz, dem Fluß oder der Gaumenspezialität haben die Gefühle in Wirklichkeit natürlich nur sehr indirekt zu tun. Die an sich leblose Materie — so sagt die Tiefenpsychologie — wird mit solchen Empfindungen besetzt, die eigentlich dem ganz persönlichen Lebenslauf entstammen. Dieser wäre aber vor Leid oder Glück manchmal schwer zu ertragen, könnte man davon nichts entlastend abgeben, zum Beispiel an ein geduldiges Mauerwerk. Dessen Beständigkeit läßt einen hoffen, auch ein wenig von der eigenen flüchtigen Erdzugehörigkeit bewahren zu können.

Zu solch privater Gefühlsbesetzung steht es nicht im Widerspruch, wenn jeder weiß, daß auch der Nachbar ähnlichen Gedanken nachhängt. Das Lied der »Paveier« sagte es bereits — Petrus begrüßt den Kölner am Himmelstor: »Ding Fründe sin schon do, die han och all 'nen Dom«. Der Dom ist das Heimatsymbol aller Kölner und doch darf die Kathedrale — so besetzt — jedem auch ganz alleine gehören. Sie wird wie die Klagemauer in Jerusalem von den Gleich-Gläubigen kollektiv und intim zugleich besetzt; allerdings mit dem Unterschied, daß man sich am Dom auch mit Freude und von weltlichen Nichtigkeiten entlasten darf.

Nicht auszudenken, wenn die Kathedrale im Krieg zerstört worden wäre. Kölns Wiederaufbau hätte an mangelnder Kraft der Volksseele gekrankt, und auch heute noch würde der Dom als wichtiges Identifikationsmittel fehlen.

Also Karneval als Seelentherapie? Nein, danke. Dennoch sind in ihm Aspekte enthalten, die die Seele stärken. Der Karneval ist auch der Mäzen einer versteckten Heimatkunde und damit Förderer einer Identifikationsfindung. Das Phänomen läßt sich vergleichen mit der Dom-Vollendung vor über 100 Jahren. Das religiös-theologische Motiv war hier auch Vehikel für ein Anliegen, das dem Gemüt starker Bevölkerungsgruppen wichtig war. Damals war es die nationale, romantisierende Idee.

»Wenn nun im Jahre 1823 an die Stelle des ›alten rohen Hanswurst‹ der junge, strahlende siegreiche Held Karneval tritt, so glaubte man auch hier unmittelbar einen Hauch Wallrafschen Geistes zu verspüren. Es ist derselbe Geist, der die Kölner Malerschule entdeckte und dem die Wunder der Gotik aufgingen. Der Geist, der die Hallen des Kölner Doms neu wölbte, er schnitt auch dem Helden Karneval sein neues Gewand zu«, schrieb Joseph Klersch 1948 im »Kölner Fastnachtsspiegel«.

Bei alledem ging es also um sehr viel Ideelles, Irrationales, das sich in soziologischer, politischer oder historischer Faktensprache nur begrenzt fassen läßt. Korrekter formuliert ist der Karneval denn auch mehr ein »Mäzen des Heimatgefühls«. Womit wir wieder beim Gemüt, beim Tünnes sind.

Bringen wir unsere karnevalistische Psychologiestunde zum Ende: Heimatforschung läßt sich in Fach- und Sachsprache wiedergeben; Heimatgefühl aber spricht die Seele an, Sehnsüchte, die letztlich in den Wunsch eines jeden nach Geborgenheit münden. Das mag an sehr materielle Inhalte gekoppelt sein, den Dom, das »Dreikünnige-Pöözche«, an »Vater Rhein« oder an ein »Original«, aber immer sind es Gebäude, die von allen gesehen, Figuren, die von allen gekannt, Melodien, die von allen gesungen werden. Man kann also diese Gefühle in der Gemeinschaft wiederbeleben, in ihrem Schutz sich der Sehnsucht hingeben, obwohl es allein um eine persönliche, anderen nicht erfahrbare Bedeutung geht. Jeder kann also ganz bei sich bleiben.

So kann die tausendköpfige Menge besinnlich singen »Och wat wor dat fröher schön doch en Colonia«, und jeder meint ein anderes »fröher«. Für manchen ist es vielleicht genau die Epoche, die Willi Ostermann einst so fremd und hektisch erschien, daß er als Reaktion eben jenes »fröher« besang. Andere Kölner können vom »Veedel« singen und dabei vor Rührung »kriesche«, obwohl der eine dabei an Kappesgeruch, der andere an »sing eezte Fründin«, »die eezte Zerett«, an »dä ahle Kuschteiebaum«, an den »Polterovend en d'r Elsaßstrooß« oder irgend etwas ganz anderes denken mag.

Die Wiederbelebung solcher Jugenderinnerungen und die damit verbundenen Emotionsaufbrüche sind noch keine Therapie. Es kann die Weiterentwicklung sogar verhindern, wenn man sich der Sentimentalität und Idylle nur noch wie einer Pille zur Realitätsflucht bedient. Es kann aber umgekehrt auch Vorsorge für die seelische Gesundheit sein, wenn die Emotion mit Hilfe von Tünnes auch bei solchen Menschen auftritt, denen der Schäl sonst nur Härte, Cleverness und Kühle im Berufsalltag abverlangt.

Wer dies als doppelte Moral von Karnevalisten in Frage stellt, ist zu recht kritisch. Er sollte jedoch auch fragen, wo der Emotion, dem Gemüt oder auch mal dem Gefühlsseligen in der Gesellschaft sonst noch Raum gegeben wird. Er kann klagen, daß dies oft nur noch in der Pseudowelt des Schlagers, des Kitsches, in der Poesie eines Zirkus »Roncalli«, mitunter noch im Urlaub oder halt eben im Karneval stattfindet. Er könnte aber auch anerkennen: »Wenigstens noch dort«.

Karneval zu feiern kommt sicherlich nicht einer Seelenbehandlung gleich. Aber der Fastelovend leistet andererseits auch nicht weniger als viele Strömungen des Psycho-Booms, die sich den therapeutischen Glorienschein aufsetzen. Ob hier nun eine »transzendentale Gruppensitzung« Emotion und Selbsterfahrung hochkommen läßt, ob fürs Seelenheil rote Gruppenkostümierung vorgeschrieben wird (wie es bis vor kurzem bei den in Köln sehr regen Bhagwan-Anhängern der Fall war), ob der Gang in die »innere Emigration«, in die »neue Innerlichkeit« führt oder ob Gefühlszugang auf esoterischem Umweg durch den Kosmos gesucht wird — man bleibt im geschlossenen System.

Im Institut eines selbsternannten Therapeuten, im Ashram der Bhagwan-Anhänger, im Brauchtum um den heimatlichen Kirchturm oder im Sitzungssaal des Karnevalsvereins zeigt sich vor allem eins: Der Schäl braucht solche schützenden Umgrenzungen auf der Sehnsuchtsreise zu seinem Tünnes. Die intime Zweisamkeit mit seiner oft als zu simpel verleugneten Zwillingshälfte kann den unbeteiligten, indiskreten Zaungast bei solchen Gruppen nicht gebrauchen. Da bleibt man lieber unter sich.

DAS KÖLSCHE HERZ IST EINE WEHRHAFTE FESTUNG

»Man sieht nur mit dem Herzen gut.«
Antoine de Saint-Exupéry

»De Hauptsaach es, et Hätz es got.«
Toni Steingass

Daß es im kölschen Fastelovend auch mal Zank und Streit gibt, ist hinlänglich bekannt. Zum Glück für den Karneval sind solche Reibereien aber jedesmal schlagartig vergessen, wenn der Karneval selber angegriffen wird. Je heftiger die Attacken, desto enger der Schulterschluß der Jecken.

Auch diejenigen, die sich eben noch selber gestritten haben, machen sich dann gegenseitig Mut und schwören, daß es nirgendwo sonst auf der Welt soviel Gemeinschaft und Herzlichkeit zu finden gebe wie im Karneval. »Dat Hätz vun d'r Welt, jo, dat es Kölle«, halten die Jecken dem Kritiker entgegen, der vor soviel Selbstüberzeugung resigniert den Stachel einzieht.

Nüchtern betrachtet, ist so eine Behauptung natürlich reichlich übertrieben. Aber wer nur mit nüchternem Verstand an den Karneval herangeht, der wird auch nie erfahren, worin denn eigentlich seine Faszination besteht. Richtig erklären können das nicht mal solche Jekken, die schon lange dabei sind. Sie begnügen sich häufig genug mit der Feststellung: »Ich ben ene kölsche Jung, wat wellste maache . . .«

Falls Ihnen das nicht genügt, dann wollen wir jetzt einmal eine andere Erklärung wagen. Vorher aber dürfen Sie noch erleben, wie ein gewitzter Karnevalskritiker über ein Bein fällt, daß ihm Tünnes höchstpersönlich gestellt hat.

»Kölsche Jungs« — mit Schulterschluß besonders stark

PUNKTSIEG FÜR TÜNNES

Die Session 1986 bescherte den organisierten Jecken neunzig spannende Fernsehminuten. In der Reihe »Ich stelle mich« wurde Kölns oberster Jeck, der damalige Festkomitee-Präsident Bernd Assenmacher, eineinhalb Stunden lang vorgestellt und interviewt. Um das Bild abzurunden, hatte Moderator Claus Hinrich Casdorff den Kabarettisten Thomas Freitag eingeladen, um die prominente Persönlichkeit in einem Zehn-Minuten-Disput zu »stellen«.

Dem Gespräch schauten die Karnevalisten mit gemischten Gefühlen entgegen, da sie sowohl bei Casdorff als auch bei Freitag keine besondere Sympathie für den Fastelovend vermuteten. Am Tag nach der Aufzeichnung berichtete der »Kölner Stadt-Anzeiger«: *»Casdorff richtete kritische und manchmal harte Fragen an den obersten Fastelovendsjecken von Köln, und Assenmacher mußte bald Fragen beantworten nach der Rolle der Eitelkeit (»Gehört immer*

Der damalige Festkomitee-Präsident Bernd Assenmacher (rechts) stellte sich dem Fernsehjournalisten Claus Hinrich Casdorff und bewies Tünnesblut

dazu«), des Klüngels (»Ich besorge Ihnen gerne eine gute Karte«), der Machtfülle (»Ich kann mit Loyalität rechnen«) und der Selbstdarstellung im Karneval (»Natürlich weiß ich nicht, wo Sie sonst noch hingehen — außer zur Prinzenproklamation«). Assenmacher tat das alles nicht so geschliffen wie sein wortgewandter Gesprächspartner, aber immer spontan und aus den reichen Erfahrungen eines Festkomitee-Präsidenten schöpfend.

Das Bild war trotzdem kein geglättetes. Über die Parodie eines Sitzungspräsidenten (dargestellt von Gerhard Polt) mochte Assenmacher ebensowenig lachen wie über kritische Fragen eines anderen Kabarettisten, Thomas Freitag.

»Mir ist klar, daß Ihnen das kölsche Herz und Gemüt fehlt«, erhielt der Frager nach neuen Formen für überlebte Rituale im Karneval seine Antwort — und das Publikum klatschte dazu.«

Das hatte gesessen. Ausgerechnet der schlagfertige Kabarettist Thomas Freitag war in seinem Streitgespräch baden gegangen. Um es mit Einschränkungen zu sagen: an diesem Abend, bei diesem Publikum, in diesem Kölner Studio.

Wie kam es, daß bürgerliche Selbstgenügsamkeit so schnell über die Scharfzüngigkeit des Kabarettisten siegte? Freitag hatte sich seinem Gesprächspartner auf der falschen Ebene genähert. Er versuchte es satirisch, intellektuell, vermeintlich trickreich — eben wie ein echter Schäl.

Assenmacher muß wohl gespürt haben, daß sein Gegenüber sich auf einen rein rationalen Pfad begab und sich damit in eine Sackgasse verstieg. Während der Kabarettist vergeblich nach einem Ansatzpunkt suchte, besann sich der oberste Kölner Jeck auf sein Tünnesblut und machte alle Anstrengungen mit einem Satz zunichte: »Mir ist klar, daß Ihnen das kölsche Herz und Gemüt fehlt.« Dem Festkomitee-Präsidenten war es gelungen, den Funken zu seinem Publikum überspringen zu lassen, das Zusammengehörigkeitsgefühl anzusprechen und damit seinen Widerpart von den Studiogästen — überwiegend Vertreter der närrischen Funktionärsebene — zu isolieren. Erlöst und stolz gaben die Karnevalisten noch lange das Zitat ihres Oberpräsidenten weiter. Das »Wir-Gefühl« der Tünnesse feierte seinen Triumph.

Natürlich war mit der Vorhaltung von Assenmacher keine einzige Frage des Kabarettisten beantwortet. Aber Moderator und Interviewer spürten wohl, daß die rote Karte gegen intellektuelle Spitzfindigkeit endgültig war und ließen den irrationalen Verweis auf das »kölsche Herz« so stehen.

»ICH BEN ENE KÖLSCHE JUNG, WAT WELLSTE MAACHE?«

Das Beispiel des gescheiterten Kabarettisten zeigt, daß der Karneval für manche Menschen immer eine geschlossene Gesellschaft bleiben wird. Anderen stehen dagegen von Anfang an alle Türen offen. Was davon zutrifft, hängt letztlich nur vom Besitz der richtigen Eintrittskarte für die Feier in der Gemeinschaft der Jecken ab.

Diese Karte erwirbt man mit bestimmten persönlichen Eigenschaften wie etwa der Neigung zur Mundart oder zur freien Gefühlsäußerung. Wer zumindest einzelne dieser Eigenschaften aufweisen kann, der wird akzeptiert als »einer von uns«, als Jeck unter Jecken, dem öffnet sich das große »Wir« der Narrenwelt. Solche Eigenschaften gehören zu den Äußerungen und Glaubensmerkmalen eines Kollektivcharakters, in dem das Individuum seine Identität finden und wahren kann. So umständlich muß man psychologisch umschreiben, was das Karnevalslied mit einer einzigen Zeile erledigt, wenn es da zum Beispiel heißt: »Ich ben ene kölsche Jung, wat wellste maache?«

Vieles, was für das Wir-Gefühl, für den Kollektivcharakter, wichtig ist, klingt bereits in diesem Lied an: das Kölner-Sein, die Kindlichkeit, die Gemeinschaft in heiteren und ernsten Stunden, die Mundart, der Karneval und die Übermacht des Gefühls. Mit dem Ruf »Kölle Alaaf« wird sogar das Losungswort dieser großen Gemeinschaft angeführt. Wie wenig es da zu überlegen und wieviel es zu empfinden gilt, kann man zwischen den Zeilen des Liedes von Fritz Weber über den »Kölsche Jung« spüren:

»Ich rode dir, lohß nie d'r Kopp ens hange.
Laach en et Levve nur, dann weehs do dich schon fange,
Denn wenn do nit mieh laachs, dat eß verkeht,
Sing doch ding Mutt'sproch, op Kölsch e Leed,
Sing su wie ich, do bruchs dich nit zo schamme.
Un häs do große Loß, dann singe mer zesamme.
Wenn do dann eines Dags am Himmelspöözge steihs,
Dann sag däm Petrus heimlich, stell un leis:

Ich ben ene kölsche Jung, wat wellste maache!
Ich ben ene kölsche Jung, un dun gään laache,
Ich ben och söns mit schlääch, nä, ich ben brav!
Ming Lieblingswöötche heiß ›Kölle Alaaf!‹«

Beim gemeinsamen Singen auf einer Sitzung finden jedesmal Hunderte von Menschen ihre eigenen Charakterzüge in diesem Lied wieder. Es kann entlasten, sie in der Gemeinschaft zu besingen und zu wissen, daß auch der Nachbar, der Geschäftspartner und der Vorgesetzte die — im Grunde genommen — kindlichen Empfindungen teilt, von denen im Lied die Rede ist. Was auf andere so zutrifft wie auf einen selber, das kann nicht ganz so schlimm sein. Und wenn es gute Seiten sind, um die es geht, dann ist man gemeinsam eben besonders stark: »Met uns mäht keiner d'r Molli mieh«, wie es in einem Lied der Nachkriegszeit von Gerhard Jussenhoven und Jupp Schlösser heißt.

Die Kunst, mit ein paar Worten oder einer einzigen Geste mehr an Charaktermerkmalen zu treffen als eine psychologische Testreihe es je könnte, das macht überhaupt die Stärke des rheinischen Vortragskünstlers aus. Horst Muys war so »'ne kölsche Jung«. Der gebürtige Duisburger, der dem gleichnamigen Lied erst zu seinem großen Erfolg verhalf, zeigte damit nicht nur die meisterliche Beherrschung des notwendigen Repertoires — er ist auch ein gutes Beispiel dafür, daß manche Nicht-Kölner kölnischer als die Kölschen sein können, wenn sie sich erst einmal in die Gemeinschaft eingefunden haben.

Vielleicht die kürzeste Variante einer solchen Zusammengehörigkeit schaffenden Geste ist übrigens der Schmunzellaut, den Willy Millowitsch im WDR-Regionalrundfunk seiner Ansage »Guten Morgen aus Köln« nachschickt. Da steckt ein Schuß Schelmisches drin, etwas von der Leichtigkeit, mit der man das Leben meistern kann, und vor allem etwas Umarmendes und Bestätigendes — für diejenigen, die es hören können.

Die Karnevalisten tun viel für die Erhaltung des Wir-Gefühls. Das gilt nicht nur für Lieder und Gesten. Das ganze Jahr hindurch wird auf Dampferfahrten, Bällen, Kegeltouren oder auch Vortragsabenden eifrig das Gesellschaftsleben gepflegt. Während der Session verleiht man sich gegenseitig Ehrennadeln und Orden, meist dafür, daß man der Gemeinschaft schon so viele Jahre treu geblieben ist. Auf den Sitzungen werden die Namen derjenigen öffentlich verlesen, die der Karnevalsgesellschaft mal wieder mit einer Spende den Erhalt gesichert haben, und liebe Gäste werden dann vor versammeltem Saal von der Bühne herunter begrüßt.

Die Seelenverwandtschaft und die Gleichheit im Geiste zu beschwören, ist eine der wichtigsten Aufgaben des Karnevals. Sie wird sogar in öffentlicher Zeremonie beeidet, wenn die Roten Funken neue Mitglieder in das Korps ihrer närrischen Stadtsoldaten aufnehmen.

Funke-Eid:
»Bei Öllig, Bökkem, ähde Nötz,
un bei der rut-wieß Funkenmötz,
beim hölze Zabel un Gewehr,
well treu ich sin dem Fasteleer.
Well suvill suffe, als der Mage
ohn' Biesterei kann god verdrage;
de Mädcher well ich mich verschrieve,
de Bützerei nit üvverdrieve
och knutsche well ich met Maneere,
nor kölsche Mädcher karesseere.
Ne Funk well ich sin, voun unger bis bovve, dat dun ich op de Fahn gelovve!«

Karnevalistentreue wird beschworen. Zeremonie einer Funkenvereidigung

Das Wort »Wir-Gefühl« kommt natürlich nicht vor im Karneval, obwohl das, was damit gemeint ist, dauernd im Gespräch ist. Man umschreibt diese Empfindung so wie im Prinzenmotto des Jahres 1962: »Kölsch et Woot un Kölsch d'r Senn, dat litt en unsem Hätze dren.«

»Unser Herz«, das ist das »kölsche Hätz«, das der Festkomitee-Präsident erfolgreich gegen den Kabarettisten einsetzte. Unter diesem Begriff summiert sich alles, was wichtig für das Gefühl der Zusammengehörigkeit ist, und wenn es mal wieder darauf ankommt, Gemeinsamkeit zu demonstrieren, dann macht man es, indem man sich gemeinsam zum »kölschen Hätz« bekennt.

Mit zahllosen Schriftzügen auf Tellern und Aufklebern, mit Gravuren auf Gläsern und Orden, in Stickereien auf Fahnen und Wappen wird dies Herz — oder gleichwertig die »kölsche Siel»«, die »kölsche Aat« und der »kölsche Senn« — beschworen. Auch die Karnevalsprinzen spielten immer wieder in ihren Mottos darauf an: »Echt Kölnisch Herz in Freud und Schmerz« (1952), »Fidel un löstig, unverfälsch — en dingem Hätze immer kölsch« (1961), »Uns Aat es kölsch, uns Hätz es kölsch. Dröm es uns Freud' och unverfälsch« (1977).

Mit Gedichten und vor allem in Liedern bekennen sich die Fastelovendsfreunde in jedem Sitzungssaal gerührt zu ihrer jecken, kölschen Zusammengehörigkeit im Herzen:

»Mer wolle nie uns vunenander trenne,
Ov mer no Freud han oder sin em Leid,
Uns Hätz es kölsch, un dozo hööt et Laache,
Dat weiß doch jede ächte kölsche Jung.«

(Büttenmarsch der »Lyskircher Junge«)

Im Lied von der »Kölschen Fastelovends-Freud« ist es ähnlich zu hören (»Hurrah, dat kölsche Hätz, dä kölsche Senn kein Deuvel uns kann nemme«), und fast gleichlautend ist die von Ludwig Sebus gesungene Zeile »Uns kölsche Siel, die kann uns keiner nemme«. In »Alt Köln«, einem Lied von August Schnorrenberg, kommen die fast schon programmatischen Worte vor:

»Die Zigge vergon, et bliev nix beston,
nor eins jo, dat bliev bes zoletz:
Ov rich doh ov ärm, dat hald üch nor wärm,
dat goldene, äch kölsche Hätz.«

In Zeiten, in denen Wirtschaftskonzerne nicht nur ihren Managern Filialenwechsel und Umzug vorschreiben und in denen die Scheidungsquoten hochschnellen, gerät solche Bastion der Treue, wie sie der Gesellschaftskarneval bietet, zu einem Stück Lebenshilfe.

Letztlich dient jede Vereins- oder Clubzugehörigkeit neben der Befriedigung von Sachinteressen auch der Erfüllung des Wunsches nach einem Wir-Gefühl. Aber wo kann das schon in dieser Breite und mit dieser standesübergreifenden Wirkung geschehen wie im Karneval?

Eine gute Sitzungskapelle bekräftigt deshalb die pathetische Lobrede des Präsidenten auf das »vaterstädtische Fest« mit der musikalischen Replik von Emil Jülich:

»Ov krüzz oder quer
ov Knäch oder Hähr
Mer looße nit un looße nit
vum Fasteleer.«

In Köln werden diese Bande von Wir-Gefühl, von Heimat und Karneval besonders deutlich. Doch sie sind kein Phänomen, das einzig und allein in Köln gültig wäre. In allen Gegenden, wo Karneval gefeiert wird, sind die kameradschaftlichen Antriebe genauso wichtig wie der Wunsch nach Ausgelassenheit. Auch im Köln benachbarten Leverkusen textete der Karnevalspräsident und zeitweilige Oberbürgermeister Wolfgang Obladen seiner Gesellschaft folgende Zeilen für den Büttenmarsch:

»So singet zusammen alle Mann
den Mahnruf, der uns geht voran:
Karnevalsfreunde werden wir genannt
Karnevalsfreunde reichet uns die Hand!«

DIE MUNDART IST DIE TÜNNESSPRACHE

Die einbeziehende Kraft rheinischer Fröhlichkeit hat aber auch Grenzen. Sie kann sogar zur ausschließenden Exklusivität werden, wenn der Hinzukommende nicht wenigstens eine Eigenschaft des Gruppencharakters zu teilen bereit und imstande ist.

Die Mundart ist das Element, das die Gruppe am stärksten verbindet. Sie ist die Sprache der Tünnesse, und dennoch klammert sie den Anderssprechenden nicht per se aus. Einem bayerischen Gast wird man vielleicht andeuten, daß er ein etwas merkwürdiges Kölsch spricht — damit ist er aber auch schon integriert.

Wird bei einer Karnevalssitzung bekannt, daß sich eine größere Gruppe von Gästen aus anderen Teilen der Bundesrepublik im Saal befindet, dann bemüht sich der Präsident, sie mit mundartlichen Anspielungen zu begrüßen. Ob nun die Hamburger Delegation mit »Hummel Hummel« willkommen geheißen wird oder die süddeutsche mit »Oans, zwoa, gsuffa«, immer vergewissert man sich mit dem kleinen Dialektschlenker der Bereitschaft zum Gemütszugang. Dann signalisiert man von Frack zu Smoking, von der Litewka zum Zweireiher die alle verbindende Bereitschaft zum »Spaß an d'r Freud«. Tünnes ist eben nicht so ignorant, daß er andere Klangfarben nicht akzeptiert. Er ist auch nicht so beschränkt, daß er nicht wüßte, daß seine Vettern und Cousinen anderswo anders heißen, etwa Piefke, Klein Erna oder Graf Bobby.

Doch wenn der Schäl von »hüderer Warte« gestelzt die Duzfreundschaft abweist, dann kann auch der Tünnes biestig werden.

Isoliert bleibt der, der gar keinen Dialekt erkennen läßt, der bei der Hochsprache bleibt. Er verweigert den Zugang zur Gemütsebene. Das wird ihm in dem Maße verübelt, wie man sich selber zum Seeleneinblick über den Dialekt geöffnet hat. Das Eilemann-Trio führt in dem Lied »Ding Muttersproch, äch Kölsch« vor, daß auch der dynamisch-erfolgreiche Geschäftsmann sich die Frage nach dem Wert, den die Mundart für ihn hat, stellen lassen muß:

»Du kanns Englisch und Französisch
och noch Spanisch, Italienisch
kenns die Formeln ganz genau
un EDV
Du kennst Bosse, Direktore
weißt genau, wer wann gebore
Du weißt alles jo do beß schon
vell ze schlau

Kanns de och noch Spaß verdrage?
Kanns de och noch Blootwoosch sage?
Kanns de och noch unverfälsch,
ding Muttersproch, äch Kölsch?«

IM KAMPF GEGEN GRIESGRAM UND MUCKERTUM

Der Tünnes kann beim »kölschen Explezeer« derart in Fahrt kommen, daß der Ärger schon wieder Spaß macht. Tünnes-Sein wird ja mitunter dadurch erst schön, daß man den Schäl auskontern kann. Um ein starkes Zusammengehörigkeitsgefühl entwickeln zu können, braucht Tünnes eben jemanden, gegen den er sich abgrenzen kann. So entstehen die Differenzen zwischen Kölnern und Düsseldorfern, und hier haben die Glaubenskriege ihren Ursprung, die gelegentlich zwischen Mainzer und Kölner Karnevalisten hochgespielt werden.

Die Gemeinschaftsseele, das »Wir« verschanzt sich gern in einer Festung, und wer dieses Gefühl angreift, der riskiert eine Niederlage. Daß man von dieser Festung aus auch zu Offensiven starten kann, das war die Erfahrung, die der Kabarettist Freitag machen mußte. Den Psychologen ist der Seelenmechanismus, der dahinter steckt, vertraut: Durch das Hochspielen von Außenfeinden stärkt sich das schwache Ich und findet Zugang zum kräftigenden »Wir«.

Der Komplexbehaftete erlangt so mit Hilfe des Gegners seine gestärkte Identität in der Gemeinschaft. Das ist keine Erfindung der Psychologen, sie benennen diese Tatsache nur.

Und diese Art des Umgangs mit der eigenen Schwäche gibt es nicht nur bei Karnevalisten. Bei genauerem Hinsehen entdeckt man sie in allen Lebensbereichen; beispielsweise im Streit der politischen Parteien, wenn Politiker sich lieber anhand der Probleme voneinander abgrenzen anstatt sie gemeinsam zu lösen; oder im Fußballstadion, wenn Fans verschiedener Vereine sich bis zur Handgreiflichkeit versteigen, weil der Zusammenschluß der Fans hinter der Vereinsfahne keine persönliche Begegnung mit den Rivalen zuläßt.

Das Prinzip ist auch in der Weltgeschichte seit jeher bekannt. Bis heute lenken etwa die Staatsführer den Blick auf die Außenpolitik, wenn es im Inneren kriselt. Dramatische Schaukämpfe können das bröckelige »Wir« durchaus zu neuem Gemeinschaftsgefühl vereinen.

Schon die gebildeten Romantiker der Karnevalsneugründung 1823 kannten die Wirksamkeit eines zusammenschweißenden Gegners. Sie etablierten ein Feindbild, gegen das sie förmlich in den Krieg zogen: den Griesgram. Der dritte Kölner Rosenmontagszug (1825) geriet zum Feldzug gegen diesen Feind: »Sieg der Freude« hieß das Motto. Die Dramaturgie von Weiberfastnacht bis Rosenmontag wurde dann auch zu einer einzigen, humorvoll gemeinten Schlachtbeschreibung mit so martialischen Stichworten wie Besetzung, Kriegskosten, Verbündete und Unterwerfung. Schließlich verdichtete sich alles im »Friedenskongreß« und strahlenden Triumphzug. Der Feind geschlagen — »d'r Zog kütt«. Später einmal hieß eine Parole sogar »Die Griesgramschlacht« (Zugmotto 1897).

Auch die Mainzer Narhalla-Lieder quollen zu jener Zeit über von solchen Schlachtbeschreibungen. Hier war der »Philister« der Erzfeind, gegen den man mit neuem Wir-Gefühl und Kriegsgesängen zu Felde zog: »Das ist Jocus kampfbegeisterte Schar«.

Noch heute verstehen sich viele Sitzungen als Kampfansagen gegen »Griesgram und Muckertum«, wie die Präsidenten nicht müde werden, die Veranstaltungen einzuleiten. Sie kündigen Angriffe auf die Lachmuskeln an, lassen Infanterie- und Artillerie-Regimente aufmarschieren und eskortieren Prinz Karneval mit Adjutanten und Offizieren. Schwere Reiterkorps präsentieren den Säbel, und das Publikum donnert im Dienst des Feldzugs gegen die Trübsal Raketen und Salven von Alaafs in den Saal.

Selbst in Willi Ostermanns Lied »Denn einmal nur im Jahr ist Karneval« heißt es:

»Schnell die Pritsche jetzt zur Hand,
nehmt den Orden mit dem Band,
heißt es doch den Feind besiegen,
der Griesgram genannt.«

Es gehört zur »Kriegstaktik« des Karnevals, diesem Griesgram manchmal auch ein Gesicht zu geben. Das mochten anfangs preußische Würdenträger oder wilhelminische Bürokraten sein. In der Zeit des Kalten Krieges war es alles, was aus dem »Osten« kam, heute sind es manche »Alternativen«. Deren Hochstilisierung im Feindbild des Griesgrams kräftigt die Binnengruppe.

Solche Kämpfe verfehlen selten ihre Wirkung, und doch geht es ganz unblutig zu. Damit soll nicht geleugnet werden, daß in der Gefühlsaufgeladenheit von Massenveranstaltungen nicht auch Gefahren liegen. Gerade in Wahlkampfzeiten bedarf es besonderer Standfestigkeit der Jecken, den Verführungen zur politischen Manipulation und damit zum Mißbrauch der Narrenpritsche nicht zu erliegen.

Doch die Absicht des Vortrags aus der Bütt zielt immer auf das Lachen. Trotz Säbel, Uniform und martialischer Kampfansage gegen Griesgram und Muckertum ist die Bütt deswegen schlecht als demagogisches Rednerpult zu gebrauchen. Gemeinheiten, Aggressionen und Scharfmacherei sind dem Karneval wesensfremd. Vortragende, die sich dennoch nicht scheuen, das Feindbild an einer ohnehin schon benachteiligten Minderheit festzumachen, müssen sich vorwerfen lassen, daß bei ihnen das Motto »Allen wohl und niemand weh« in Vergessenheit geraten ist.

Polizisten, die nach Großveranstaltungen den Publikumsverkehr regeln, kennen die Unterschiede zwischen Menschen nach einer politischen Demonstration, Fußballfans aus der Südkurve des Stadions oder Jecken aus der »Lachenden Sporthalle«. Letztere sind immer die friedlicheren. Den Griesgram besiegt zu haben, heißt nämlich immer auch, eine unsympathische Seite in sich selbst bekämpft zu haben. Aus solchen Kämpfen geht man nicht triumphierend oder hämisch hervor. Heiterkeit, Offenheit und Gelassenheit nimmt der Sitzungsbesucher im Idealfalle mit nach Hause.

AUF DIE GEPUDERTE NASE GEFALLEN

Nichts stärkt das Wir-Gefühl der Tünnesse mehr als das gemeinsame Lachen über einen Schäl, der sich zu weit aus dem Fenster gelehnt hat. Das ist ein Schäl, der sich seine vornehme Kostümierung selbst glaubt und dann doch auf die Nase fallen muß. Das darf durchaus auch mal ein weiblicher Schäl sein, wie jene von Willi Ostermann besungene Marktfrau Billa Schmitz, die in der Lotterie gewonnen und sich ein Haus gekauft hat:

»Wenn beim Bell Gesellschaf eß, kommt Besuch aus Köln,
um die Villa Poppelsdorf auf d'r Kopf zu stell'n,
nit en Seid' nä, en Kattun un m'em Koppdoch ahn,
git sich dann dem Bell zu Ehr do de Maathall dran.
Ehz singk et Ann su laut et kann,
die andere setze dann en:

Jetz hät dat Schmitze Billa
en Poppelsdorf en Villa,
et hät en eige Huhs,
et Bell eß fein eruhs!«

Diese Schmitze-Billa mit ihrer Poppelsdorfer Villa ist genau der Typ Schäl, den der plötzliche Geldsegen aus der Tünnesgemeinschaft herausholte und auf den schmalen Grat zwischen Bewunderung und Lächerlichkeit hob.

Noch älter ist das Lied von der Ziege, die ihr Aussehen ändern wollte: »Die Geiß wollt' ne lange Stätz han«. Es erzählt von einer mäkeligen Ziege, die ihren Schwanz in den Teich taucht, damit er besser wachse. Klar, daß dieser Verzweiflungsakt eines Aufsteigers in der Lächerlichkeit endet. Das Lied ist quasi eine Moritat, die die Schäls vor ehrgeizigen Höhenflügen warnt, weil sie letztlich doch nur Identitätsverlust bringen:

»Doch als der helle Morge kohm,
die Geiss met Schrecke wohr jitz nohm:
Dä Stätz war fass gefrie-fra-frore:
Dä Stätz, dä Stätz, dä Stätz, dä Stätz,
dä klitzekleine Stümpchesstätz.

Wödig fing se an zo hibbele,
ress dat Stümmelche och eruus:

doch die Höörcher, die paar Zibbele
gingen dobei uus.

Die Geiss denk jitz noch öftesch dran,
well keine lange Stätz mih han,
Do, Minsch, deit deer jet fähle,
do, Minsch, deht deer jet fi-fa-fähle
An Geld, an Geld un Goot, un Goot,
ov söns en grosse Kleinigkeit,

dröm, o Fründ, gevv dich zufridden doch,
bruch dat Winnige met Akih:
dann et gidd'rer vill hienidden noch,
die han och nit mih.«

Als Willi Räderscheidt 1894 den Liedtext verfaßte, mochte er an so manchen Kappesbauern gedacht haben, der nach Abriß der Stadtmauer (1881) durch Landverkauf im Bereich der sogenannten Kölner Neustadt über Nacht zum Neureichen wurde und »ene Stätz em Kopp« hatte. Das war die Zeit, als auf der Bühne die Figur des Schäls sich neben dem Tünnes etabliert hatte. Wenn die Bläck Fööss heutzutage den »schöne Hubäät« oder »et Schicky Micky« ironisch besingen, dann führen sie mit modernen Klängen die Tradition fort, solche Eitelkeiten im Lied zu entlarven.

Es gibt sogar eine ganze Sparte karnevalistischer Unterhaltung, die auf diesem Effekt aufbaut. Das närrische Zwiegespräch auf der Bühne lebt von der Spannung zwischen Ungleichheit und Seelenverwandtschaft von Tünnes und Schäl. Das Publikum liegt schmunzelnd auf der Lauer, wenn der bäuerliche Tünnes den gestelzten Schäl mit einem entlarvenden Bonmot auf die Herkunftsscholle zurückholt.

Die beiden müssen dazu gar nicht wie Gerd und Karl Jansen tatsächlich unter dem Namen »Tünnes und Schäl« auftreten, sie können auch schon mal unter Pseudonymen wie »Dotz und Dötzchen«, »Schlauch und Schläuchelchen«, »Hot und Hötche« oder »Duo Fidelio« auf die Bühne gehen. Auch im »Colonia-Duett« stecken die beiden drin. Während der eine im Drang nach Höherem etwas »Klassisches« vortragen will, holt sich der andere einen »Mömmes us d'r Nas«.

Tünnes und sein Publikum wissen, daß der Schäl als Solist nicht lebensfähig ist. Er gibt sich der Lächerlichkeit preis, wenn er sich im Alleingang zu weit entfernt, und hat letztlich auch große Angst

Duos der närrischen Bühne verkörpern oft das Muster einer Tünnes- und Schäl-Beziehung — mal direkt (Gerd und Karl Jansen) . . .

. . . und mal indirekt wie bei »Dotz und Dötzchen« (Gerd Lucht und Theo Kallrath), . . .

. . . im »Duo Fidelio« (Wolfgang Reich und Kurt Poschinger) oder . . .

. . . bei den »Zwei Drügge« (Christian Gehlen und Josef Lambertz)

davor, sich aus der Zwillingsgemeinschaft herausködern zu lassen. Jeder im Saal erkennt dieses Stück Schäl in sich wieder. Mit Orden, Geld und Ehre locken die Verführer, mit Titeln wie dem des Präsidenten, des Senatspräsidenten, des Festkomitee-Präsidenten und was der klingenden Begriffe mehr sind. Und manchmal lockt auch die Mitgliedschaft im Dreigestirn.

Das heißt nicht, daß der Schäl den verlockenden Äußerlichkeiten nicht mal zusprechen dürfte — nur darf er nicht glauben, daß er mit diesen karnevalistischen Ehren Ruhm erkauft habe, der auch außerhalb des Karnevals zählt. Auf die Einbildung echter Höhenflüge reagieren die Tünnesse allergisch. Neben dem Pfad des sicheren Wir-Gefühls droht dann der Abgrund. In solcher Gratwanderung liegt die Kunst des Prinzen Karneval: in der eitlen Rolle des Hofburghalters den Tünnes in sich nicht zu verleugnen. Manchen gelingt es, andere fallen dabei auf die Nase.

Das kann auch schon mal die gepuderte Nase einer Kölner Jungfrau sein. Weil ihm nach Meinung der Beteiligten der karnevalistische Ruhm so sehr zu Kopfe gestiegen war, daß er zu lauten Auseinandersetzungen in der Öffentlichkeit neigte, mußte ihr Darsteller 1986 wieder aus dem Dreigestirn ausscheiden. Er wurde aus der Solidargemeinschaft der standhaften Funktionäre mit echtem Tünnesblut ersetzt. Hans-Dieter Salchert schlüpfte ein zweites Mal in die Frauenrolle.

Dennoch ist auch umgekehrt die Bedeutung des Schäls für seinen Partner nicht zu unterschätzen. Durch seine Initiative, durch sein ständiges Streben und Wirken erwacht der Tünnes erst aus seiner Lethargie. Erst durch seinen Unruhe stiftenden Kompagnon wird Tünnes zum Reagieren genötigt und gewinnt dabei Konturen. Seine sympathische Langmut geriete bald zur Langweiligkeit, meldete sich nicht sein intriganter Partner, der ihn stets aufleben läßt.

SCHÄL SPRICHT EINEN GEHEIMCODE

Wie weit jemand im Innersten noch Tünnes geblieben ist, läßt sich auch dann noch erkennen, wenn er im gleichmachenden Smoking des Schäls mit vielen anderen Gleichgekleideten zusammensitzt. Es gibt nämlich einen »Geheimcode«, mit dem eine Verständigung darüber möglich ist.

Man kann sich die Szene beim Galaabend einer angesehenen Kölner Karnevalsgesellschaft in einer exquisiten Restauration ausmalen: Die Schäls begeben sich mit ihrer Begleitung in die dezente Atmosphäre einer kristallenen Dekoration. Artigkeiten gegenüber den Damen, souveräne Gesten unter den Herren, gedämpfte Tischmusik, Wein- und Seltersexpertisen. Beim zweiten Gang wird eine Delikatesse mit Wachteleiern gereicht. Etwas überrascht ob des seltenen Genusses kommt es über den Tisch: »Och, wat ene kleine Zimmermän?!«

Das ist der Code, von Schäl zu Schäl. Wer da irritiert nachfragt: »Wie bitte?«, der ist dem Wir-Gefühl verloren. Er hat nicht erkannt, daß die Bemerkung auf einen Sketch des Colonia-Duetts anspielt, in dem Hans Süper seinen Partner Hans Zimmermann (»Zimmermän«) immer wieder als »Ei« anspricht. Weil die Kenntnis dieses Gags zum Allgemeinrepertoire aller Tünnesse zählt, dürfte sich der Gast spätestens nach dem letzten Gang, wenn es dann gemütlich wird, auf der falschen Veranstaltung fühlen.

In der eleganten Umgebung eines Galaabends verständigen sich die Narren mit einem »Geheimcode«. Den kennen auch Alt-Oberbürgermeister Dr. Theo Burauen, links, und Oberbürgermeister Norbert Burger

Funkt es aber am Tisch etwa so zurück: »Es' wohl beim Wäsche enjelaufe«, dann wurde der Code verstanden. Dann wird man auch bald vom Weinzwang des Tisches zur Zwanglosigkeit der Kölschtheke wechseln und die gemeinsame Gemütsverwandtschaft begießen. Solange solche Signale ihren Empfänger finden, kann man sich noch so gut als Schäl verkleiden — der Tünnes kommt bald hervor.

In diesen Gesten daneben zu liegen, das gehört zu den gefürchteten Peinlichkeiten. Das ist es, was einen »Imi« verzweifeln lassen kann. Ahnungslos davon, daß sich auf dem Galaabend der Schäls letztlich doch nur verkleidete Tünnesse begegnen, kann er mit einer einzigen Gestelztheit zu Fall kommen. Andererseits gewährte man ihm ohne die »Verkleidung« des Schäl vielleicht erst gar nicht den Zutritt. Der Unerfahrene verstrickt sich hier in Probleme wie der Kabarettist Thomas Freitag, der den Festkomitee-Präsidenten »stellen« wollte. Er verließ sich auf den scheinbar sicheren Rahmen der schäl-gemäßen Fernsehwelt und mußte sich unversehens in der Rolle des intellektuellen Griesgrams wiederfinden. Er bot dem »Wir-Gefühl« den dankbaren Außenfeind, der den Tünnes zur Hochform auflaufen ließ.

Wer mit den Spielregeln und Geheimcodes des Karnevals dagegen vertraut ist, darf die Sicherheit im Umgang mit ihnen genießen. Das schafft Zusammengehörigkeit, die die Selbstfindung fördert, und formt die Persönlichkeit, der allerdings zu wünschen wäre, daß sie auch ohne den Feind von außen auskommt. Vielleicht wäre das aber schon die Vision vom närrischen Elysium, wo sich Tünnes und Schäl in der Figur des Narren vereinen dürfen.

»ICH MÖCH SU JÄN WIDDER KIND SIN«

»Dröm loßt op der Karneval Freu'n uns we de Kinder all« Joseph Roesberg in »Der Carousellchesmann«, 1868

Es gibt Leute, die finden den Karneval furchtbar kindisch. Damit haben sie völlig recht.

Schließlich wimmelt es bei jedem Rosenmontagszug von Schnullerträgern, Kurzbehosten, Langbezopften und anderen großen Kindern. Selbst das vornehmere Sitzungspublikum hat gelegentlich nichts Besseres zu tun, als endlos zu lallen: »Heiditschimmela, tschimmela, tschimmela, tschimmela, bumm«. So ist es tatsächlich — und das ist gut so.

Auf diese Weise für ein paar Minuten oder auch mal ein paar Stunden Zeiten der Kindheit wiederauferstehen zu lassen, das ist jedem zu gönnen, den der Streß des Erwachsenseins sonst krank machen würde. Wir wissen zwar nicht, was Ihr Hausarzt Ihnen empfiehlt, aber wir können bei Streß, Anspannung und seelischer Belastung ein paar »Ajujas« durchaus empfehlen. Die gibt es nicht in der Apotheke, aber auf jeder Karnevalssitzung.

Über soviel Primitivität im Karneval mag der Kulturmensch ruhig die Nase rümpfen und demgegenüber auf sein eigenes Niveau pochen. Er wird allerdings gleich feststellen müssen, daß es auch im seriösen Kulturbetrieb von Kindlichem wimmelt; daß auch klassische Komponisten und moderne Dichter einen Hang zum Babbeln wie die Kleinkinder haben. Warum also nicht auch unser Tünnes?

EIN STRAMPELHÖSCHEN FÜR DEN SCHÄL

Der Anblick ist vertraut: Ein wohlbeleibter Mann am Urlaubsstrand baut mit Schüppe und Förmchen eine Sandburg. Der Sprößling, der seinem kurzbehosten Vater das Alibi zum Matschen lieferte, döst schon längst bei Mutter unter dem Sonnenschirm, während sein Erzieher mit Hingebung nassen Sand anrührt, Gräben zieht und Staudämme baut. Noch vor einer Woche ließ sich der Herr Direktor Unterschriftenmappen vorlegen und vermachte seiner Sekretärin einen Stapel besprochener Diktierkassetten — jetzt kniet er im Sand und klopft mit den Händen eine Mauer fest. Keiner nimmt Anstoß an dem erwachsenen Spielkind, denn die Urlaubszeit hat eigene Benimmregeln.

In der kalten Jahreszeit geht der Herr Direktor einer anderen Freizeitbeschäftigung nach: Er steigt dann in ein Strampelhöschen, legt sich in einen Kinderwagen und nuggelt am Fläschchen. Da möchten dann manche nach dem Psychiater rufen. Unbehelligt kann

»Dä Klein, dä muß ene Nüggel han«

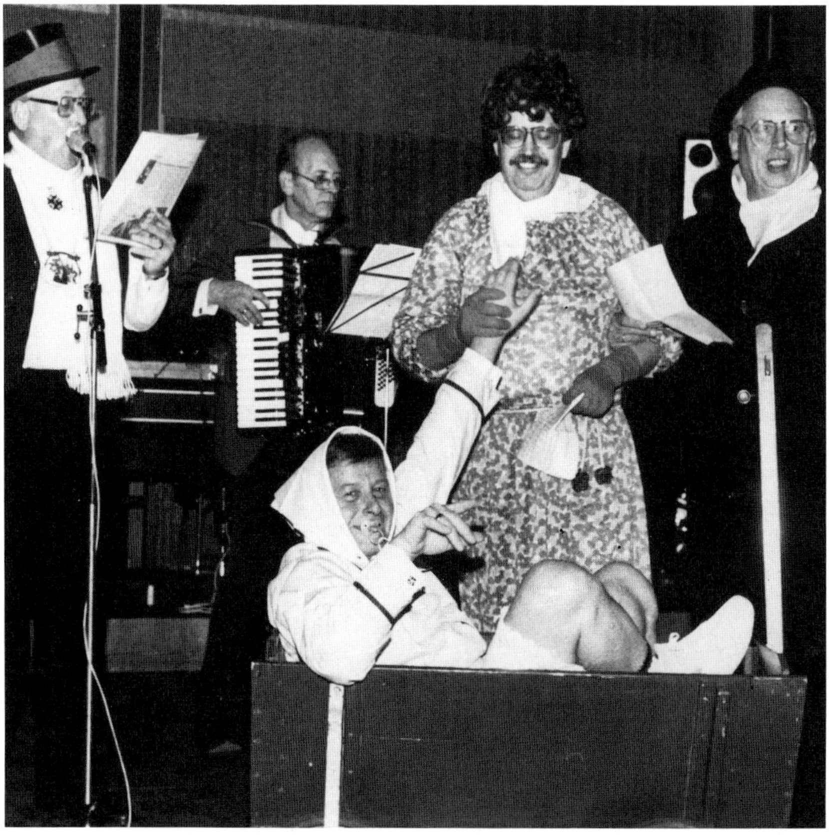

man so etwas eben nur zur Karnevalszeit und im Rheinland tun. Hier hat der Mann sogar die Chance, als urwüchsig und unverfälscht gelobt zu werden, wenn er sich, die Rassel schwingend und nach der Mama rufend, in die närrische Öffentlichkeit begibt. Dabei muß man gar nicht immer Direktor sein oder ein Strampelhöschen anziehen, um an so etwas Vergnügen zu finden. Die Verkäuferin, die als Pippi Langstrumpf geht, der Sparkassenangestellte im Mädchenrock und der Handwerkerfunktionär mit dem Schulranzen auf dem Rücken, sie alle huldigen dem gleichen Trieb.

Alle diese Schäls wollen einmal die Etikette durchbrechen, für die sie sonst täglich Opfer bringen und auf deren Einhaltung sie auch bei anderen nachdrücklich dringen. Selbst der von Berufs wegen Unnahbare, der Unterkühlte, aber auch der Pingelige oder der Herrische braucht mal Urlaub von seiner Rolle und sucht seine Zuflucht bei ganz gegenteiligem Verhalten. Der Karneval mit der Chance, den Tünnes ungestraft heraus lassen zu dürfen, gibt Gelegenheit dazu.

»Ich möch su jän widder Kind sin«

Es muß auch nicht immer ein komplettes Kostüm sein, das den Schäl in einen Tünnes verwandelt. Meist genügen schon Andeutungen oder einzelne Attribute. Das kann ein umgehängter Nüggel sein oder der Schriftzug »Mamas Liebling« auf einem T-shirt. Bei Sitzungen in Altenheimen zeigt sich manchmal die geradezu wunderbare Verwandlungskraft, die schon von einer simplen Papierblume im Haar ausgehen kann. Haarschleifen, Luftschlangen und ein Schultornister können bewirken, daß aus älteren Herrschaften wieder übermütige Kinder werden.

Andere Anklänge an die Kinderzeit schwingen in Vereinsnamen mit wie »Raderthaler Pänz«, »Junge us dem Vringsveedel« oder »Ihrefelder Fläschekinder«. Auch in zahllosen Karnevalsliedern wird die verlorene Kindheit von Erwachsenen besungen, idealisiert und auf einfache Nenner gebracht:

»E paar Grosche für Ies
e paar Grosche für't Schöckelpäd
dat es für uns kleine Pänz
d'r Himmel op d'r Äd«

(Marie-Luise Nikuta: »E paar Grosche für Ies«)

Wunscherfüllung war dem Kleinkind garantiert:

»Ja wat hät de dann un
wat well hä dann,
dä Klein dä muß ene Nüggel han,
dröm git him wat hä will,
dann es hä widder stell.«

(Willi Ostermann: »Dä Klein, dä muß ene Nüggel han«)

Und auch nach Dummheiten war man nie ganz unten durch:

»M'r woren all ens Pänz, dat sollt mer nit vergesse
m'r woren all ens Pänz, hann manche Streich gemaht
M'r woren all ens Pänz, dat sollt mer nit vergesse
doch unserer Mamm hammer vell Freud, vell Freud gemaht.«

(Marie-Luise Nikuta: »Mer woren all ens Pänz«)

Wie die Vertreibung aus dem Paradies mutet deshalb das Herauswachsen aus den Kinderschuhen an:

»Als ich noch wor ne Butzemann
dat woren schöne Zigge
(. . .)
wieh, oh wieh
die Zick, die es futtü«

(Volksgut, »De Kinderzick«)

Die Kindheit erhält im Karneval sogar einen größeren Stellenwert als in der gesellschaftlichen Wirklichkeit. Anders als im Leben wird spontanes, naives, unvernünftiges oder schelmisches Verhalten — jetzt der Erwachsenen — augenzwinkernd entschuldigt. Der kindliche Anschein, den sich die Narren geben, entschärft nämlich auch den Schuß Anarchie, der hinter den schlechten Manieren, dem fehlenden Anstand und der kulturellen Verweigerung der als Kinder verkleideten Jecken steckt. Entschuldigend wird man immer anführen können, »Kindermund tut Wahrheit kund«, und einem Kinderantlitz wird es natürlich niemand übelnehmen, wenn es mal Grimassen schneidet.

Erwachsene trauern oft auch den scheinbar verpaßten Gelegenheiten der Kinderzeit nach. Wo man heute nur noch ohnmächtig die Faust in der Tasche ballen kann, hätte man sich als Kind ausleben dürfen. Die Konsequenzen hätten nie über einen Klaps auf den Hintern hinausgereicht. Manche reizt es daher, so etwas heute noch mal unter dem Schutz der Kindermaske zu tun. Solche Lust am kleinen, privaten Stück Anarchie und die Abkehr vom Diktat der Vernunft unterstützen den Hang der Erwachsenen zur Kindheit. In einem Lied der Bläck Fööss ist klar umschrieben, was da so alles lockt:

»Ich möch su jän widder Kind sin
Un widder janz stinknormal sin.
Dun un losse, wat mer em Moment
su jrad am beste jefällt.
Mem Finger deef en d'r Naas römbore,
beim Esse einfach opzeston,
wenn Besuch kütt, laut dozwescheschwade
un met andere Pänz zerschlon,
de Sonndachssaache schön dreckich maache,
un alles, wat verbodden es, am leevste dun.«

Auf der anderen Seite wäre es auch schön, sich noch mal unbekümmert in die Liebe der Eltern fallen lassen zu können und umsorgt zu werden. Für Zuwendungen, Lächeln und Liebkosungen müßten dann als Gegenleistungen nicht mehr als drolliges Beneh-

Der Karneval befriedigt auch die Lust am kleinen, privaten Stück Anarchie

men, ein putziges Näschen oder ein Paar große Augen eingebracht werden.

Dieser andere Aspekt, aus dem sich das Interesse der Erwachsenen an der Kindheit speist, ist die Fähigkeit zur Hingabe. Kinder können sich noch vertrauensvoll in die Hand anderer begeben, ohne damit gleich Unterlegenheitsgefühle zu verbinden. Solche Erfahrungen haben etwas mit der späteren Liebesfähigkeit zu tun. Die nachfolgenden Paarbeziehungen sind nämlich vom einstigen Vertrauensverhältnis des Kindes zu seinen Eltern noch mit gefärbt.

Sich vertrauensvoll fallen zu lassen, setzt ein vorübergehendes Aufgeben der Ich-Bezogenheit voraus, es wird zur Grundlage sowohl der Liebe wie der Friedfertigkeit. Erwachsene stehen dabei oft in einem Konflikt: Die Fähigkeit zur Hingabe ist eine Tugend, die im Berufsleben weitgehend stört, im Privaten aber der Schlüssel zum Glück ist.

Zwischen diesen beiden Welten aber gibt es in Köln noch eine dritte — den Karneval. Auch hier ist Hingabefähigkeit die Voraussetzung. Und solche Hingabefähigkeit läßt echte Narren nicht nur schallend lachen und herzzerreißend wehklagen. Es macht sie auch liebenswert.

»HEILE, HEILE GÄNSJE«

Nicht nur Kleidung und Äußerlichkeiten unterscheiden den Tünnes-Typ vom Schäl. Die trennenden Merkmale umfassen alle Bereiche der Persönlichkeit. Vor allem die Sprache dient im Alltag als Einordnungshilfe. Sie verdeutlicht, mit wem man es zu tun hat. Da gibt es die Gesetze der Anredeform, Benimmregeln und die Gesten des Beherrschens oder der Unterwerfung. Bis hin zum gezielten Einsatz des Lächelns reichen die Tips, die in »Psycho-Kursen für Führungskräfte« oder in Ratgebern zum Thema »Wie gehe ich mit meinem Chef um?« erteilt werden.

Im Straßenkarneval genügt schon die Pappnase, um solche Umgangsvorschriften außer Kraft zu setzen. Im Sitzungssaal braucht es aber noch nicht einmal ein äußeres Attribut. Hier genügen eine Melodie und ein paar sinnlose Silben. Da stehen dann 1000 Sitzungsbesucher in Abendgarderobe an den festlich dekorierten Tischen und singen nichts weiter als immer wiederkehrend »Ajuja, Ajuja, jetzt geht' et widder Ajuja«.

Das feine Mainzer Sitzungspublikum sprengte so vor Millionen von Zuschauern mit einem nicht enden wollenden »Humbta, humbta, humbta tätärä« den Programmzeitplan der Fernsehanstalt. Wenige Jahre später drohte sein »Rucki zucki« das gleiche zu tun.

Entwicklungspsychologisch wird solche Aneinanderreihung sinnloser Silben dem Alter vor der Kindergartenreife zugerechnet. »Ene mene muh« liegt mit »Humbta« und »Tschimmela« nah zusammen. Im Entwicklungsalter weiter — etwa auf Vorschulniveau — angesiedelt sind dann Liedpassagen wie diese:

»Heile, heile Gänsje,
s' wird schon wieder gut,
S' Kätzje hot e Schwänzje,
s' wird schon wieder gut!
Heile, heile Mausespeck,
in hunnert Jahr is alles weg!«

»Winke, winke«, Kindergartenspiele im Festsaal des Gürzenich

Auch Ludwig Sebus' Schlagerrefrain »Gucke hier, gucke da, gucke dich mal um ...« erinnert eher an Kindergeburtstagsfeiern denn an ein Lied für gestandene Bürger. 1979 klang es im Preisträgerlied der karnevalistischen Hitparade im WDR so: »Juhuhu, jukuhu, jukurattata — der Papa geht heut' tatata!« (Text und Musik: Eberhard Fonger). Zum »tata-gehen« paßt das »Winke, winke« der »Höhner« ebenso wie das »Flitsch-flutsch-flatsch« in Toni Steingass' gleichnamigem Walzer und das »Bums Valdera«, mit dem bis morgen früh durchgemacht werden soll.

Neben den Unsinns-Silben sind uns auch ganze Unsinnssätze, Nonsenstexte, aus Kindertagen vertraut; zum Beispiel im Abzählreim: »Zehn Zigaretten sprangen in die Betten / sprangen wieder raus / und Du bist aus.« Solche Texte geraten im Karneval oft zum Sessionsschlager. Über Nacht ist der neue Hit da und durchzieht Sitzungs- und Ballprogramme, um nach ein bis zwei Jahren wieder in der Versenkung zu verschwinden. Hier eine Kostprobe der letzten Jahre: »Hier fliegen gleich die Löcher aus dem Käse / denn nun geht sie los / unsre Polonäse ...« Oder: »An der Nordseeküste, am Plattdeutschen Strand, sind die Fische im Wasser und selten an Land«.

Rheinische Texter scheinen solchen Zeilen weniger zugetan. Lieder wie das Düsseldorfer »Auf die Bäume ihr Affen, der Wald wird gefegt« oder der Hit der Kölner »Paveier« »Heut' brennt mein Iglu« sind hier eher die Ausnahme von der Regel, ebenso wie die Oma, die der Volksmund schon seit ewig im »Hühnerstall Motorrad« fahren läßt.

»Die im Achtstundentag der Büros und Fabriken zu purer Zweckhaftigkeit verkümmerte semantische Sprache behindert den Ausdruck von Emotionen. Sie wird in vielen Karnevalsliedern abgestreift. Diese appellieren an Gefühlsregungen, die üblicherweise niedergehalten und untersagt sind, und wollen damit die vielfachen Beschränkungen des Erwachsenenlebens temporär vergessen machen. Sie fördern die Regression.« So drückt es die Volkskundlerin und Musikwissenschaftlerin Dr. Gisela Probst in ihrem Aufsatz »Zur psychologischen Funktion des Karnevalsschlagers« im »Rheinischen Jahrbuch für Volkskunde« aus. Ihre Erkenntnis ließe sich verkürzt auch so zusammenfassen: Der Bildungsbürger Schäl hat Sehnsucht nach der Einfalt des Tünnes.

Kultur verlangt Opfer; das ist nun mal so. Doch allzuoft müssen die Opfer unnötig früh erbracht werden. Die Bildungsbeflissenheit mancher Eltern setzt mit verschiedenen Vorschulprogrammen in der Tat schon so früh an, daß der Scherz vom »numerus clausus« im Kindergartenalter gar nicht mehr lachhaft ist.

Die Forderungen von Grammatik und Rechtschreibung haben gewiß ihre Berechtigung. Traurig ist nur, wenn die Lust am kindlichen Babbeln, am Spiel mit Sprache, ihnen zu früh geopfert wird. Jedoch — ein echtes Bedürfnis, eine drangvolle Lust wird sich nie ganz unterdrücken lassen. Mit dem zu frühen Verbot für das Kind ist der spätere Nachholbedarf im Erwachsenengewand schon mitgegeben. Und selbst wer als Kind ausgiebig genug babbeln durfte, wird es später ab und zu wieder tun wollen — eben, weil es so schön war.

Früher war es das Volkslied mit seinem »Falleri, fallera« und »Dumdideldum«, bei dem das Babbeln nachgeholt werden konnte. Doch diese Funktion hat es eingebüßt. Die Stimmungslieder avancierten an seiner Stelle zu volksliedhaftem Ersatz.

Auch die etablierte Kulturwelt pflegt die Lust am Babbeln mit Silben und Lauten. In der »opera buffa« wimmelt es von kultivierten »Humbtas« und »Tatas«. Ist denn der Spaß am wiederholenden «Papa-pa-pa-pa-pa-geno« in Mozarts »Zauberflöte« etwa so sehr viel anders? Oder sind die heiteren Baß-Arien des Doktor Bartolo in Rossinis Oper »Der Barbier von Sevilla« so viel erhabener, nur weil sie im Opernhaus erschallen?

In der Literatur wurde eine eigene Lyrikform gar kulturpreiswürdig, die nur aus Verwandten des lautmalerischen »Heidi tschimmela« besteht — die »konkrete Poesie«. Sie arbeitet mit Buchstabenbildern und Lautspielen und schreckt dabei vor nichts zurück. Hier ein Beispiel ihres Protagonisten, des Österreichers Ernst Jandl:

auf dem Land

rininininininininDER
brüllüllüllüllüllüllüllEN

schweineineineineineineineinE
grunununununununZEN

hunununununununDE
bellellellellellellellEN

Natürlich will niemand diese Form der Poesie oder etwa auch die »Dada«-Bewegung dem Karnevalslied gleichstellen. Es sollte aber auch keiner leugnen, daß beidem dasselbe Phänomen zugrunde liegt, nämlich die Lust des Erwachsenen am spielerischen Umgang mit Sprache. Erwachsene brauchen dafür einen »Schutzraum«, der dies ohne Peinlichkeit zuläßt. Sie brauchen Anlässe und die Gemeinschaft Gleichgesinnter. Das kann auf verschiedenen Ausdrucksebenen geschehen: in der Oper, in der Lyrik oder halt im Karneval.

MIT AJUJA GEGEN DIE MAGENGESCHWÜRE

Mit dem Begriff Regression wird all das umschrieben, was ein Mensch tut, wenn er im Verhalten von einer reiferen Entwicklungsstufe auf eine frühere zurückfällt. Die »Ratgeber-Seiten« der Illustrierten haben den Begriff heute weitgehend populär gemacht. Leider stellt sich dabei allzu oft die einseitige Gedankenverbindung zum krankhaften Symptom ein. Paradebeispiel für die Regression ist das Verhalten eines Schulkindes, das in Belastungssituationen plötzlich in frühere Verhaltensweisen zurückfällt, die schon als überwunden galten. Bettnässen kann unter anderem als solch ein Symptom auftreten. Gut an der Popularisierung solcher Zusammenhänge ist, daß endlich deutlich wurde, daß ein Kind so etwas nicht aus bösem Willen tut. Unbewußt gibt es damit ein Notsignal seiner seelischen Überforderung von sich.

Schlecht ist an solch populärer Aufklärungsarbeit, daß ein Beigeschmack bleibt, der die Regression grundsätzlich unter das Licht der Störung und Behandlungsbedürftigkeit stellt. Übersehen wird dabei ihre gesundheitsdienliche Kraft. Werden einem Menschen nämlich regressive Entlastungsmomente lange verwehrt, ist seine seelische und körperliche Gesundheit gefährdet. Im weitesten Sinne ist das tägliche Sich-Selbst-Abgeben an den Schlaf und die Traumwelt ein gesunder regressiver Akt. Das Unterscheidungskriterium dafür, ob es sich bei der Regression nun um seelische Störung oder seelische Kur handelt, liegt in dem Maß der Fähigkeit begründet, wieweit sie sich noch bewußt steuern läßt. Damit ist auch gemeint, daß dieses Zurückfallen auf frühere Entwicklungsstufen nur vorübergehend bleiben darf, wenn es der Entspannung dienen soll.

Erst wer in einem Wiederholungszwang stecken bleibt, ist gestört. Nichts anderes meint die Zeile aus Goethes »Mummenschanz-Gedicht«, die auf dem Kölner Fastnachtsbrunnen nachzulesen ist: »Löblich ist ein tolles Streben — wenn es kurz ist und mit Sinn.«

Letztlich steht jeder Urlaub im Dienst einer gesteuerten Regression, die der Gesunderhaltung nutzt. Wenn Erwachsene am Strand wieder mit dem Ball spielen oder in den Bergen Hall und Echo erproben, wie einst als Kind in der Unterführung, dann ist das durchaus sinnvoll. Bei manchem fördert die kilometermäßige Entfernung von der Heimat die regressive Bereitschaft, bei manchem bewirkt es der Blick auf den Kalender: Karneval ist wieder da.

Häufigstes Transportmittel bei der Reise ins Land einstigen kindlichen Verhaltens ist der Alkohol. Seit jeher werden in allen Kulturen Drogen gepflegt, die der Regression förderlich sind. Nicht umsonst ergänzen sich die Redensarten »Kinder und Narren sagen die Wahrheit« und »in vino veritas« (»Im Wein liegt Wahrheit«) so gut.

Ein Beispiel mag das verdeutlichen: Die ungebrochene Lust des Publikums an dem Film »Die Feuerzangenbowle« liegt darin, daß man hier eine solche regressive Reise miterleben kann. Der von Heinz Rühmann dargestellte Dr. Pfeiffer spielt im Alkoholdunst eben jener Feuerzangenbowle aus, was jedem Erwachsenen ewig versagter Wunsch bleiben muß: »Ich möch su jän widder Kind sin« (auch wenn es im Film bereits der höhere »Schöler« ist).

Jene Form von Schwips ist denn auch das erklärte und erlaubte Ziel vieler Erwachsenen-Zusammenkünfte. In den Wörterbüchern sind ganze Spalten gefüllt mit phantasievollen Umschreibungen, die alle jenen Naivitätszustand nach Alkoholgenuß meinen. Dazu gehören Redewendungen wie »voll sein«, »einen in der Krone haben«, »angesäuselt sein« oder »einen sitzen haben«.

Wenn dann akademische Herren, wie jene in der Feuerzangenbowle, auch noch ins Albern geraten und am Ende mehr lallen denn sprechen, so dienen solche Vorstellungen der Heiterkeit, der Entspannung. Doch wehe, wenn man am nächsten Morgen aus diesem Zustand nicht mehr herauskommt oder wenn die Wiederholungsabstände immer kleiner werden!

Alkohol fördert die Regression

Es scheint geradezu ein Maßstab für das Kulturniveau zu sein, wie mit solchen Regressions-Drogen umgegangen wird. Auch die Art, wie dieser Hang zur Regression gezielt gepflegt und ungefährlich gehalten wird, hängt mit dem Entwicklungsniveau eines Kulturvolkes zusammen. So gesehen, nehmen auch die vielen »Alleinunterhalter an der Orgel« ihren Platz im Kulturbetrieb ein, wenn sie zum »Ententanz« animieren oder das Lied von »Adelheids kleinem Gartenzwerg« anstimmen. Diese Musikanten fördern auf Betriebs-, Schützen-, Gartenfesten und vor allem im Karneval die umgrenzte Regression in der Gemeinschaft zuhauf. Und der Wunsch nach derartiger Regression ist genau in den Kulturen sehr groß, in denen auch Magengeschwüre, Herzinfarkte, Bluthochdruck und dergleichen sehr häufig sind, also in jenen Ländern, die sich zivilisiert, industrialisiert und leistungsorientiert nennen.

Die Regression per »Ajuja« und »Ententanz« kann allerdings auch benutzt werden, um die wahre Ursache mancher Seelenqual erst gar nicht hochkommen zu lassen. Sie wird dann vom Schläger der »decken Trumm« übertönt, und die Suche nach Stimmung artet zum Zwang aus. Wer die Zivilisationskrankheiten aber nur mit Pillen bekämpft, versucht sein Problem im Grunde auf ähnliche Weise zu bewältigen.

Die Regression kann jedoch durchaus eine vorbeugende Wirkung haben; und eins steht dabei fest: Die Nebenwirkungen der Droge »Ajuja« sind gewiß die harmlosesten.

Die Volks- und Puppenbühne stellt den Griesgrämigen gerne so dar, daß ihm der kranke Magen schon von weitem anzusehen ist: fahle Gesichtsfarbe, verbissene Züge, ein Knochengerüst im korrekten Anzug. Schäl ist davon nicht weit entfernt. Jedenfalls hat er nichts vom Kindlich-Runden, Gemüthaft-Knolligen des Tünnes. Ein guter Internist würde einem solcherart Geplagten neben dem Pülverchen auch noch einen Rat zur Lebensführung mitgeben. Er möge nicht alles »in sich hineinfressen«, nicht »alles schlucken«, manches unbekümmerter hinnehmen und sich wehren. Schäl macht das intuitiv richtig, wenn er den gesunden Naivling Tünnes aufsucht und sich von dessen Kindereien anstecken läßt. Die Direktheit von Tünnes ist letztlich Balsam für den Intriganten und die ständige Hanakerei mit Tünnes bewahrt Schäl vor dem »Kloß im Bauch«, vor dem Magengeschwür.

Hartmut Priess, Bläck-Fööss-Mitglied und Komponist von Erfolgsliedern wie »Mer losse d'r Dom en Kölle« und »In unsrem Veedel« sinnierte einmal scherzhaft, daß er als gebürtiger Berliner mit preußisch-protestantischem Erziehungsumfeld heute sicherlich an Magengeschwüren litte, wäre er nicht schon vor Jahrzehnten nach Köln gekommen.

Die psychologischen Forschungen gerieten inzwischen mit populärer Breite zu der gleichen Erkenntnis, die das »kölsche Hätz« von Tünnes und Schäl seit über hundert Jahren schon vorlebt: Regression ist ein Lebenselexier. Wer zum vorübergehenden Verlassen der Realitätsbühne nicht in der Lage ist, wer nicht mehr den zeitweiligen kindlichen Schritt zurück macht, nicht mal »ausflippt«, der wird bald Opfer des Überanspruchs von Korrektheit, Steuerung, Selbstverleugnung. Dem wird sich die »Kehle zuschnüren«, das »Herz in die Hose rutschen«, dem wird es so lange »sauer aufstoßen«, bis sein Körper mit einem psychosomatischen Symptom den Rettungsanker wirft. Als Kranker erhofft er, wenigstens etwas von der gemüthaften Zuwendung und kindlichen Unverstelltheit erleben zu dürfen, die sich der Fastelovendsjeck selbst herausnimmt, wenn er sich im Kinderwagen vor dem Rosenmontagszug herfahren läßt.

Es führen eben auch hier mehrere Wege zum Glück. Man kann dem »Club der Präriefreunde« beitreten und das ganze Jahr über im Freigelände Indianer oder Cowboy spielen und dem Ganzen mit dem Begriff »Volkskunde« noch eine erwachsene Legitimation geben. Man kann im Stammtisch »Räucherjunge« das Spiel mit dem Feuer bei regelmäßigen Grillpartys wiederbeleben oder im Kegelclub »Lose Jungs« und Veedelsverein der »Trotzköpp« sich der Anpassung mal versagen. Auch im Verein der Comic-Freunde oder in der Laienspielgruppe können Kinderrollen still oder lebhaft nachgelebt werden.

Selbst im Sport ist so etwas möglich. Als der Kölner Eishockey-Club »Die Haie« deutscher Meister 1987 wurde, berichtete die Zeitung über den »Karneval beim Meister«:

»Die Spielerkabine glich einem Tollhaus. Die Cracks im rotweißen Trikot schrien wie kleine Kinder, rauchten dicke Zigarren und spritzten mit edlem Champagner um sich, so daß in wenigen Minuten die Katakomben völlig durchnäßt waren. (. . .) Präsident Heinz Landen strahlte mit den Scheinwerfern der Fernsehkameras um die Wette. ›Ich bin der glücklichste Präsident der Welt‹, frohlockte der ehemalige Kölner Karnevalsprinz.«

Die Reihe der Möglichkeiten zum Austoben ließe sich noch fortsetzen. Vor allem aber steht im Rheinland der Fastelovend zur regressiven Entlastung zur Verfügung. Er liefert die Kulisse für das Spiel mit der ungenierten Regression in der Gemeinschaft, die keinen Ansehensverlust in der Realität bedeutet.

Dieses Spiel wird im offiziellen Karneval — bislang jedenfalls — von einer reinen Männergesellschaft gepflegt. Das kann man gesellschaftskritisch als Beweis von unterdrückter Emanzipation anprangern. Das kann man aber auch psychologisch sehen und vermuten, Männer haben dieses Spiel wohl nötiger. Denn im landläufigen Erziehungsverständnis müssen Jungen ihre Hingabe ans kindliche Spiel früher noch als die Mädchen aufgeben.

Jungenspiele werden auch schon im Vorschulalter mit dem Blick auf den »Nutzen für später« gekauft. Technik hat folglich Hochkonjunktur. Das wäre nicht weiter schädlich, wenn damit nicht der Maßstab einer reinen Erwachsenen-Vernunft auch im Kind schon sehr früh gesetzt würde.

Das Mädchen hat nicht unbedingt mehr Zeit zum Spielen (es muß oft schon früh in die Küche), aber ihm bleiben andere Schlupflöcher. Mit Kindern, die heia-machen, teita-gehen, die mit Matsch spielen oder noch in die Hose machen, beschäftigt es sich noch eine ganze Weile, wenn es die scheinbar erboste Puppenmutter spielt.

Vielleicht wurde aus diesem Grunde der Slogan »Vom Kind in der Frau« nie geprägt. Das macht sich bekanntlich nur im Manne breit, im Karneval gleich tausendfach. Den Männern muß es offenbar ein besonderes Bedürfnis sein, das Rad der persönlichen Entwicklung im närrischen Spiel noch einmal zurückzudrehen.

Nie wird bei diesem Spiel ganz klar werden, wo Bühne und wo Zuschauerraum beginnen, wo der Arzt und wo der Patient steht. Sähe man nicht manch gestreßte Dauerfunktionäre, Alkoholleichen oder Schläger am Rand des Rosenmontagszuges — dann könnte das ewig geldbedürftige Festkomitee glatt um einen Zuschuß bei den Krankenkassen anklopfen!

TÜNNES, DU BIST MÄRCHENHAFT

»Also erhielt der Dummling die Krone und hat lange in Weisheit geherrscht.« Als schönen, selbstverständlichen Märchenschluß nehmen Kinder einenSatz wie diesen hin, mit dem das Grimm-Märchen »Die drei Federn« endet.

Dem Erwachsenen fällt die Sonderrolle des Dummlings oder — meist gleichbedeutend — des Jüngsten eher auf. Die Tatsache, daß gerade er die Prinzessin samt Königreich erhält, stellt doch die Wirklichkeit genau auf den Kopf. Daß die »dümmsten Bauern die dicksten Kartoffeln« ernten, mag ja noch angehen, aber daß sie auch noch zu Amt und Würden gelangen — das ist schon märchenhaft. Genau: Im Märchen siegt letztlich der anfänglich Jüngste und vermeintlich Dümmste.

In der Geschichte vom »Tischlein deck dich« ist es der jüngste Sohn, der mit dem scheinbar so wertlosen »Knüppel aus dem Sack« seinen älteren Brüdern Tisch und Esel zurückerobert und schließlich die ganze Männergesellschaft von Vater und drei Söhnen in Wohlstand leben läßt.

Im »Gestiefelten Kater« verhilft die enge Verbrüderung mit einem Tier dem naiven Burschen zu Schloß und Anwesen. Das Jüngste im Uhrkastenversteck sorgt dafür, daß die älteren der »sieben Geißlein« wiederaufleben dürfen, und im Märchen »Die drei Sprachen« erlangt der einzige, überaus dumme Sohn, den der Vater schon resigniert abgeschrieben hatte, die Papstwürde.

Woher nehmen diese Naiven ihre bezwingende Kraft? Der Kinderpsychologe Bruno Bettelheim erklärt dies in seinem Buch »Kinder brauchen Märchen« sinngemäß so: Der Jüngste ist dem Schoß der Mutter Erde noch am nächsten. Auch zu seinem eigenen Unbewußten hat er noch mehr Zugang als der ge- und verbildete Kulturmensch. Und nicht erst seit Sigmund Freud gilt das Unbewußte als Ursprungsquelle der Kunst. Bis er solche Höhen erreicht, hat der Dummling allerdings Prüfungen zu bestehen, von denen auch die Märchen künden.

»Das Unbewußte spricht nicht in Worten, sondern in Bildern zu uns, und es ist einfältig im Vergleich zu den Errungenschaften des Intellekts. Und wie der Dummling gilt es . . . als niedrigster Aspekt unserer Persönlichkeit, doch wenn es richtig eingesetzt wird, gewinnen wir aus ihm unsere größte Stärke . . .«, sagt Bettelheim. Das Kind erfährt in den Märchen, daß Schlauheit alleine nichts nützt, wenn sie sich nicht mit dem Erfahrungsschatz des Unbewußten verbindet. So lautet auch Bettelheims Fazit: ». . . daraus erkennt man die Grenzen eines Intellekts, der sich nicht auf die Kräfte des Unbewußten . . . stützt.«

Tünnes ist so ein gewinnender Naivling, der seine Kraft, Direktheit und Gesundheit aus der Schollenverbundenheit bezieht. Wenn er als Muster gilt für den Typ, der »aus dem Bauch heraus« lebt, dann meint das nichts anderes als seine unbewußte Verwurzelung im Schoß der Mutter Colonia.

Es ist wie im Märchen: Der einfältige Tünnes pariert wie der Dummling die vermeintlich so schlau eingefädelten Intrigen des Schäls. Der muß mit seiner gewissen Halbbildungs-Überheblichkeit den Unterschätzten letztlich doch an sich vorbeiziehen lassen, genau wie die älteren, schlaueren und reicheren Brüder im Märchen.

»Das Kind erfaßt intuitiv, daß Märchen zwar unrealistisch, aber nicht unwahr sind, daß ihre Ereignisse zwar nicht in der Wirklichkeit geschehen, sich aber als innere Erfahrung und persönliche Entwicklung zutragen müssen, daß sie bildlich die wesentlichen Stufen des Wachstums zu einem unabhängigen Leben schildern«. Dieser Satz Bruno Bettelheims ist der Schlüssel, der einem den »Unsinn« an Karneval erschließt. Die »Tünnes-Phase« einer naiven Direktheit und geborgenen Erdverbundenheit ausgekostet zu haben, ist eine solche wichtige Stufe in der Entwicklungsleiter. Wer aber käme hier nicht zu kurz? Es ist deshalb wichtig, daß Tünnes — wie die Märchenhelden — unverändert zur Verfügung stehen bleibt. Märchenlesen ist nicht jedes Erwachsenen Sache. Aber ab und zu noch mal in die Tünnesrolle zu schlüpfen (Psychologen sagen hier: sich mit ihm zu identifizieren), unter seinem Schutz noch mal als »Jüngster«, als »Dümmster«, als Kind aufzutreten, darin steckt ein Stückchen Chance zur Nachentwicklung — auch noch für den 50jährigen.

Tünnes selber darf sich nicht verändern, damit er etwas Prototypisches der menschlichen Seele verkörpern kann. Genau wie das Hänneschen und — überregional — das Kasperle, muß Tünnes der bleiben, der er seit Kappesboore-Zeiten ist. Merkmale anderer Entwicklungsstufen werden dann andere Figuren verkörpern.

Die Narren und sogar ihre obersten Funktionäre haben einen Hang zum märchenhaften Tünnes immer schon verspürt. Karneval bietet schließlich den Erwachsenen die einmalige Möglichkeit, die Phantasien der Kinderwelt noch einmal aufleben zu lassen und sie kurzzeitig als Wirklichkeit zu inszenieren. Das Märchen macht das gleiche. Es ist »unrealistisch, aber nicht unwahr«, sagte der Psychologe Bettelheim. Für den Augenblick des Erzählens und Zuhörens

Die Offiziellen hatten immer schon einen Hang zum Märchenhaften

wird es aber zur Wirklichkeit. Zumindest für die Länge eines Rosenmontagszuges wird auch im Karneval das Irreale, werden Träume und Märchen wahr.

»Es war einmal ... Kölner Karneval wie ein Märchen« hieß somit das Rosenmontagszugmotto 1983. Ähnlich klang es bereits einmal 1968: »Märchen und Wunder unserer Zeit«. »Märchen und Sagen aus aller Welt« hieß es vor dem Kriege, 1937. Und schon im vorigen Jahrhundert machte das Zugmotto klar, wo Prinz Karneval sich zwischen Aschermittwoch und Weiberfastnacht das Jahr über aufhält: »Heimkehr des Prinzen Karneval aus dem Reich der Sagen und Märchen« (1893).

Vielleicht wäre auch dem Tünnes die Ehre eines eigenen Mottos zuteil geworden, wäre er als Figur bereits so beliebt wie heute gewesen. Seine Rolle als Einfältiger und Fröhlicher verkörperte damals die überregional vertraute Gestalt des »Hanswurst«. »Wiedergeburt des Hanswurst«, hieß es daher in der zehnten Session 1832, »Hanswurstliche Kirmes« 1844 und zweimal »Hanswurstliche Industrie-Ausstellung«, 1854 und 1866. Dabei wird überraschend deutlich: vom Hanswurst zum »Helden Carneval«, vom Tünnes zum Prinzen führt eine direkte Linie.

Bei aller äußerer Verschiedenheit hat der Dummling, der Jüngste, der Unbekümmerte im Märchen das meiste Zeug zum späteren Prinzen. Das ist auf dem ersten Blick nicht immer logisch — aber psychologisch. Die Märchen helfen uns, solche unbewußte Wahrheiten zu verdolmetschen, wenn der Verstand nur die logische Wirklichkeit gelten lassen will. Die romantischen Karnevalsreformer von 1823 müssen das geahnt haben. In schwärmerisch operettenhafter Ausstattung realisierten sie den Karneval wie eine Märchenwelt. Von Thronbesteigungen, weitanreisenden Prinzessinnen, von Nymphen und Elfen war bei ihnen die Rede, während es Hunger in Köln gab und die Stadt große Probleme hatte. Joseph Klersch spricht im »Kölner Fastnachtsspiegel« von der »Flucht aus der trüben Wirklichkeit in ein romantisches Zauberreich«. Dieses Verhalten ist ähnlich dem der Kinder, wenn sie in ihre Phantasiewelt versinken, um manche Ängste wegzuspielen. Auch ihre Bereitschaft ist groß, sich von Kasperlestücken und — heute eher — von Tonbandkassetten mit Märchen- und Abenteuern ablenken zu lassen.

Die gebildeten Männer um Wittgenstein, Wallraf und andere politisierten stark; sie verstanden es aber auch, den Schäl in sich zu zügeln, indem sie ihrer hanswurstlichen Kindersehnsucht Raum und Gewicht gaben. Ohne diese Kraft aus der Urwüchsigkeit, der Bodenverbundenheit als dem unbewußteren Teil ihrer Seele, hätten sie wohl nicht zwei Jahrhundertwerke beginnen können: die Etablierung des reformierten Karnevals und — rund zwanzig Jahre später — die Initiative zur Vollendung des Kölner Doms.

Kindliche Impulse als Triebkraft der Kultur? Suchen wir die Antwort im Märchen vom »Armen Müllerbursch und dem Kätzchen«. Dort heißt es eingangs, als es ans Verteilen des Erbes geht: »Der dritte von den Burschen war aber der Kleinknecht, der ward von den anderen für albern gehalten, dem gönnten sie die Mühle nicht.« Es kommt mit dem Dummen, wie es kommen muß: Er wird reich, gerecht und gewinnt zur Mühle die Königstochter noch hinzu. Des Märchens Schlußsatz: »Darum soll keiner sagen, daß, wer albern ist, deshalb nichts Rechtes werden könne.«

AGRIPPINAS PÄNZ

Wenn Kinder singen »Ich möch su jän widder Kind sin«, dann dient solcher Gesang natürlich nicht dem Transport regressiver Wünsche. Solange die Jugend einen noch vor zu viel selbstverleugnendem Ernst schützt, darf man im Alltag ausleben, was Erwachsene nur zu Karneval spielen dürfen.

Aber auch an den Kostümen der Kinder läßt sich vieles ablesen. Ein Schulkind wird nicht als »Schulljung« gehen. Es nutzt eher die Chance, probeweise schon mal größer zu sein. Jungen verkleiden sich dann gerne als »starke Männer«, Cowboys oder Indianer, Zorro, Batman oder Detektiv. Mädchen möchten gerne schön sein und kostümieren sich als Prinzessin, Balletteuse oder Popstar. Am Ende des Grundschulalters erfolgen erste Versuche, schon mal etwas vom künftigen Jugendlichenstatus zu erproben; die Haare werden im Disco-Look gefärbt, die Bilder von Pop-Stars werden auf die Jacke geheftet, und in den Äußerlichkeiten liebäugelt man schon mal mit dem Aussehen eines Punkers.

Es sieht so aus, als wollten die noch kindlichen Tünnesse den starken Anzug des großmännischen Schäls mal anprobieren — unverbindlich.

Und doch — auch bei den Kindern tauchen schon regressive Wünsche auf. Deutlich wird das besonders bei den großen Pänz, den Jugendlichen. Haben sie die ersten Schritte in die Welt des Schäls getan, werden in der Öffentlichkeit mit »Sie« angeredet und erleben in der Ausbildung vielleicht den ersten Kleiderzwang, dann empfinden sie darüber nicht nur Stolz. Auch leise Wehmut über die verlorengegangene Kinderzeit macht sich bemerkbar.

Große möchten noch mal klein . . .

. . . und Kleine schon mal groß sein

Es fällt auf, daß die Altersgruppe der 15- bis 18jährigen nicht nur das starke und das schöne Kostüm wählt. Nein, in Gruppen sieht man sie ab Weiberfastnacht auch mit Babyattributen durch die Stadt laufen. Erstaunlich, wie viele von ihnen einen »Nüggel« umhängen haben, ein Babyhäubchen tragen und wie sie immer wieder am mitgeführten Fläschchen saugen — das oft mit Apfelkorn gefüllt ist. Manchmal springt der Funke in einer jecken Stunde selbst in Schulklassen über, die sich mit dem Verkleiden ansonsten schwer tun. Das Stichwort »Baby« kann zu spontanen Rollenspielen animieren, bei denen nach Herzenslust gekräht, geknatscht und genüggelt werden kann. Kann noch schnell ein Kinderbrei oder eine Windel aufgetrieben werden, wird der Spaß besonders groß.

Regredieren auf eine frühere Stufe kann nur der, der sie bereits verlassen hat. Selbst die Sechsjährigen haben, so gesehen, schon etwas verloren, nach dem sie sich sehnen können. Mit dem Alter des Schuleintritts muß zwangsläufig viel aufgegeben werden, was als schön empfunden wurde. Nicht nur, daß das Kind sich nun einer höheren Sprachebene zu bedienen hat und gewisse Manieren einhalten muß. Auch die zunehmende Erkenntnis, wie die Realität wirklich ist, bringt nicht nur Stolz und Gewinn. Sie bedeutet auch Abschied von Phantasien, an deren Wirksamkeit einst geglaubt wurde. Es heißt Abschied nehmen von der Vorstellung, mit der Kraft des eigenen Wollens die Welt so herrichten zu können, wie man sie gerne hätte.

Und so tauchen unsere Schulanfänger dann zu Karneval in Kostümen auf, in denen man so tun kann, als gäbe es das alles doch, woran das Kind vor zwei Jahren noch glauben durfte. Da ist beispielsweise der Pumuckl, der sich winzig klein, unsichtbar machen kann und doch die Erwachsenenwelt in Bewegung hält. Überhaupt werden derartige Koboldfiguren gerne gespielt. Die Schlümpfe und sonstige Zwergenkinder gehören ebenso dazu wie der »kleine Vampir«. Die jeweiligen Rollen ändern sich von Zeit zu Zeit, je nach Vorgabe von

Liebevoll werden die ganz Kleinen in Kostüme gesteckt — doch eigentlich geht sie das alles noch gar nichts an

Fernsehserien oder Comic-Reihen. Und die Kinderunterhalter wissen schon genau, warum sie gerade mit solchen Serien die Kinder fesseln.

Auch Tiere, die aufgrund ihrer Niedlichkeit eine Zärtlichkeitsgarantie erhalten, werden gerne im Kostüm dargestellt. Als süßes Kätzchen oder Marienkäferchen wird das kleine Kindergartenrauhbein soviel Aufforderung zum Streicheln signalisieren, daß es noch einmal so wie früher abgeschmust wird.

Dem regressiven Sog zur Zärtlichkeit und Geborgenheit können also auch Kinder im Karnevalsspiel nachgeben. Allein die Rolle des »Verdötschten« haben sie noch nicht nötig. Vielleicht wirken deshalb Kinder im Clownskostüm manchmal eher ernst und traurig denn lustig und verdötscht, ganz egal, wie mühevoll die Lappenkostüme für die Kleinen zurechtgemacht, wie liebevoll die Gesichter bemalt sind und wie reizend die Optik einer jecken Großfamilie im Pluutekostüm auch wirkt. Oftmals vermitteln die ganz Kleinen in dieser Aufmachung den Eindruck, als ginge sie das alles noch gar nichts an, als habe man sie da in etwas hineingesteckt, das sie ebensowenig als lustig empfinden können wie der Schlosser, den man zu Karneval in das Kostüm des »Blaumanns« steckt. Recht haben sie, die Kinder: Soviel Tünnes wie die Erwachsenen an Rosenmontag sind, dürfen sie auch nach Aschermittwoch noch sein.

ORIGINALE UND IDOLE

Es gibt Menschen, die es nicht nötig haben, zu singen »Ich möch su jän widder Kind sin« — sie sind es. Sie dürfen auch als Erwachsene Kindliches ausleben. Damit sind nicht nur die Spaßmacher der närrischen Bühne gemeint, oder Musiker, die bis in den Rang von Idolen aufsteigen, denen man alles verzeiht. Gedacht ist vor allem an die »Originale«, die es in allen Landstrichen gibt. Reinold Louis stellt seinem Buch über die »Kölner Originale« das Gedicht eines unbekannten Verfassers voran, in dem es unter anderem heißt:

». . . , em Frack och un Zilinder
Spazeet durch't Levve mänche Minsch,
Dä selvs vör Frau un eige Kinder
Verstich, dat hä get es verkindsch«

Einige dieser großen Kindsköpfe aus der Kölner Vergangenheit zeigen eine deutliche Verwandtschaft mit der Tünnesfamilie. Da trat zum Beispiel ein hoch aufgeschossener Mann auf eine ihm unbekannte Bürgerfamilie beim Sonntagsspaziergang zu, begrüßte sie überschwenglich, bat den Herrn um ein Taschentuch, beschneuzte es kräftig und reichte es mit verbindlichem Dank zurück. Das war der Maler Bock. Der war auch berühmt dafür, alle Mahnungen in den Wind zu schlagen, mit denen gewöhnlich Mütter ihre Kinder zu Geburtstagsbesuchen schicken: »... und iß nicht soviel Kuchen.« Wenn Bock eingeladen wurde, aß er — und wie. Anschließend entfernte er sich unter Wortschwällen, indem er den mitgebrachten Blumenstrauß wieder an sich nahm, um damit bei der nächsten »Einladung« aufzuwarten. Selbst Pippi Langstrumpfs »Villa Kunterbunt« hätte gegen Bocks Behausung wie eine etablierte Bürgerstube gewirkt — er lebte zeitweilig in einem großen, eisernen Dampfkessel.

Für respektlose Widerworte gegen jede Art von Obrigkeit war »Et Bolze Lott« bekannt. Vor Kirchenportalen trieb sie sich herum, einerseits auf Gaben hoffend, andererseits die Gläubigerschar beschimpfend. Von ihr wird die folgende Anekdote berichtet: »Als sie im Winter, auf den kalten Steinen hockend, von einem Priester gefragt wurde: ›Hatt Ehr ald jet kräje?‹ gab sie bissig zur Antwort: ›Eja, en kahl Fott!‹«

Bekannt ist auch das »Fleuten Arnöldche«, das man mit ein paar Groschen für Schnaps so »froh und glücklich« machen konnte wie die Kinder mit »e paar Grosche für Ies«.

Der den Kindern eigene Drang nach unmittelbarer Befriedigung ihrer Wünsche war bei vielen Originalen die Ursache ihrer Kauzigkeiten, ihrer Liebenswürdigkeit, aber auch ihrer persönlichen Tragik. Mit kindlicher Prahlsucht versuchten sie, die eigene soziale Erbärmlichkeit für den Moment ins Gegenteil zu verkehren. Die einen taten es mit großen Sprüchen, andere mit Kraftakten wie Wettsaufen, und die »Böckderöck-Wau-Wau« versuchte noch als zahnloses Weib, die anmarschierenden Soldaten aufzureizen, indem sie tanzend das Röckchen hob.

Der Applaus der Straße war allen bei solchen Aktionen gewiß, und die zum Eingreifen gezwungenen Polizisten sahen sich stets einem Spießrutenlaufen ausgesetzt. Daran hat sich bis heute nichts geändert. Wenn der Straßenmusikant »Klaus der Geiger« auf einer Kölner Einkaufsstraße von Polizisten behelligt wird, dann kann die Stimmung unter den Passanten für die jungen Beamten schnell bedrohlich werden. Und wenn der Geiger ab und zu vor das Gericht zitiert wird, dann sind dies Feste und Happenings für das Publikum, das seinem Liebling zahlreich und lautstark Beistand leistet.

Die Öffentlichkeit braucht ihre Originale, weil sie dem Publikum die Hintertür zum Kinderparadies zeigen — ein Paradies, wie es sich die Erwachsenen vorstellen. Alle die netten Anekdoten über schrullige Erwachsene, die noch mit einem Fuß im Kinderland stehen, können aber nicht darüber hinwegtäuschen, daß der Lebenslauf der Originale meist auch von erheblichem menschlichen Elend gekennzeichnet ist. Diese Menschen, deren intellektuellen und kreativen Anlagen keine andere Entwicklung ermöglicht wurde als die ins Verschrobene, zeigen oft eine große persönliche Unreife. Es bleibt die Ausnahme, daß jemand wie »Klaus der Geiger« bewußt, sozusagen mit ideologischer Absicht, den Weg in die Nähe des Originals geht.

Vielleicht hätten sich »Maler Bock« und »Fleuten Arnold« bei anderen Voraussetzungen für eine Karriere entscheiden können, die nicht in der Heilanstalt enden mußte. Und vielleicht würde sich die »Böckderöck-Wau-Wau« heute lieber in einem Frauenhaus helfen lassen, als von Tür zu Tür ziehend ihr Kind zu kneifen, damit es mit seinem Geschrei den Anschein von Hunger bestätige. Solche Spontaneität war oft nur aus der Not geboren.

Das Verhalten, das die Bürgerlichen gegenüber den Originalen zeigen, ist durchaus dem Umgang vieler Erwachsener mit Kindern verwandt. Drolligkeiten und Unbeholfenheiten bieten Anlaß zum Schmunzeln, aber die Unbequemlichkeiten und Nöte des Alltags werden als lästig empfunden. Die Verwandtschaft möchte sich an den Kindern erfreuen, und wenn ein Geschenk mitgebracht wird, klappt das bei Festen auch für einige Stunden. Viele Kinder werden aber alleine gelassen, wenn die Alltagserziehung besondere Anforderungen stellt. Denn das hätte schließlich auch mit Lärm, Ärger und Peinlichkeiten zu tun. Genauso hielt man sich auch das alternde Fleuten-Arnöldchen mit seinem unappetitlichen Äußeren, seinen Alkohol-Ausdünstungen und unwirschen »Verzäll« als Nachbarn von der Wirtshausbank fern, spendierte stattdessen lieber einen Schnaps und ließ den Tanzbär tanzen. Man stelle sich vor, eine dieser vielbesungenen Gestalten begehrte heute Einlaß zu einer Galasitzung im Gürzenich. Auch wenn dort drinnen ein Orden mit seinem Konterfei verliehen würde — Arnöldchen käme da so nicht hinein.

Der Umgang mit den heute lebenden Originalen wird der Prüfstein dafür sein, wie geschätzt sie wirklich sind. Mancher wird sich schwer tun, in jemandem, der äußerlich den Stadtstreichern der Domplatte zugerechnet werden muß, womöglich »unser Original«

zu sehen. Wenn er sich von dessen Kindereien als Nachbar in der Straßenbahn belästigt fühlt, dann kommt für ihn der gleiche Moment der Wahrheit wie für den angeblich kinderlieben Hausgenossen, der eine vielköpfige Familie in sein Haus einziehen sieht.

Reinold Louis sieht in den Liedern und Gedichten, die über solche Originale nach ihrem Tod entstehen, daher auch einen späten Wiedergutmachungsakt: »Tröstende und hoffnungsvolle Worte für eine Frau, der zu Lebzeiten niemand helfen konnte«. Als schämten sich die Menschen für unterlassene Hilfeleistungen und für derben Spott zu Lebzeiten, werden die Originale nach dem Tod verehrt, glorifiziert, einige gar mystifiziert.

Kindern geht es bei uns ähnlich. Kaum sind sie groß oder gar aus dem Haus, wird der anstrengenden Zeit nachgetrauert. So texteten Hans Knipp und die Bläck Fööss:

»De Pänz sin us dem Hus, jetz es janix mih loß
Hück hammer uns Rauh, nä hät dat Nerve jekoß!
Fröher do wor et ze laut, doch jetz, jetz es et ze stell
Et fählt irjendjet — E komisch Jeföhl«

Wenn aus solchem Sinnieren ein bewußtes und tolerantes Zusammenleben im Alltag erwächst, dann haben all' die Lieder über Kinder und die Ehrenbezeugungen für Originale einen Sinn. Die Gefahr ist aber groß, daß damit nur dem kitschigen Anteil der Sentimentalität Nahrung gegeben wird. Indem die Mißstände der Wirklichkeit verniedlicht werden, werden sie letztlich bewahrt.

Leibhaftig kann der Gemütsmensch Tünnes gar nicht an so vielen Orten zugleich sein, wie er von den städtischen Schäls gebraucht wird. Die Originale in allen Landstrichen vertreten ihn. Aber selbst das reicht nicht aus. Das Publikum kauft sich für das närrische Podium stundenweise weitere Originale ein: Sänger und Redner. Den besten unter ihnen wird schon zu Lebzeiten eine Verehrung zuteil wie den Originalen nach dem Tod. Es sind meist die, denen die Rolle kindlicher Unvernunft am besten gelingt. Hans Süper vom »Colonia Duett« ist so einer. Sein Witz besteht darin, in der Rolle des »Kleinen« fortlaufend all das zu sagen und zu tun, was die Kindererziehung auszumerzen hat:

Er prahlt wie ein Gernegroß, ist unruhig wie der Zappelphilipp, zeigt mit dem Finger auf andere Leute, beleidigt den Partner, sagt, was er denkt; er gebraucht ungezogene Ausdrücke, verdreht Worte, überschätzt sich, kleidet sich unpassend, unterbricht den anderen, spricht dazwischen, bohrt in der Nase und läßt sich die Haare stehen, wie es die meisten Sitzungsbesucher bei ihren Kindern nicht sehen wollen. Solche und ähnliche Rollen sind schwer zu spielen, denn im Gegensatz zum »Maler Bock« muß der Bühnenkünstler nach dem Vortrag wieder in die bürgerliche Welt zurück. Das bewußte, kurzzeitige Eintauchen in die Rolle kindlicher Frechheit, Drolligkeit und Anarchie, mehrfach am Abend, von Saal zu Saal ziehend, ist auf die Dauer äußerst kräftezehrend. Zu diesem Kräfteverzehr trägt auch das Publikum seinen Teil bei, das für etwas bezahlt, womit es selber Schwierigkeiten hat. Es leistet sich Komiker und Bühnenoriginale, die ihm die Rückkehr zur kindlichen Unvernunft vorspielen. Seine Erwartungen sind hoch und verfolgen den Künstler oft bis in sein Privatleben. Kein Wunder, daß es manchem Bühnenidol schwer fällt, aus seiner Rolle zu seiner eigenen Persönlichkeit zurückzufinden.

Das Publikum umjubelt Erwachsene, die ihm die kindliche Rolle auf der Bühne vorspielen. Hans Süper (links) meistert diese schwierige Rolle im »Colonia-Duett«

Bei den populären Gesangsgruppen fällt der Löwenanteil dieses Psycho-Verschleißes dem Hauptsänger zu. Ob »Bläck Fööss«, »Höhner« oder »Paveier« — das Publikum will vorne »den lieben Jung'« sehen. Das kann nach vielen Bühnenjahren ein anfälliger Punkt der Gruppe sein. Wenn dem Sänger, der selber vielleicht schon halbwüchsige Kinder hat, diese Rolle bis ins Privatleben nachläuft, hat er vom »lieben Jung« die Nase voll. Und wenn die Medien ein solches »Bühnenkind« zwischen zwei Auftritten auf dem falschen Bein erwischen, dann kann das zu harten Äußerungen führen, die den Stoff für Schlagzeilen geben. Das Publikum ist entsetzt, und der Fortbestand des Duos oder der Gruppe steht in Frage — ein Problem, das nicht nur von karnevalistischen Größen vertraut ist.

Wer seine Rolle in vorderster Reihe auch nur mehrere Profijahre hintereinander aushält, verdient Hochachtung. Ihm darf man nicht

Auch bei den Gesangsgruppen — hier »De Höhner« — wird am Mikrofon der »liebe Jung« erwartet

nur eine außergewöhnliche körperliche und psychische Belastungsfähigkeit unterstellen, sondern auch eine höchst erwachsene »Philosophie des Clowns«, die ihn allabendlich für andere »der liebe Jung« sein läßt, ohne daß er Schaden nimmt. Eine solche Standortbestimmung klingt auch aus dem Lied »Ich ben Clown« von den Höhnern an:

»Lor doch ens en dr Spejel
op ding Nas nit decker weed.
Drag de Kleider jet bequemer
e beßje Clown es nie verkeet.
Ävver nit bloß Fastelovend
solls do jeck sin su wie hück!
Loß dä Nohber doch bloß denke
Mensch dä Käl dä es verröck
un sach im

Ich ben Clown —
ich jev mich wie ich ben,
ich bruch mich nit zo schamme
för dat wat ich dun.
Ich darf laache,
ich darf knatsche,
ich darf dräume,
ich ben frei!
Wat de Lück üvver mich denke,
jo dat es mer einerlei!«

Wenn der Sitzungspräsident »das Schönste« ankündigt, »was der Kölner Karneval zu bieten hat«, dann meint er entweder ein Mädchen oder einen Mann in Frauenkleidern. Im ersten Fall zieht ein Tanzmariechen auf, im zweiten die Kölner »Jungfrau«.

So vertraut solche Szenen den Jecken auch sind, so merkwürdig wirken sie auf die auswärtigen Besucher. Schließlich kennen sie Alternativen wie diese eher aus dem Milieu von Nachtclubs. Nur für die Kölner Narren scheint es selbstverständlich zu sein, daß man auf Männer in Frauenkleidern schaut, ohne sich etwas dabei zu denken.

Das gilt auch für andere Bereiche. Kritiker sehen in den Mariechen zwar oft nur »Lustobjekte« für die Männerwelt, und in vielen Witzen vermuten sie nur »Ferkeleien«, aber das liegt zum Teil an den Kritikern selber. Der kölsche Tünnes nämlich beschäftigt sich mit diesen Themen zwar ausgiebig, aber in aller Unschuld — wie ein großes Kind.

Weil Kinder aber auch mal in die Windeln machen, wird gleich von der »bläcken Fot«, vom »Kacken« und vom »flöcken Otto« die Rede sein. Trotzdem versprechen wir, kein unanständiges Wort zu benutzen — es sei denn, wir zitieren die Narren.

Dieses Kapitel ist übrigens allen gewidmet, denen das Thema peinlich ist. Von den kölschen Jecken wird das ja wohl keiner sein.

»Das Schönste«, was der Kölner Karneval zu bieten hat: Tanzmariechen und Jungfrau

»WENN DU HUHN BIST ...«

Längst bevor die Sexualkunde als Unterrichtsthema in die Schulen einzog, bot des Volkes Stimme seine Art von Aufklärung. Sie bediente sich natürlich der Tünnes-Sprache, der Mundart:

»Scheißegal, scheißegal
ob do Hohn bes oder Hahn
wenn do Hohn bes, mußt'e Eier lege künne
bes de Hahn, dann mußt do op de Höhner klimme künne.«

Auch wenn zurückhaltendere Kreise das Lied lieber mit »ganz egal ...« einleiten, bleibt die existenzialistische Kernaussage unverrückt.

In der Regel sind solche verbale Direktheiten nicht geschätzt, es sei denn, es handelt sich — wie hier — um »Volksgut«. Die Kunst der karnevalistischen Bühne besteht eher darin, derbe Ausdrücke in der Phantasie der Zuhörer vorzubereiten, um sich selber im letzten Moment daran vorbei zu manövrieren. Mit einem Reimwort wird die Zote angebahnt, dann aber nicht ausgesprochen. Das läuft nach dem Muster der kindlichen Sprechgesänge auf der Straße ab:

»Parademarsch, Parademarsch,
der Hauptmann hat ein Loch im Aa ...
... alle Vögel sind schon da ...«

Viele närrische Zwiegespräche leben von diesem alten Gaukler-Trick. Während das Publikum noch auf der Lauer liegt, um den Redner indizienkräftig der Zote zu überführen, verkneift dieser sich das erwartete Wort und läßt die Zuhörer plötzlich mit ihrer Phantasie allein: *Selber Schwein!*

Dieses Spiel heißt: Alle wissen, was gemeint ist — aber keiner sagt es. Wer es dann doch tut, etwa wie der Düsseldorfer Redner Horst Schlag, verletzt die Spielregeln. In Köln bekommen deshalb solche Redner schon mal die gelbe und rote Karte des Sitzungspräsidenten zu sehen. Glänzend hingegen gefällt auf Herrensitzungen Schlags Reimrede »Mein Kleiner« (»Wie oft hast du für mich gestanden, jetzt stehe ich für dich«). Jeder versteht die sexuelle Anspielung, und doch könnten die Zeilen in ihrer vordergründigen Bedeutung auch aus einem Kindergedicht stammen. Keiner könnte den Redner der Zote bezichtigen, ohne seine eigene »schmutzige Phantasie« aufzudecken.

Mit einem ähnlichen Effekt arbeitete Jupp Schmitz in einem Lied von 1983:

»Mit einem Pinsel in der Hand
ein Maler vor der Leinwand stand.
Das Modell saß schon nackig auf 'nem Thron,
darauf trat dann der Pinsel in Aktion
Ob rauf, ob runter, ganz egal
er führt den Pinsel genial
und man sah auf den ersten Blick,
das wird bestimmt ein Meisterstück.

Es kommt nur auf den Maler an,
zu zeigen, was ein Pinsel kann,
vorausgesetzt es sind noch Haare dran
mein Kind, noch Haare dran mein Kind.«

Ein Schelm, wer hier was Böses denkt. Wenn in der zweiten Strophe das Modell das fertige Meisterwerk lobt: »Dieses Bild hier von mir ist wundervoll«, dann wird ein Kenner der Kölner Verschlüsselungsszene sich an den Spruch erinnern: »Fastelovend e Spillche, Allerheilige e Bildche«. Womit nichts anderes festgestellt wird, als daß bei November-Geburten der Beginn der Schwangerschaft in die Karnevalszeit datiert werden muß. In der Zeit »vor der Pille« eine süffisant wichtige Mahnung.

Die ungewollte Doppeldeutigkeit aus Kindermund wirkt ebenfalls oft komisch. Kinder springen nämlich übergangslos von einer Vorstellungsebene auf die andere. Ein Beispiel aus dem Alltag mag das verdeutlichen: Der Knirps droht im Zorn seiner Kindergärtnerin mit dem aufgeschnappten Satz: »Ich trete dich in die Eier!« Die um Gelassenheit bemühte Erzieherin fragt: »So, wo haben die Frauen denn ihre Eier?« Antwort: »Im Kühlschrank!« In der Erwachsenenwelt wird diese Doppeldeutigkeit bewußt zum Prinzip vieler Witze erhoben: »Kommt ein Mann zum Bauern und sagt, ›Ich hätte gerne drei Eier‹. Sagt der Bauer: ›Ich auch.‹«

Da der Narrenleitspruch »Von Zoten frei die Narretei« den »unanständigen Ausdruck« verbietet, müssen die Redner versuchen, auf der schmalen Gratwanderung zwischen Anstandswahrung einerseits und den Erwartungen von Publikum und Literaten nach »etwas Pfeffer« andererseits nicht abzugleiten. Dies mißlingt auf rheinischen Podien während der Session zigmal. Dennoch führt es selten zum Eklat.

Die Mundart entschärft das Gesagte oft so, daß die »Biesterei« schon sehr dick kommen muß, ehe sie anstößig wirkt. Den humoristischen Entertainern, die sich auf Tingeltouren zwischen den Kurhäusern von Norderney und Bad Reichenhall auch in rheinische Sitzungssäle verirren, fehlt dagegen dieser Mundartfilter. Das läßt manche ihrer Geschmacklosigkeiten dann besonders unsympatisch erscheinen.

Psychologisch gesehen hat das Lachen über »unanständige« Witze etwas mit der Unterdrückung dieses Themas im sonstigen Lebensbereich des Menschen zu tun. Vielleicht erklärt das die Beobachtung, daß in rheinischen Sälen Zoten und Fäkalwitze insgesamt auf dem Rückmarsch erscheinen. Wer will auch bei verbalen Anspielungen aufs Genital noch erröten, wenn Magazine, Filme und Videos ihm die Abbildung ins Haus liefern?

Offenbar hat die insgesamt doch liberalere und freiere Erziehung der letzten Generation die heranwachsende Jugend einen Anteil von Tünnesmentalität, von gesunder Kindlichkeit, bewahren lassen. Auffälligerweise ziehen Zoten bei Jugendlichen in der Regel nicht. Was nicht heißen soll, daß die jungen Leute außerhalb des Sitzungssaals da nicht kräftig mithalten könnten. Aber so billig lassen sie sich im Karneval offenbar nicht den schlichten Spaß am Verdötschten, die Freude an der liebenswürdigen Naivität der Tünnes-Mentalität kaputt machen.

DER KALLENDRESSER VUM ALDERMAAT

Die Bläck Fööss, die zweifellos einige der beliebtesten Karnevalslieder überhaupt geschrieben haben, sind mindestens zweimal wegen ihrer Lieder auch angegriffen worden. Eins davon war das Lied »Am Arsch der Welt«, das den Bundeswehralltag behandelt. Daß manche darin eine Beleidigung der Bundeswehr sahen, war die eine Sache, doch daß man bei der Wortwahl nicht zimperlich gewesen war, das war die weit anstößigere Sache. Mit dem Hinweis auf die »Fäkalsprache« begründeten viele die Ablehnung des Liedes, in dessen Refrain es heißt:

»Am Arsch der Welt, am Arsch der Welt
sin mir für iwich un drei Daach afjestellt
Am Arsch der Welt, am Arsch der Welt
weed us jedem Schluff 'ne jroße Held«

Die offiziellen Jecken und die Soldaten pflegen alljährlich Kontakte . . .

. . . was »De Bläck Fööss« nicht davon abhielt, auch Schattenseiten des Militärs auf 's Korn zu nehmen

Dabei sind die Kölner eigentlich gar nicht zurückhaltend, wenn es darum geht, das Gesäß mit drastischen Begriffen zu belegen. Ehrengäste dürfen sich beispielsweise geschmeichelt fühlen, wenn die Kapelle zu ihrer Begrüßung eine Melodie spielt, deren Text da lautet:

»Lebst Du auch noch, altes Arschloch?« Gern wurde so der frühere Oberbürgermeister Theo Burauen begrüßt. Kein Einheimischer wäre auf die Idee gekommen, in diesem Popularitätsbeweis etwas Beleidigendes zu sehen. Einschränkend muß allerdings festgehalten werden, daß eben immer nur die Melodie gespielt und nie der Text gesungen wurde.

Was bei dem Lied der Bläck Fööss zur Mäkelei führte, war wohl der Umstand, daß Eingangszeile und Titel des Liedes in Hochdeutsch erklangen. Es fehlte die Entschärfung durch ein umschreibendes Wort der Mundart. Das mag vordergründig nur eine Nuance bedeuten, und doch kann der Wortgebrauch die Narrenwelt manchmal in zwei Lager spalten.

Im Fall des Bläck Fööss-Liedes war es letztlich sogar nur ein einziger Buchstabe, der Begeisterung von Empörung schied. Als der »Altermarktspielkreis« das vergnügliche Spiel vom »Weetshus zo de veezehn Aaschbacke« aufführte, blieben der Truppe um Spielleiter Richard Griesbach jedenfalls alle Vorwürfe erspart, die wenige Jahre zuvor dem Bundeswehrlied der Bläck Fööss gemacht wurden. Dabei lag der Unterschied doch wirklich nur darin, daß bei dem einen ein »a« stand, wo die anderen ein »r« hatten.

Noch sympathischer als der »Aasch« ist den Kölnern aber die »Fott«. Dieser Begriff darf nahezu uneingeschränkt angewandt werden. An dem Satz »Setz dich doheim met d'r Fott en kaal Wasser un stell en Kääz op« nahm niemand Anstoß, obwohl er im Opernhaus allabendlich vor verwöhntem Musik-Publikum gesprochen wurde. Im »Divertissementchen«, dem ausschließlich von Männern getragenen Fastelovends-Spiel der Spielgemeinschaft »Cäcilia Wolkenburg«, hatte der Darsteller der Käthe Ostermann in dem Stück »Die Ostermann-Story« die feine Gesellschaft mit ihrem Lachen auf seiner Seite. Er (oder sie) hatte mit dieser drastischen Redewendung die Einstellung einer Freundin zu den Männern kritisiert.

Die naive Unschuld der Mundart entschärfte den hochdeutschen »Arsch« zur mundartlichen »Fott«. Wenn das Gesäß erst einmal heimatkundlich ritualisiert ist, dann ist damit also auch der Verdacht der Anstößigkeit aufgehoben.

Das führt zu einer der absonderlichsten Erscheinungsformen des kölschen Gemüts. Wenn jemand sein Hinterteil entblößte und es der bürgerlichen Gesellschaft zum Gruße entgegenstreckte, dann würde in anderen Städten vielleicht die Wiederkehr der Apo-Zeit der frühen 70er Jahre vermutet werden. In Köln ist so ein Akt aber gelegentlich gesellschaftsfähig, wenn nicht gar ordenswürdig: Gemeint ist die Geste der beliebten Figur des »Kallendressers«.

»Der Kallendresser«, einmal an historischer Stelle als sogenannter Kölner Spiegel am Rathausturm . . .

. . . einmal in neuzeitlicher Gestaltung nach Ewald Mataré am Haus »Em Hane« . . .

. . . und einmal als »Stilleben« im Veedelszoch

Um das Phänomen zu beschreiben, sei hier einmal die Autorität eines Lexikons bemüht: *»Ganz in der Nähe des Rathauses, Alter Markt 24, am Haus ›Em Hane‹ hängt hoch droben, fast unter der Dachtraufe, ein kleines Männchen mit entblößtem Hinterteil. Von* *den Kölnern ›Kallendresser‹ genannt. Ewald Mataré schuf die Spottfigur im Auftrag des Kölner Originals Jupp Engels (Oberkallendresser vum Aldermaat). ›Kalle‹ heißt Regenrinne und was hinterherkommt, ist menschliches Verdauungsprodukt. Unser ›Kallendresser‹ tut demnach etwas, wofür eigentlich das verschwiegene Örtchen aufgesucht wird. Kölnische Derbheit spielt hier mit, die Freude am Drastischen. Es gibt in Köln sogar einen ›Kallendresserorden‹. Bei besonderem Verdienst um die Brauchtumspflege wird man eingeführt und quasi zum ›Ritter‹ geschlagen.«* So formuliert es der Oberkustos am Kölnischen Stadtmuseum Max-Leo Schwering im heiteren Stadt-Lexikon »Köln von A — Z«.

Wenn die Kölner allerdings meinen, die Figur des Kallendressers als urkölsche Type für sich alleine gepachtet zu haben, dann unterschätzen sie die Weitläufigkeit der Tünnesverwandtschaft. Den nächstgelegenen Vetter werden sie schon im Odenwald finden. Dort zieht an Karneval der »Arschblecker« als Symbolfigur der Fastnacht durch die Straßen. Sein Name ist mindestens so eindeutig wie die Aufforderung des Götz von Berlichingen.

Natürlich wurden dem Kallendresser in Köln auch Lieder zugedacht. Im folgenden aus der Feder von Rektor Suitbert Heimbach fällt die Vielfalt harmloser Umschreibungen für das Gesäß auf:

«Om Aldermaat do steit e Huus, dat weed genannt ›Em Han'‹.
Am Givvel, dröckelig un lus, hängk do e Männche dran.
Dat hät Fazung un och Geweech, weil it sing Backe zeig
un stipp eruus sie zweit Geseech, et Kallendresser heisch.

Ki Ka Kallendresser, hevv et Hembche huh!
Ki Ka Kallendresser, mähs de Minsche fruh.
Häste Ärger un Verdross, mähste deer nix druus
denkste nor wie Goldschmidsjung
un stips dä Mond eruus.«

Ihm in der äußeren Pose ähnlich, aber nicht so enthüllend, ist das berühmte »Stippeföttche«, mit dem Rote und Blaue Funken zum Präsentiermarsch ihre Art militärischer Ehrerbietung demonstrieren.

Die Funken stehen dabei Rücken an Rücken und scheinen ihre Hinterteile im Takt aneinander zu reiben. Bei der Aufzeichnung der Kölner Fernsehsitzung bemüht sich der Kameramann daher meistens, ein besonders formatfüllendes, zuckendes Funkengesäß einzufangen. Manche Zuschauer nehmen das als Indiz dafür, daß der

Beim »Stippeföttche« der Funken wird streng darauf geachtet, daß sich die Pobacken der Tänzer nicht berühren — sagen jedenfalls die Funken

Kölner Karneval ordinär und obszön sei. Das würden die Funken allerdings weit von sich weisen. Sie weiden sich zwar gerne am erstaunten oder entsetzten Blick derjenigen, die zum erstenmal ein Stippeföttche erleben, aber dann beeilen sie sich zu versichern, daß sich die Pobacken der Tänzer gar nicht berühren dürfen. Darauf werde streng geachtet.

Der Karneval ist eben in vielem kindlich — aber nicht obszön. Es ist der nachgestellte kindlich-spielerische Umgang mit den Phänomenen der Unterleibsregion, der sich hier ausdrückt. Obszön und abgeschmackt mögen manche Vorführungen auf St. Pauli oder bei Damen-Ringkämpfen im Schlamm sein. Zwar leben auch diese im Kern von unerledigten Kindheitsphasen, doch verläßt man hier die Ebene der spielerischen Andeutung und wird direkt. Vor allem aber bleiben die Akteure dabei im Erwachsenengewand. Phantasien um die Ausscheidungsvorgänge als Erwachsener vor Erwachsenen auszuspielen, das ist Biesterei, wie man in Köln sagen würde. In der Kindrolle noch einmal an ehemalige Entwicklungsphasen per Theaterillusion zu erinnern, ist dagegen etwas anderes. Solange Schäl seinen kindhaften Tünnes neben sich hat, hat er die Perversion nicht nötig. Tünnes ist derb, drastisch-direkt, auch vulgär, doch zum Obszönen fehlt ihm die Berechnung, die Doppelbödigkeit. Er bewahrt sich ein kindliches Gemüt und weitgehend auch kindliche Moral. Dieser ist das Obszöne fremd. Wenn Kinder ihre »Doktorspiele« probieren, dann ist das nur in Erwachsenen-Augen anstößig. Darauf zielt die kindliche Absicht aber nicht ab. Zur »Sauerei« gehört die Doppelzüngigkeit, die Berechnung und auch so etwas wie doppelte Moral — das ist nicht Tünnes' Metier.

»PFUI, BAH, BAH«

Auf den ersten Blick ist der Unterschied zwischen manchen Witzen und gewerblichen Obszönitäten nicht groß. Herausgenommen aus dem Sitzungsmilieu wirken Witze wie die folgenden durchaus peinlich:

»Herr Doktor, ich habe Durchfall.« »So? Wann haben Sie das denn erstmals bemerkt?« »Als ich vom Fahrrad stieg und die Hosenklammern abmachte!«

»Du, ich habe Zucker.« »Woran merkst Du das denn?« »Ich habe immer so weiße Streifen in der Hose.« »Junge, Junge, ich glaube, dann habe ich Zimt!«

»Herr Doktor, ich habe jeden Morgen um sechs Uhr Verdauung.« »Na, das ist doch sehr schön.« »Ja, aber ich wache immer erst um sieben Uhr auf!«

Ein eiliger Besucher klopft an die Klotür, da schallt es vom WC: »Es geht alles vorüber, es geht alles vorbei!« Der vor der 00-Tür Wartende weist ihn empört zurecht: »Dann setz Dich doch richtig drop, Du Ferkel!«

Ob nun Hans Hachenberg (»Doof Nuß«), Kurt Lauterbach (»Ein schöner Mann vom Lande«) oder Pit Torsten (»Ne Drüje«) aus der Generation der Älteren, Gert Rück (»Ne Weltenbummler«) oder Michael Hoch (»Ne Weinselige«) aus der Riege der Jüngeren, ob Franz Unrein (»Schütze Bumm«) als Einzelredner oder Hans Kallrath und Theo Lucht (»Dotz un Dötzchen«) im Zweiergespann — alle Generationen von Büttenrednern flechten derartige Pointen immer wieder ins Programm. Schon in den besten Zeiten des Seniors unter den Rednern, Karl Schmitz-Grön, saß in der Sitzungskapelle ein Posaunist auf der Lauer, um eine bestimmte Pointe mit einem abwärtsgezogenen Glissandoton so zu untermalen, daß auch der letzte hören konnte, daß hier von Blähungen die Rede war. Alle diese Büttenredner sind trotzdem über jeden Verdacht erhaben, zu den

Zotenrednern zu gehören. Ihre Reden dokumentieren aber, daß im Karneval Menschliches und Allzumenschliches aufgegriffen wird, von dem es von kleinauf heißt, es sei »pfui, bah, bah!« Solche Witze, über die sich ein feines Publikum amüsiert, wenn sie mit der Unschuldsmiene des Tünnes vorgetragen werden, würden im Alltag nicht gut ankommen. In Fastelovendssitzungen werden sie dagegen geradezu erwartet.

Anspielungen auf die Ausscheidungsfunktionen — Mediziner und Psychologen sprechen hier vom »Analbereich« — regen das Narrengemüt offensichtlich besonders an. Ob befreiendes Lachen, Miteinstimmen oder auch Entrüstung — die Gründe für solche Reaktionen sind nicht im Karnevalssaal zu finden, sondern in lang zurückliegenden Kinderjahren.

Auf wohl keinem anderen Gebiet haben Erwachsene ein so großes Interesse daran, daß ihr Kind bald ein höheres Entwicklungsstadium erreicht, wie auf dem Gebiet der Sauberkeitserziehung. Daß es früh »trocken« und »sauber« ist und sich entsprechend ausdrückt, ist vielen Eltern wichtig. Obwohl dieser Schritt erst gegen Ende des dritten Lebensjahres als abgeschlossen zu gelten braucht, bemühen sich viele darum, diesen »Erfolg« schon bei Ein- und Zweijährigen zu erreichen. Auf die Kindheit der Generation, die heute die karnevalistischen Funktionsträger stellt, trifft das noch sehr uneingeschränkt zu.

Spätestens seit Sigmund Freud aber weiß die Wissenschaft, daß der frühe Erziehungseinfluß nicht nur fördert. Er schafft auch Probleme, gar Schäden, wenn er zu drängend, zu forciert betrieben wird. Entwicklungen verlaufen im allgemeinen wie die Echternacher Springprozession: zwei Schritte vor, einer zurück. Wer hier keine Geduld aufbringt oder sich vom Scheinerfolg des »zwei-vor« bluffen läßt, verschafft dem Kind keine sichere Entwicklungsplattform. Es braucht aber ein gewisses Verweilen auf einer Entwicklungsstufe, bevor sich das Interesse nach Fortschritt wieder meldet. Ein »Zufrüh« beim Aufbruch kann zu einem unbewußten »Lebenslänglich« führen. Auf allen möglichen Umwegen hängen Menschen dann ihren unausgelebten Entwicklungsstadien nach.

Sie suchen dann beispielsweise in der Freizeit nach dem großen Abenteuer, geben viel Geld für »Überlebenstraining« aus und spielen im Urlaub mit schaurig-schönem Kribbeln im Bauch noch einmal Pfadfinder. Ebenso folgerichtig ist es, wenn es in der bürgerlich-katholisch geprägten Karnevalshochburg Köln von Anspielungen auf Ausscheidungs- und Sexualfunktionen (entwicklungspsychologisch stehen sie im Zusammenhang) nur so wimmelt.

Im Karneval wimmelt es von Anspielungen auf die Ausscheidungs-Funktionen

Daß diese Zusammenhänge existieren, möchten manche nicht wahrhaben. Sie wollen den Karneval vor dem Vorwurf schützen, er habe es mit Schmutzigem und Unanständigem zu tun. Deswegen leugnen sie gelegentliche Berührungen. Dabei macht es doch gerade einen Teil der einzigartigen Stärke des Karnevals aus, daß hier befreiend angesprochen wird, was manchen heimlich auf der Seele drückt. In der einfältigen Sprache des Tünnes darf manches Allzumenschliche nämlich so direkt gesagt werden, wie es der Wahrheit entspricht.

Mit der Annahme anderer Erscheinungen aus dem Kleinkindbereich tun sich die Narren nicht so schwer. Wenn schlafen zu »heia machen«, spazieren zu »teita gehen« und Essen zu »ham, ham machen« wird, dann übernehmen die närrischen Erwachsenen solche lautmalerischen Wortschöpfungen gern für sich; beispielsweise in Liedern mit Zeilen wie *»Woröm solle mer als en de Heia gon?«* (Willi Ostermann), *». . . tatateita durch die Stadt . . .«* (Bläck Fööss), *»He wor ens lecker müffele . . .«* (Toni Steingass).

Anderes tat eigentlich auch nicht das »Kackleed« der Bläck Fööss, mit dem sie in der Session 1985/86 auftraten. Dennoch traf es den Nerv der karnevalsoffiziellen Zerrissenheit. Ausgiebig wurde gestritten, wieweit das Privileg der Kinder, die Dinge unverblümt beim Namen zu nennen, auch für die erwachsenen Jecken gelten darf, die mit den Bläck Fööss sangen:

»Loss m'r ens e Leedche vum Kacke singe
kacke es e herrlich Dinge
kacke es en jroße Nut
denn wenn de nit mieh kacke kanns
dann bes de dut

Kacke müsse och de Nonne
Buure kacken en de Tonne
die Knächte un die Mägde
die kacken en d'r Stall
Kinder dat sin Pute, die kacken üverall

Op nem Scheff deit mer en et Wasser drieße
beim Spaziergang kackste en de Wiese
wä he bei uns em Städtche wunnt
dä kack en d'r Kanal
un wä et richtich ielich hät
dä kack he en d'r Saal

Wä vill friss muß och vill kacke
wä nit oppass kack sich op de Hacke
wä jähn decke Öllich iss
dä kack met vill Jestank
un wä de ›flöcke Otto‹ hät
kack sich die Beincher lang.

Su künnte mir noch lang vum kacke singe
denn et es e herrlich Dinge
dröm rode mir üch all
dot drieße weich un rund
wä immer richtig kacke kann
dä bliev jesund.«

Das Lied der Bläck Fööss löste einen Sturm im Wasserglas aus. Dabei war es gar nicht mal ihre eigene Komposition. Der Rektor einer katholischen Schule hatte sie auf dieses alte Kölner Lied aufmerksam gemacht.

Dennoch wurden die Auseinandersetzungen um das Lied Gegenstand mehrerer Artikel in den Kölner Zeitungen, Meinungen dazu füllten die Leserbriefspalten, und im Rundfunk wurde mit einem Karnevalsfunktionär und einem Bläck Fööss-Mitglied darüber diskutiert.

Eine typische Reaktion, wie sie oft auch im Sitzungssaal zu beobachten war, spiegelt sich in folgendem Leserbrief wider: *»Mein anfängliches Naserümpfen beim Lesen des Lied-Titels wich bald einem belustigten Schmunzeln, gefolgt von dröhnendem, befreiendem Gelächter. Fazit: selten so herzhaft gelacht!*
Der Text, als kleine ›kölsche Kostbarkeit‹ sorgsam von mir aufgehoben, wird mich ganz sicher und augenblicklich aus gelegentlich aufkommenden trüben Gedanken herausheben können!«

Wie angemessen dieses Lied einem bestimmten kindlichen Entwicklungsstadium ist, das sich hier noch einmal in Erinnerung bringt, zeigt ein Brief, der die Bläck Fööss erreichte. Er kam von der Betreuerin einer Gruppe körperbehinderter Kinder vom Niederrhein, unter denen es einen neunjährigen Jungen gab, der Schwierigkeiten mit dem Stuhlgang hatte. Er ging nur zur Toilette, wenn die Betreuerin ihm davor lustige Gedichte aufsagte.

Die junge Frau schrieb den Bläck Fööss: *»Da plötzlich hatte ich eine geniale Idee: Ich sang ihm Euer ›Kackleed‹ vor. Es war wirklich die Idee — Jürgen war total begeistert. Er wollte nichts anderes mehr hören. Außerdem riß er sich jetzt darum, zur Toilette zu gehen —*

allerdings nur, wenn ich mitkam und ihm das ›Kackleed‹ sang. Ich weiß nicht, wieviel hundert Mal ich dieses Lied gesungen habe. Jürgens Hosen blieben jedenfalls von da an trocken und sauber. Nach ein paar Tagen hatte er sich daran gewöhnt, regelmäßig zur Toilette zu gehen, auch wenn ich mal keine Zeit hatte, ihm das ›Kackleed‹ zu singen. Euer Lied hat uns wirklich gerettet. Danke.«

Das war dann wohl so etwas wie »Spontanheilung« durch ein »schmutziges Lied«. Die Mundart, das Kindliche in Melodie und Text sowie der Vertrauensvorschuß für die Musikgruppe machten das Stück aber nicht nur vor den Türen von Klohäuschen, sondern auch in festlichen Sitzungssälen beliebt. Dennoch nahmen einige an dem Wort »Kacken« Anstoß, obwohl oft auf der gleichen Sitzung viel drastischere Ausrutscher in den Büttenreden ohne sonderliches Aufsehen über die Bühne gingen.

Das hängt damit zusammen, daß der Wortwitz des Redners geschützt ist durch die Flüchtigkeit des Augenblicks. Schon am Ende einer Rede kann kaum noch jemand sich an die Witze vom Anfang erinnern.

Da geht es dem Lied anders. Tonträger und Texthefte konservieren es, machen es überprüfbar, so daß es auch nach der unkritischen Stimmung des Augenblicks hervorgeholt werden kann. Das Lied muß den »unanständigen Ausdruck« daher besonders gut verpakken. Hätte Jupp Schmitz in einem seiner Lieder aus den siebziger Jahren vom »furzen« gesungen, wäre die Entrüstung groß gewesen. Die von ihm gebrauchte Kölner Redewendung »ein Schirmchen stehen lassen« meinte zwar das gleiche, gab aber niemand Anlaß zur Aufregung:

»Das ist doch nicht zu fassen!
Da hat doch einer, das war so'n Kleiner
ein Schirmchen stehen lassen,
nun steht es da, oha, aha!«

STRAPSE FÜR SCHÄL UND KÖLSCH FÜR TÜNNES

Tünnes und Schäl führen ein eigenartiges Sexualleben. In Witzen hat es oft den Anschein, als seien beide verheiratet und doch denkt sie sich jeder spontan als Junggesellen. Für ihre Typisierung scheint es wichtig zu sein, daß sie unverheiratete Freunde sind wie »Dick und Doof«, »Pat und Patachon« oder »Asterix und Obelix«. Sie sind sexuell keineswegs ahnungslos, wie manche ihrer Bemerkungen beweisen. Auch schauen sie gern den Mädchen nach oder haben im angetrunkenen Zustand Angst um die Reaktion ihrer Frauen, aber in einer dauerhaften Beziehung zu einer Frau sind sie dem Publikum nicht vorstellbar. Ihre Männerfreundschaft ist geprägt von der Wechselseitigkeit unverbrüchlicher Treue und ständiger Reibereien. So ist es auch Brauch in den sogenannten Junggesellenvereinen, wie sie etwa in der Eifel häufiger anzufinden sind. In ihnen pflegen die jungen Männer das Stadium vor der späteren Paarbeziehung beson-

In Männerkameradschaften beschäftigt man sich gerne auf eigene Weise mit dem Weiblichen

ders zu ritualisieren. Das Werben um Mädchen und das Darüberreden, wie's gemacht wird, spielt dabei zwar eine große Rolle, aber die eigentliche Sexualität wird noch nicht ausgelebt. Statt dessen streben die Aktivitäten tatkräftig ins Geselligkeitsleben und in die Feste des Brauchtums, so etwa bei den Maifeiern. Gegenseitig versichert man sich, daß man doch eigentlich noch eine Gruppe großer Jungen sei, und entsprechend wird nachgelebt, was im Pfadfinderalter vielleicht etwas zu kurz geriet. Eine feste Partnerbeziehung bedeutet zugleich den Verlust dieser Jungengruppe. Folglich werden Abschiedszeremonien bei einem »Abtrünnigen« im Junggesellenverein am Polterabend auch besonders deftig vollzogen.

Solche Jung-Männerfreundschaften bieten auch einen gewissen Schutz davor, die Abhängigkeit vom Elternhaus gegen die einer frühen Ehe umzutauschen. Die Phasen einer rein gleichgeschlechtlichen Freundschaft sind wichtig. So ist das etwa im Alter der Vor-Pubertät, in dem die Jungen unter sich bleiben wollen und dabei zwar über Mädchen reden, sie aber eigentlich doch »doof« finden.

Auch auf Karnevalssitzungen begeben sich die Männer gerne noch einmal in die Betrachtungsweise dieses Alters, wenn sie die Ehefrauen in Büttenreden bevorzugt als »Drachen« schildern. Selten bleibt der versöhnliche Hinweis aus, daß man ohne die Frauen letztlich doch nicht sein möchte, aber zunächst einmal werden kübelweise die Beschwerden über sie ausgeschüttet. Redner wie Karl Schmitz-Grön und Heri Blum als »Ne ärme Deuvel« erreichen in der Type des geplagten Ehemannes stets die Solidaritätsbekundung der Geschlechtsgenossen. Der berühmt gewordene Ausruf »Männer von Köln!«, mit dem die inzwischen eingestellte traditionelle erste Herrensitzung des Jahres bei den »Lyskircher Junge« eingeleitet wurde, appellierte an nichts anderes als an diese Solidargemeinschaft unter Männern, bei der die Frauen — wie einst bei den Jungen — nur stören. Je übler das andere Geschlecht wegkommt, desto eher legitimiert sich die Männerzusammenkunft. Es gibt Präsidenten, die veranlassen zu Beginn einer Herrensitzung eine Gedenkminute, bei der die Männer stehend derer in Mitleid gedenken, die von ihren Frauen nicht zur Sitzung hinausgelassen wurden.

Auf dieser vorpubertären Entwicklungsebene ist die Sexualität im Kölner Karneval anzusiedeln. Was nichts anderes bedeutet, als daß diesbezügliche Absichten im Fastelovend noch eher kindlich und a-sexuell sind. Weil aber dennoch — eben wie bei den Jungen — viel darüber geredet wird, verkennen das diejenigen Erwachsenen, denen nur die Oberfläche des Karnevals zugänglich ist. Ihnen geraten die Wortspiele um sexuelle Themen zur Ermunterung, es an den

»Du darfst mich lieben für drei tolle Tage«

tollen Tagen danach zu treiben. Für sie wird der Karnevalsschlager zum Motto: »Du darfst mich lieben für drei tolle Tage.«

Die ursprünglich naive Absicht im Karneval wird dabei entweder verkannt oder als Deckmantel mißbraucht. Das nimmt nicht Wunder und muß wohl in Kauf genommen werden bei einem Volksfest, in dem die Gemütsnerven so ungewöhnlich freigelegt werden.

Bilder leichtbekleideter Menschen aus anderen Karnevalshochburgen der Welt führen sehr sinnfällig vor Augen, daß man sich dort in der Vorfastenzeit nicht nur vom Fleisch im Bratentopf lossagt. Der Kölner Karneval nimmt sich dagegen in sexueller Hinsicht ausgesprochen bieder aus. Für diese vorpubertäre sexuelle Naivität gibt es keinen größeren Garanten als den Tünnes. Er ist auf diesem Gebiet zwar nicht ahnungslos — aber es ist nicht sein Thema.

Doch da ist ja noch der Schäl. Auf einem Wagen im Kölner Rosenmontagszug 1987 war die Rollenzuweisung eindeutig: Tünnes und Schäl saßen dort als Großfiguren Rücken an Rücken, und jeder frönte seiner Leidenschaft. Tünnes umarmte ein Faß Kölsch, Schäl dagegen eine üppige Brünette. Motto des Wagens: »Jede Jeck dräump anders«. Das ist beispielhaft: Trotz wilder Phantasien und

»E lecker Kölsch für Tünnes, e lekker Mädche für Schäl«, Wagen im Rosenmontagszug 1987

trotz der Beziehungsdramen, die es immer wieder gibt, bevorzugt der kölsche Tünnes zu Fastelovend eher ein »lecker Kölsch« als ein »lecker Mädchen«. Was nicht heißen soll, er habe für das Mädchen nicht ein Auge. Doch daß er mit ihm »etwas hat« im Sinne sexuellen Auslebens, das ist bei ihm nicht üblich.

Schäl geht da weiter, wie er das nicht nur auf jenem Rosenmontagswagen zeigt. In der Männerwelt des Karnevals kommt es — wie anderswo — natürlich immer wieder vor, daß diese Sexualität ausgelebt wird. Das betrifft nicht nur den »Fehltritt« des einzelnen an den tollen Tagen, sondern auch das Verhalten ganzer Gruppen beim Vereinsleben. Es hat schon »Herrenfahrten« gegeben, die auf St. Pauli endeten, oder Karnevalsobere, die mit einer mehrspännigen Kutsche in einer heute nicht mehr existierenden Kölner Bordellstraße vorfuhren. Einmal wurde sogar ein Transvestit für eine Herrensitzung engagiert, der sich in aller Öffentlichkeit von den Versammelten anfassen ließ. Der Auftritt brachte den Veranstaltern denn auch prompt den Rauswurf aus dem Festkomitee ein.

Ähnliche Entgleisungen schienen sich anzukündigen, als Schäl die brauchtumsbewußten Besucher des Hänneschen-Theaters schockierte, indem er grell geschminkt und mit Strapsen als Transvestit auftrat. Spielleiter Gérard Schmidt hatte Elemente der »Rocky

Horror Picture Show« nach Knollendorf geholt. Schäl persiflierte dabei die Leitfigur des Film-Transvestiten.

Was hier als Schock wirkte, ist bei näherem Hinsehen psychologisch durchaus folgerichtig. Schäl wagt schon mal den Schritt in die Schlüpfrigkeit. Er probiert handelnd aus, worüber Tünnes höchstens im Witz mit sich reden läßt. Und dennoch bleibt alles letztlich auf der Ebene kindlicher Sexualvorstellungen. Daß ein spielerisches Ausprobieren natürlicherweise dazugehört, ist kein Widerspruch. Zur sexuellen Entwicklung der Jungen gehören nämlich auch Phantasien, in denen sie sich vorstellen, wie es denn wäre, ein Mädchen zu sein. Das geschieht in einem Alter vor der Pubertät, in dem Jungen schon mal heimlich Mutters Kleider anziehen oder sich den Büstenhalter der älteren Schwester vorhalten. Spielerischer Umgang damit

Spielerisch-jecker Umgang mit der anderen Geschlechtsrolle

gehört zu der Entwicklung, die zu dem führen soll, was dann »Geschlechts-Identität« genannt wird.

Solche Spiele laufen heimlich ab, und es wäre peinlich, dabei erwischt zu werden. Viel peinlicher ist es aber den Männern, noch als Erwachsener in diesen Rollen zu stecken. Das ist so peinlich, daß die Männergemeinschaften diese Vorstellungen mit Witzen stets neu hervorholen, um im Lachen darüber zu bezeugen, daß sie selber selbstverständlich überhaupt nicht dazu gehören. Homosexuelle, Transvestiten und jedes von der Norm abweichende Sexualverhalten kommen reichlich zur Sprache, wenn der Literat den Redner vor der Tür gebeten hat, noch etwas Pfeffer in seine Rede zu tun. Dazu bedarf es nicht immer des Wortwitzes. Da braucht jemand nur als »Heinz-Detlef« über die Bühne zu tänzeln und mit hoher Stimme zu sprechen: Schon johlt der Saal, und der erwünschte Effekt eines »Schäls in Strapsen« ist eingetreten.

Aber selbst diese eindeutigen Zweideutigkeiten geben nicht den Beweis her für die Behauptung, der Kölner Karneval sei obszön, schlüpfrig oder gar nur Vorwand für sexuelle Aktivitäten. Auch hier ergibt die entwicklungspsychologische Einordnung nur kindlich-naives Verhalten.

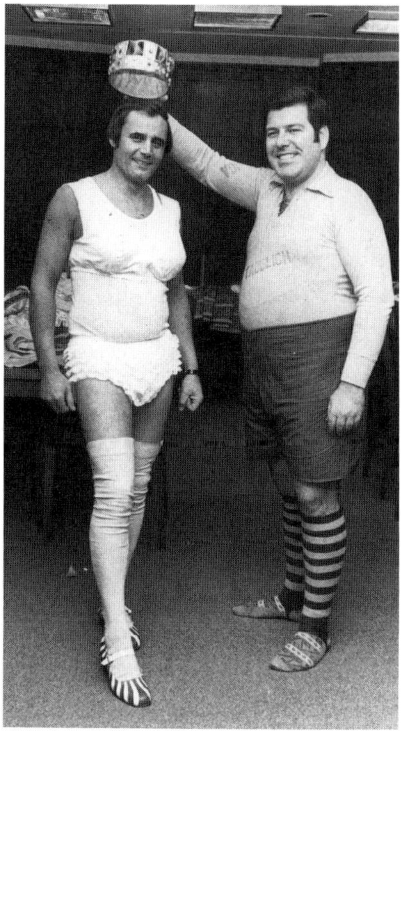

Männer in Frauenkleidern gibt es auf allen karnevalistischen Rangstufen

Wäre es keine historische Rolle — die Jungfrau wäre der prominenteste Kölner Transvestit. Mit der nötigen Portion Selbstironie ist Hans Kirsch als Mitglied im Dreigestirn von 1977 bei der Kleideranprobe

Tünnes und Schäl zeigen Ausdrucksmöglichkeiten eines spielerisch-erprobenden Umgangs mit solchen Daseinsfragen auf und können deshalb wertvolle Weggefährten bei der Orientierung sein. Eine ähnliche Wirkung hat erstaunlicherweise der Aufzug eines Funkenmariechens im Gefolge von hundert Männern. »Die wollen sich daran doch nur aufgeilen«, kommt manchem Kritiker beim Anblick des weißen Spitzenhöschens über die Lippen. Natürlich löst ein kokett lächelndes Mädchen in Spagatstellung Reaktionen bei Männern aus. Aber das kann dem Mann im Kaufhaus oder am Urlaubsstrand im Prinzip genauso widerfahren. Entscheidend ist das, was passiert, nämlich nichts. An das Tanzmariechen kommt nichts dran.

Die Reize eines Mariechens bewirken eine Art Probe in der Männerwelt, wie mit entfachten Triebregungen umgegangen werden kann — nämlich durchaus auch beherrscht. Das Mariechen signalisiert zugleich noch etwas anderes. Es trägt die gleiche Uniform wie

Damentanzriegen mit knappen Kostümen werden mit Vorliebe aus dem ländlichen Umland importiert

Die Rolle eines Mariechens . . .

die Männer, zwar weiblich und kokett zugeschnitten, aber doch als Zeichen gleicher Familienzugehörigkeit. Schlüpfrigkeit aber hat unter Familienmitgliedern nichts zu suchen.

Anders sieht es bei den Auftritten mancher Damentanzriegen aus, die mit Vorliebe aus dem ländlichen Umland in Kölner Säle importiert werden. In den mit Nachtclub-Flitter bestickten Trikots

. . . hat nichts mit der einer Revuetänzerin gemein

stecken nicht immer die begnadetsten Tänzerinnen. Jedoch erzielt die Knappheit der Kostüme eine aufreizende Wirkung, selbst wenn sich die Mädchen bedeckt halten. Im Vergleich zu den Mariechen fehlt hier die Einbettung in übergreifende Familienbande, die ansonsten durch die Uniform dokumentiert wird.

Über das, was dem Karneval in dieser Hinsicht zugemutet wird, wachen im übrigen sittenstrenge Autoritäten. Ferdi Leisten, der Ehrenpräsident des Festkomitees, verließ einmal eine Sitzung der Ehrengarde mit dem Ruf: »Das gehört nicht in den Kölner Karneval.« Aufgetreten war eine brasilianische Tanzgruppe, und bis zuletzt blieb umstritten, ob sich die Tänzerinnen nun wirklich »oben ohne« gezeigt hatten oder nicht.

Die Rolle eines Kölner Tanzmariechens hat dagegen mit einer Revue- oder Bartänzerin nichts gemein. Auch hier liegen die sexuell stimulierenden Liebreize auf eher kindlicher Absichtsebene, vergleichbar etwa der ewig-jungen Liebes-Freundschaft zwischen Hänneschen und Bärbelchen im Stockpuppentheater. Direktheiten und Saftigkeiten bei sexuellen Anspielungen kann sich der Kölner Karneval erlauben, weil er um diese biederen Absichten weiß. Daß Absicht und Wirkung auch zweierlei sein können, ist dabei nicht immer zu leugnen. Im Grunde aber weiß man sich in der großen Jekkenfamilie eher auf geschwisterlicher Ebene verbunden.

Da kann das Kölschfaß eben doch mal interessanter sein als das Mädchen, ähnlich wie bei einem Schulkind der Technikbaukasten dem großen Schwarm den Rang noch einmal abläuft. Wo das Herz dann doch tiefer getroffen wurde, bleibt die Sexualität auf der Ebene jenes Jungen, der das »Meiers Kättchen« liebt. Gönnen wir dem kleinen Tünnes das Vergnügen, dem Nachbar-Mädchen verliebt nachzuschauen, wenn es »me'm Rädche« vorbeifährt.

»Mitten wir im Leben sind, mit dem Tod umfangen« — Szene am Rande des Kölner Rosenmontagszuges

Natürlich gibt es auch traurige Kapitel im Kölner Karneval. Dies ist keins von ihnen — auch wenn es danach klingt.

Vielleicht finden Sie es sogar zum Lachen. Das wäre nicht verwunderlich. Es wurde ja bereits festgestellt, daß in der Welt der Gefühle das Lachen und das Weinen ganz nahe beieinander wohnen.

Allerdings wollen das die meisten Menschen nicht wahr haben. Ihnen ist nur die eine Seite des Gegensatzpaares sympathisch. Die andere, die traurige, wird möglichst umgangen.

Gedanken an den Tod werden im Alltag verdrängt. Oder man delegiert sie an Spezialisten, die in abgeschirmten Einrichtungen, in Kirchen und Kliniken, diskret das Unaussprechliche besorgen.

Dabei gehören Trauer und Verlustgefühle nicht nur zu den heftigsten Gefühlsanregungen des Menschen. Sie sind auch unverzichtbar im Seelenhaushalt.

Es braucht nicht mehr als den Mut eines Narren, sich auf diese Gefühle einzulassen. Die Kölner Jecken tun das immer wieder und zwar so intensiv, daß auf einer kölschen Sitzung häufiger von Tod und Teufel die Rede ist als im »Wort zum Sonntag«.

In diesem Sinne ist unser Tünnes sogar ein würdiger Nachfahre des mittelalterlichen Narren, wie wir gleich sehen werden. Wir scheuen uns deshalb auch nicht, die Begriffe Narr, Jeck und Karnevalist fast gleichwertig nebeneinander zu benutzen — so wie es die Betroffenen in Köln ganz selbstverständlich tun.

EIN SCHUNKELLIED ZUM TOTENSONNTAG

»Es ist alles eitel«, beklagte schon der Barockdichter Andreas Gryphius (1616 — 1664) die Vergänglichkeit der Welt, und unter dieser Überschrift fanden sich Zeilen wie:

»Der hohen Taten Ruhm muß wie ein Traum vergehn,
soll denn das Spiel der Zeit, der leichte Mensch bestehn?
Ach, was ist alles dies, was wir für köstlich achten,
als schlechte Nichtigkeit, als Schatten, Staub und Wind,
als eine Wiesenblum, die man nicht wiederfind't!
Noch will, was ewig ist, kein einig Mensch betrachten!«

Gryphius lebte in einer Zeit, als der Krieg für den Menschen alltäglich war. Wie seine Zeitgenossen während des Dreißigjährigen Krieges hat er sich viele Gedanken über Leben und Tod und ihr Verhältnis zueinander gemacht.
Das Thema wurde aber auch von anderen Autoren oft variiert.

»Kurz ist oft das Menschenleben,
uns wird's auch so geh'n,
daß wir plötzlich noch im Streben,
schon vor'm Petrus steh'n«,

heißt es bei einem. Ein anderer mahnt: »Keiner nimmt was mit von dieser Welt«, und ein dritter faßt seine Vorstellung in diese mundartlichen Verse:

»Su wie mer he zosamme sin,
ess jeder sich em klore,
mer existeere all nit mih,
bestemp en hundert Johre.«

Die trüb- und tiefsinnigen Autoren dieser Verse sind allerdings keine Barockdichter sondern die Komponisten Karl Berbuer (»Ja, das sind Sächelchen«), Jupp Schlösser (»Keiner nimmt was mit von dieser Welt«) und Willi Ostermann (»Woröm solle mer als en de Heija gon«); die Verse, die so gut zur Allerheiligen- und Totensonntagsstimmung zu passen scheinen, entstammen bekannten Karnevalsschlagern. Bezeichnenderweise ist auch eines der beliebtesten Karnevalslieder im Grunde eine tieftraurige Ballade. Aber wer kennt schon noch den Originaltext des »Treuen Husaren«? Hier ist er:

»Es war einmal ein treuer Husar,
Der liebt sein Mädchen ein ganzes Jahr,
Ein ganzes Jahr, und noch viel mehr;
Die Liebe nahm kein Ende mehr.

Als der Husar in Welschland war,
Feinsliebchen wards gar wunderbar,
Es wurde krank bis auf den Tod,
Drei Tage drauf sprach es kein Wort.

Als der Husar die Botschaft kriegt,
Daß sein Feinsliebchen am Sterben liegt,
Verließ er gleich sein Hab und Gut,
Zu sehen, was Feinsliebchen tut.

Und als er zu Feinsliebchen kam,
Ganz leise gab sie ihm die Hand.
Die ganze Hand, und noch viel mehr,
Die Lieb', die nahm kein Ende mehr.

Er nahm sein Liebchen in den Arm,
Da war sie kalt und nicht mehr warm.
›Ach Mutter, bring mir schnell ein Licht,
Mein Liebchen stirbt, ich seh es nicht!‹

Wo kriegen wir die Träger her?
Sechs Bauernburschen sind zu schwer.
Sechs rote Husaren müssen's sein.
Die tragen sein Feinsliebchen heim.

Nun hab ich gehabt zu große Freud,
Jetzt muß ich tragen ein schwarzes Kleid,
Ein schwarzes Kleid, 'nen schwarzen Hut,
Da kann man sehen, was Liebe tut!«

»Nun hab ich gehabt zu große Freud ...« Solche Zeilen könnten auch heute noch — wenn sie denn schon nicht aus dem Barock stammen — über einem Friedhofstor stehen oder einen Grabstein schmücken. Die Texte mancher Karnevalslieder klingen gar wie Psalmen, wenn in nahezu biblischer Sprache von Endzeitlichkeit und Weltuntergang, von Tod und Teufel die Rede ist:

»Wenn d'r Düvel ob Stelze kütt,
wenn de Welt selvs ungergeiht
ganz schlemm,
mein Gott, wat gevve mer doröm«

(Karl Berbuer: »Dann gon mer nohm Königsfors«)

Manche Texte scheinen für keinen anderen Zweck gedacht zu sein, als an Allerheiligen, Totensonntag oder Volkstrauertag gesungen oder von der Kanzel verlesen zu werden.

Insofern ist es gar nicht unpassend, wenn die Jecken ausgerechnet am 11. 11., mitten im Trauermonat November, ihre Session beginnen. Denn auch in der Narrenwelt hat die Mahnung »Mensch, bedenke, daß Du sterben mußt« (»Memento mori«) einen Platz. Und es ist kein Widerspruch, wenn die Endzeitstimmung plötzlich im Schunkel- und Mitklatschrhythmus einherkommt. Ein gutes Karnevalslied trifft nämlich oft aus dem Unbewußten heraus den wahren Kern.

Tatsächlich passen »Memento mori« und »Kölle Alaaf« ganz gut zusammen. Die Verbindungen zwischen den Narren und den Toten sind nämlich noch vielfältiger, als sie in manchen Liedern ohnehin schon zum Ausdruck kommen.

DES TÜNNES' AHNHERR IST DER NARR

Die Mahnung vor der Vergänglichkeit alles Irdischen verfolgte den Menschen des Mittelalters durch sein ganzes Leben. »Vanitas mundi«, die Vergänglichkeit der Welt, wurde ihm von der Geistlichkeit immer wieder in Wort, Bild und Schrift mahnend vor Augen geführt.

Dieser Vanitasgedanke ist eine der tiefsten Quellen des Narrentums. Ob sich später daraus Fastnacht, Fasnet, Fasching oder Karneval entwickelte – der Tod im Narrengewand verbindet die jecken Ableger allesamt historisch. Den Christen war die Bedeutungsähnlichkeit von Tod und Narr geläufig, und spätmittelalterliche Bildersymbolik benutzte sie gar als Bedeutungseinheit. Mal erschien der Tod im Narrengewand, mal verkörperte der Narr den Sensenmann. Immer standen sie da als mahnendes Sinnbild für irdische Vergänglichkeit, für das Sterben als Folge menschlicher Torheit und Sündhaftigkeit. »Mitten wir im Leben sind, mit dem Tod umfangen«, formulierte es Martin Luther 1524. Aus nackter Seelennot sah sich der

Narrenfigur auf einer Handstütze des Chorgestühls im Kölner Dom, um 1320

Mensch gezwungen, sein Ende vorzubereiten, denn der unvorbereitete Tod galt als unsagbares Schrecknis. Wer nicht auf Erden für sein Seelenheil vorgesorgt hatte, den sollte im Jenseits noch viel Furchtbareres als der Tod treffen: die Hölle. Ablaßkauf, Selbstgeißelung und die immer wieder quälende Frage »Wie finde ich einen gnädigen Gott?« (Luther) sind aus diesem Klima der Angst heraus zu erklären.

Ein Narr war nach dem damaligen Verständnis jemand, der mit alledem nichts zu tun haben will. In den Gleichnissen Jesu ist derjenige ein Narr oder Tor, der den Gedanken an den Tod verdrängt. Er hat eine mahnende Funktion als abschreckendes Beispiel.

Die Narrheit läßt ihn wie ein Kind über das Hier und Jetzt nicht hinausdenken. »Den Kindern klein, gleich ich allein«, bekennt der Narr naiv in einer Kupferstichdarstellung des 17. Jahrhunderts. Auf einer sogenannten Ständetreppe, die sich über dem Knochenmann erhebt, stehen er und das Kind sich auf den untersten Stufen gegenüber. Das zeigt seine Rangstufe auf dieser Wertskala menschlicher Existenz.

Eine sogenannte Ständetreppe des 17. Jahrhunderts zeigt auf den untersten Stufen die Gegenüberstellung von Narr und Kind (Kupferstich von Gerhard Altenbach)

Der theologisch-historische Schlüssel zu solcherart mahnendem Narrenverständnis liegt im 52. Psalm: »Der Narr spricht in seinem Herzen: ›Es gibt keinen Gott‹ (»non est deus«). Der Narr als Gottesleugner — das ist der nur dem Irdischen verhaftete Mensch. Er hängt am schönen Schein dieser Welt bis zuletzt und verspielt so sein Seelenheil, »denn dieser Welt Weisheit ist Torheit bei Gott« (Paulus im 1. Korintherbrief 3, 18).

Der Narr führt mit pädagogischer Eindringlichkeit vor, wie man es nicht machen soll. In dieser didaktischen Absicht rückt er in die Nähe anderer christlicher Lehrfiguren. So durfte er dann auch verblüffend oft und deutlich in sakrale Räume einziehen.

Die vordergründig befremdlich erscheinende Darstellung von Narrenfiguren, etwa im Chorgestühl des Kölner Doms oder der Kirche St. Gereon, erhält hier ihren Deutungsgehalt: Narrheit wird demonstriert, damit der Mensch sie erkenne und als Christ überwinde. Das bedeutendste moralisch-satirische Werk im Übergang vom Mittelalter zum Humanismus konnte von seinem Autor Sebastian Brant denn auch nicht trefflicher betitelt werden als »Das Narrenschiff« (1494).

In der Rolle als Mahner zu christlichem Lebenswandel, als Entlarver unserer Vergänglichkeit, rückte der Narr an die Seite des Sensenmanns. Beider Symbolgehalt wurde zeitweise so gleich, daß sie

Der Narr und das Mädchen, Radierung 1540

Der Tod und das Mädchen, Kupferstich 1541. Beide Werke von Hans Sebald Beham

austauschbar waren. Zwei Stiche von Hans Sebald Beham (1540, 1541) zeigen das gleiche Motiv: Ein Narr nähert sich im Garten einem Mädchen; auf dem zweiten Bild läßt er die Maske fallen und zeigt unter der Schellenkappe den Totenschädel.

Von jenem mit Narrheit behafteten Jenseitsleugner führen Verbindungen bis ins 20. Jahrhundert. Da ist das ewig junge Kasperle, das den Tod mit der Pritsche zerschlägt und vermeintlich überwindet. Oder da ist eben das Karnevalslied, das trotzig ausposaunt: »Wenn d'r Düvel ob Stelze kütt ... mein Gott, wat gevve mer doröm!«

Mit kindlicher Allmachtsphantasie überwindet das Kasperle den Tod

In der Art, wie er mit dem Tod umgeht, ist auch Tünnes ein würdiger Nachfahre seines mittelalterlichen Ahnherren, des Narren. Ein Witz wie dieser zeigt es: *Tünnes liegt nach einem schweren Verkehrsunfall auf der Straße. Mühsam röchelt er dem Notarzt entgegen: »Här Doktor, mir es esu schläch; ich jläuv, ich muß sterve.« Der Arzt ernst: »Tünnes, wenn du sterben mußt, dann bin ich nicht zuständig; da muß mein Kollege von der anderen Fakultät heran.« So kommt der Geistliche. Tünnes: »Här Pastur, mir es esu schläch; ich jläuv, ich muß sterve.« Der Pastor: »Ja Tünnes, wenn dat su es, dann will ich dir gleich die Letzte Ölung jevve.« Da wird der Tünnes hellwach, richtet sich jäh auf und ruft entsetzt: »Här Pastur, in dem Zustand doch nix Fettiges!«*

Professor Heinrich Lützeler, der den Witz in seinem Buch »Rheinischer Humor« erzählt, interpretiert hier die Kraft des Tünnesgemüts so: *»Sprachlich vollzieht sich die Entwicklung in drei Stufen: der Arzt redet korrektes Deutsch; der Pfarrer schlägt durch Familienkölsch eine Brücke zum Unterbewußtsein des Tünnes, zu seiner sogenannten Tiefenperson; und seine Tiefenperson reagiert kölsch und gewinnt auf diese Weise rasch wieder Anschluß an die Wirklichkeit.«*

Wie sein Ahnherr, der Narr, lenkt Tünnes selbst im Lachen das Augenmerk auf den Tod als unvermeindlichen Schlußakt des menschlichen Lebens. Auch er weist auf die Religion als Seelenhelfer in höchster Not hin, doch hebt er dabei nicht verklärt ab, sondern bleibt auf dem Boden des Menschenmöglichen: »Nur nix överdrieve«.

Narrheit wird gezeigt, damit der Mensch sie überwinde, Jeckenkopf im Chorgestühl von St. Gereon

Drastische Moraltheologie in Sebastian Brants »Narrenschiff«: »Schon steh ich an der Grube dicht . . .«

Im Vergleich zu mittelalterlichen Vorbildern ist diese Verquikkung von Jeckerei, Kirche und Tod noch eine harmlose Variante. In Sebastian Brants »Narrenschiff« findet man beispielsweise einen textverdeutlichenden Holzschnitt mit den Versen unterschrieben:

»Schon steh ich an der Grube dicht,
Im Arsch das Schindermesser sticht,
Doch — meine Narrheit laß ich nicht!«

Auch »der Clown handelt so, als ob es den Tod nicht gäbe. Nur darum kann er immer wieder sein Glück versuchen«, schrieb der Essayist Fritz Usinger 1973 in der »vierteljahresschrift für die freunde der stadt köln« anläßlich des 150-jährigen Bestehens des reformierten Karnevals. Nach dieser Clown-Philosophie lebt Tünnes. Willi Ostermann war einer derjenigen Karnevalisten, die es verstanden haben, sie in Verse zu fassen. Heute beleben manche Liedtexte der »Bläck Fööss« diesen Geist. Er kommt nicht mehr so naiv, eher trotzig »rüber« und leugnet nicht die Bewußtseinsentwicklung durch die Jahrhunderte. Er klingt aber nicht minder lebensbejahend, wie es sich in ihrem Lied »Mir klääve am Lääve« zeigt:

» Un wenn irgendwer meint,
et wör alles am Äng,
Dann dot üch verschanze,
doch gläuvt uns, mer pflanze
noch hück e jung Bäumche met Woozele en.
Denn mir Kölsche mir klääve wie d'r Düvel am Lääve . . .«

Wer da zweifelt, ob denn solchen Liedern tatsächlich ein Hauch von Lebenshilfe entströmen kann, der lese im »Kölner Liederschatz« nach. Reinold Louis lüftet hier die Hintergründe um die Entstehungsgeschichte einer der beliebtesten Kölner Liederproduktionen, in der Horst Muys Fritz Webers Lied vom »Kölsche Jung« singt:

»Die Interpretation durch Horst Muys, die Art seines Vortrages, mehr gesprochen als gesungen, gab dem Lied eine ganz neue Dimension und Aussagekraft. Die Schallplatte wurde zum Renner und so manch einer wischte sich verstohlen die Tränen aus den Augen, wenn er sich die rührselige Geschichte über den Plattenspieler von Horst Muys ›erzählen‹ ließ. Was die Hörer und Freunde des Liedes nicht wissen, ist allen an der Produktion Beteiligten noch in trauriger Erinnerung. Denn einen Tag vor der vorgesehenen Aufnahme hatte sich im

familiären Lebensbereich des sich nach außen oft ›wüst‹ gebenden, im Inneren aber sehr sensiblen Interpreten ein Drama mit tödlichem Ende ereignet, welches Horst Muys aber nicht davon abhielt, seiner Studioverpflichtung nachzukommen. Zwar wurde ihm angeboten, bis zur Beerdigung seines Sohnes eine Pause einzulegen, doch Muys wollte nicht: ›Hier komme ich auf andere Gedanken!‹ Und Louis empfiehlt: *»Jetzt, da Sie die Begleitumstände der Aufnahme kennen, hören Sie sich noch einmal das Lied an. Sie werden dann feststellen, wie Horst Muys mit seinem Schicksalsschlag über die Darbietung dieses Liedes fertiggeworden ist.«*

DIE SÜNDHAFTE ELF

Die süddeutschen Fastnachtsforscher, und hier besonders der Rottweiler Kunsthistoriker und aktive Narr Werner Mezger sowie der Münchner Universitätsprofessor Dietz-Rüdiger Moser haben die theologischen und historischen Bedeutungszusammenhänge der Narrensymbole aufgearbeitet. In Bildern, Büchern und Ausstellungen trugen sie Erkenntnisse zusammen, die auch im Rheinland so manches scheinbar Selbstverständliche erst in das Licht sinnvoller Erklärungen führen.

Der Fastnachtsforscher Moser belegt in seinem Buch »Fastnacht — Fasching — Karneval« mit Texten und Bildern des 16. und 17. Jahrhunderts, warum die Jecken gerade die Elf zu ihrer Symbolzahl machten. Nach dieser Erklärung nutzt der gottesleugnerische Narr zur religiösen Umkehr nicht einmal die letzte Stunde, die Zeit ab 11.00 Uhr. Noch hätte er eine Stunde Gelegenheit, es dem Schächer am Kreuz nachzutun und seine Seele zu retten. Moser stellt die Symbolik der Elf als Zahl der Sünde heraus. Die Elf überschreitet die Zehn, sie sprengt das ordnende dekadische System und damit die Zehnerzahl der Gebote. Der Narr übertritt die Norm und lebt in seiner verkehrten Welt sinnenfreudig aus, was ein Christenmensch zu fürchten und zu unterdrücken hat. »Auf die Überschreitung des Sittengesetzes hinzuweisen und zugleich anzuzeigen, daß es Zeit sei umzukehren, sozusagen kurz vor zwölf«, das war Aufgabe der Elf. Naiv und torenhaft verbringt der Narr die letzte Stunde, als habe er endlos Zeit — so wie wir alle als Kinder auch mal dachten.

Eine moderne Variante solcher Vergänglichkeitssymbolik erzwangen in Köln die zerstörerischen Kriegsbomben: Wer in Kostüm oder Abendgarderobe die festlich-fröhliche Feier im gro-

Der Weg in »der Herren Ballhaus« führt an den benachbarten »Trauernden« vorbei: Blick von der Ruine St. Alban auf die Käthe-Kollwitz-Figuren. Im Hintergrund die Fenster des Gürzenich-Foyers

ßen Saal des Gürzenich verläßt, dessen Blick wird durch die hohen Fenster hinüber zu den Ruinen der 1943/45 ausgebrannten Kirche St. Alban gezwungen. In deren ehemaligem Innenraum stehen mahnend die Käthe-Kollwitz-Figuren »Trauernde Eltern«. Vilma Sturm, die Kölner Autorin, beschreibt diesen Kontrast als »schwindelerregend« und meint: »Augenfälliger wird wohl nirgends das Rheinische als hier, wo Bet-Raum und Tanz-Raum auf solche Weise ineinanderspielen.«

Somit schwingt der »Aschermittwoch des Lebens« selbst bei der Proklamation eines strahlenden Dreigestirns in »der Herren Ballhaus«, dem Kölner Gürzenich, mit. Und wenn das Publikum auf den Sitzungen den Aschermittwoch besingt, dann spricht es selbst die Pole unserer Erdenzugehörigkeit an. »Trinke die Freude, denn heut' ist heut'«, beginnt es, und es endet mit der Erkenntnis »Am Aschermittwoch ist alles vorbei«. Das Publikum besingt heute selbst, was im Mittelalter der Hofnarr zu verdeutlichen hatte: Alles Irdische ist vergänglich, »Memento mori«, Mensch kehre um. Der Prunk des Hofstaats demokratisierte sich inzwischen in der Prunksitzung für jedermann; die Narren blieben.

Vielleicht erklären solche geschichtlichen Entwicklungen, warum so oft das traurig-melancholische Lied den Trink- und Stimmungsliedern im Karneval den Rang abläuft und manchmal sogar zu einem Volkslied aufsteigt. Erlebte ein auswärtiger Zaungast nur jenen wehmütig gefärbten Ausschnitt einer Sitzung, wenn diese Lieder erklingen, dann könnte er ihn nicht als Teil einer heiteren Veranstaltung identifizieren.

Offensichtlich genügt es aber dem närrischen Volk nicht mehr, nur das Lied vom Aschermittwoch zu singen. Regelrecht als eine »Bewegung von unten« lebte in den letzten Jahren ein Brauch wieder auf, der auch auf den Endpunkt des Lebens anspielt: das Nubbelverbrennen. Was dabei in den nächtlichen Stunden zwischen Karnevalsdienstag und Aschermittwoch vor den Kneipen inszeniert wird, setzt wortwörtlich und überzeichnend viele Äußerlichkeiten des Beerdigungsrituals ein.

Eine Reportage im Kölner Stadt-Anzeiger schildert die Szene:

»Immer mehr Feuer brennen am späten Dienstagabend im Stadtgebiet, immer mehr Menschen kommen in den letzten Stunden vor dem Aschermittwoch zusammen. Ehe dann um Mitternacht die Nubbel in Flammen aufgehen, jene Strohpuppen, die an den tollen Tagen über den vielen Kneipentüren gehangen haben, wird noch einmal ganz intensiv und feste gefeiert — denn bald ist ja alles vorbei.

Die Menschen drängen sich in Viererreihen an die Theke. So schnell kann Kölsch gar nicht gezapft werden, wie es hier getrunken werden soll. Die Wirtschaft in der nördlichen Altstadt ist so voll, daß eigentlich keine Stecknadel zu Boden fallen könnte. Und doch tut sich eine Gasse auf für die Pluutemänner mit den kleinen und den großen Trommeln, dem Tamburin und dem Quetschbügel, die sich da durch die Tür drängen.

Seit Tagen sind sie, die Jecken mitreißend, die Karnevalsmuffel nervend, durch das Viertel gezogen. ›Bum, bum, bumbumbum . . .‹ wieder und wieder. Müde sind sie nicht geworden: an diesem Abend trommeln sie noch heftiger als sonst.

Hinter ihnen bildet sich eine Polonaise: sie tobt durch die enge Gaststube, ins kleine Sälchen dahinter und durch den Gang an der Küche vorbei wieder in die Gaststube. Es geht rund. Buchstäblich.

(. . .)

Wichtig genommen wird niemand — außer dem Kellner, der an diesem Abend Höchstleistungen vollbringt. Der Gläsertransport wird für ihn zum Balanceakt: in einer Hand das Tablett hoch über den Kopf haltend, mit der anderen sich den Weg durchs Gewühl bahnend.

Mit der Symbolfigur, dem »Nubbel«, werden auch die »tollen Tage« zu Grabe getragen

Kurz vor Mitternacht bringt er keine Getränke mehr, sondern eine ganze Waschbütt voller Kerzen. Jede steckt in einem durchlöcherten Bierdeckel, damit nicht später heißes Wachs auf die Hände tropft. Ganz ohne Organisation geht es halt nirgendwo . . . Auch ein paar Akteure müssen sein, die Träger, die jetzt gemessenen Schrittes den Nubbel mit dem grinsenden Maskengesicht hereinbringen, eine trauernde Witwe wird gebraucht, von einem sehr stämmigen Herrn dargestellt — und der Beerdigungsprediger.

Mit ihm steht und fällt die nun folgende Zeremonie. ›Wat hat er uns für Freud gemacht, der Nubbel‹, sagt er. ›Und wie haben wir immer schön mit ihm gesungen: Ajuja . . . ‹ Die Menge fällt ein, die Trommler schwingen die Stöcke. Wieder dreht sich, hektischer noch als vorher, die Polonaise. Schließlich fährt der Redner fort, preist den Nubbel und den Karneval als solchen in den höchsten Tönen. Seine Klagen über das so abrupte Ende gehen im Wehgeheul der Gäste unter, das sich in hysterisches Kreischen verwandelt, wenn der Prediger mit der Klobürste Wasser über die Gemeinde sprengt.

Auf dem Straßenpflaster vor der Wirtschaft durchfährt ein lautes Wehklagen die nächtliche Szene, denn am Aschermittwoch ist alles vorbei

Nun werden die Kerzen entzündet, der Trauerzug setzt sich in Bewegung. Er nimmt den schon bekannten Weg an der Küche vorbei, doch diesmal geht man ihn gemessenen Schrittes. Zwei-, dreimal wird das Lokal umrundet. Dann endet der Zug auf der Straße. Und hier wird, ohne Schutz durch Polizei oder Feuerwehr, die Strohpuppe verbrannt. Hunderte von Kerzen fliegen ins Feuer und verleihen ihm lange Lebensdauer. Heulen und Wehklagen erfüllt die Straße und geht – die Trommler sind ja unermüdlich – nahtlos über in das letzte Ajuja. Fremde, alte Bekannte und neue Freunde, fassen sich noch mal unter, schunkeln, tanzen, singen. Sie singen natürlich auch ›Am Aschermittwoch ist alles vorbei‹. Und bei der Zeile ›Von all' deinen Küssen darf ich nichts mehr wissen . . .‹ demonstrieren viele noch einmal lange und innig, wovon da die Rede ist.« (Klaus Zöller)

Die Jecken haben verstanden – sie kehren um. Dort, wo noch die Reste einer Lippenstift-Elf auf der Stirn schimmern, wird bald das Aschenkreuz den Wandel bekunden.

FASTELOVEND IM JENSEITS

Es ist schon fast ein Gütemerkmal für ein »großes Lied«, wenn es den Hinweis auf irdische Vergänglichkeit nicht ausspart. Oftmals phantasiert der Erzähler im Lied sogar die Zustände nach dem Tod bildhaft herbei. Er versetzt sich und seine Zuhörer vorausschauend ins Jenseits und macht mit der Szene hinter dem Lebensvorhang vertraut. Damit der Hörer auch vertrauensvoll folgt, benötigt der Vortragende die Gemeinsamkeit im Gemüt, den Vertrauensbonus der Tünnessprache: die Mundart.

Sie umschreibt die abschreckenden, harten Vokabeln der Realität mit naiver Tünnes-Mentalität. Die Ausdrücke werden kindlich und bleiben dennoch deutlich. Statt uns schonungslos zu sagen »du stirbst« oder »du bist tot«, darf man im Lied »vum Himmelspözje luure« oder »vürm Petrus ston«. Gemeint ist das gleiche, und dennoch liegen Welten dazwischen.

Tünnes erreicht auf diese Weise große Gruppen mit der einfühlsamen Sprache eines Lebenstherapeuten. Ostermanns Verse »un deiht der Herrgott mich ens rofe/dem Petrus sagen ich alsdann ...« sind mehr als nur eine Wunschvorstellung von der letzten Stunde, sie geraten zum Lebensprogramm, werden zur Philosophie von den Daseinsmöglichkeiten nach dem Tod. Und diese sehen recht diesseitsbezogen aus; jedenfalls im Karnevalslied.

Jupp Schmitz' Lied »Wir kommen alle, alle, alle in den Himmel« bestätigt lediglich, was »em hellige Kölle« im Selbstverständnis manches Kölners seit jeher per Geburtsurkunde gesichert sein dürfte: der nahtlose Übergang vom Erdenbürger zum engelhaften Himmelsbewohner. Und dessen Lebenswandel kopiert den irdischen Lebenslauf oft genau:

»Wenn die Engelcher ens Fastelovend fiere,
donn se sich wie wir em Himmel amüsieren.
Sie singen all dem Ostermann sing kölsche Tön,
un selbst d'r Herrgott säht sich: ›nä wat es dat schön‹.«

So heißt es bei Marie-Luise Nikuta in ihrem Lied »Wenn die Engelcher ens Fastelovend fiere«.

Der Jeck kann auch im Jenseits seine irdische Identität ungebrochen bewahren; wie gesagt: »Ich ben ene kölsche Jung, wat wellste maache?«

Der Karl-Berbuer-Evergreen »Fastelovend em Himmel«, besser bekannt als »Un et Arnöldche fleut ...«, handelt gar ausschließlich von Ereignissen im Himmel. Hier treffen sich die Kölner Originale und ehemaligen Karnevalsgrößen als Verstorbene wieder. Sie benehmen sich wie ehedem, nur den Schauplatz ihres Tuns haben sie notgedrungen verlegt:

»Em Himmel eß d'r Düvel loß,
weßt ehr, wat dat bedück?
Do feeren se hück Fastelovend,
do eß hück en löstige Klick . . .«

Vor solcherart Jenseits braucht einem nicht bange sein.

Tradierte volkstümliche Sing- und Theaterspiele, wie das vom »Engel Schmitz«, das die Spielgemeinschaft »Cäcilia Wolkenburg« aufführte, beinhalten dieses Genre ebenso wie das Lied der »Höhner« über »Dat Hätz von der Welt...« aus unseren Tagen. Schon 1913 ging ein ähnliches Lied preiswürdig aus einem Wettbewerb hervor, den Oberbürgermeister Wallraf ausgeschrieben hatte: Max Meurers »Engelsurteil«. Ein Engel hält darin auf Gottes Anordnung hin Kontakt zwischen Himmel und Erde. Als der Engel merkt, wie paradiesisch es in Köln ist, beschließt er kurzerhand zu bleiben. Der himmlische Aussteiger wird bürgerlich und heiratet ein Kölner Mädchen. — Reinkarnation op kölsch!

Solcher Umgang der Jecken mit Tod und Jenseits ist ein Hinweis darauf, welche umfassenden psychischen Entlastungsmomente der Karneval bieten kann. Hierzu gehört die Möglichkeit, gegenüber lebensbedrohlichen Tatsachen schon mal die kindlich-naive Position der Weltbetrachtung einnehmen zu dürfen. Tatsächlich ist das Bild, wie es das Karl-Berbuer-Lied vom Jenseits entwirft, vergleichbar mit Vorstellungen von Kindern über das »Leben nach dem Tod«.

Kinder im Grundschulalter begreifen allmählich, daß Tod und Sterben auch mit ihnen etwas zu tun haben. Viele haben schon erste bewußte Erfahrungen mit Beerdigungen gemacht oder mußten Haustiere betrauern. Bezeichnenderweise fallen sie aber gerade jetzt mit ihren Jenseitsvorstellungen auf ein früheres, unreifes, aber auch noch unbeschwertes Niveau zurück. Sie malen dann zum Beispiel ein Paradies, das in der Phantasie gerade deswegen so schön geraten kann, weil ihr Denken sie genau das andere Extrem fürchten läßt. Beschwörend halten ihre Zeichnungen an der Wunschvorstellung fest. Und diese läßt im Himmel nun all das wieder erscheinen, was auf Erden schön und wichtig war: das Kaninchen, die Blumen, den Ball, die Puppe, den Regenbogen...

Solche naiven, kindlich-konkreten Entlastungsvorstellungen

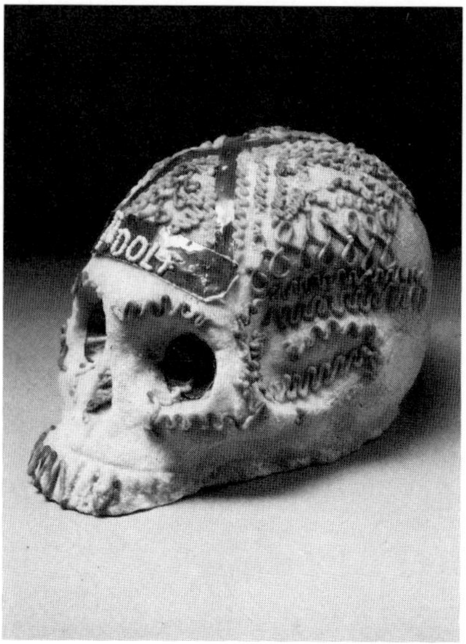

In Mexiko liegen in den Konditoreien zu Allerheiligen Totenschädel aus Zuckerwerk aus — andere werden aus Pappmaché gefertigt

über das Totenreich werden in nahezu allen Kulturen gepflegt. Man denke nur an die durchaus irdischen Grabbeigaben, die den Toten zu allen Zeiten als Rüstzeug fürs Jenseits mitgegeben wurden, an die Freudenfeste bei der Totenverbrennung auf Bali oder daran, daß die Mexikaner zu Allerheiligen ein überaus lebhaftes Picknick mit Totenköpfen und Särgen aus Zuckerwerk auf den Gräbern ihrer Lieben abhalten.

Niemand wird solche Sitten nur auf die Exotik ihrer Schauplätze zurückführen können. Ähnliche Erscheinungen sind auch in Köln bekannt. So wurde der Sänger und Karikaturist Arno Faust 1985 in einem seltsam heiter-traurigen Akt mit seiner Gitarre als Grabbeigabe beerdigt. Nicht zu übersehen ist auch, daß manches Essen im Anschluß an eine Beerdigung auch heute noch zum fröhlichen Leichenschmaus gerät. Es hat sogar Zeiten gegeben, in denen die Begräbnisstätte bei Melaten als Kirmesplatz herhalten mußte: Vor der Veranstaltung wurden die Holzkreuze eingesammelt und anschließend wieder aufgestellt.

Unbestritten ist trotz alledem, daß kindliche Jenseitsvorstellungen, wie sie die Narren in ihren Liedern pflegen, nur vorübergehend entlastend sein können. Wer aus der kindlichen Idylle von der lustigen Spielwiese hinterm Himmelspözjen nie herauskommt, der sollte den Therapeuten vielleicht mal wechseln. Der Tünnes stellt auch Überweisungsscheine aus.

ABSCHIED VON MEIERS KÄTTCHE

Wenn die Narren vom Abschiedsschmerz geplagt wehklagen, muß nicht immer der Tod im konkreten und wörtlichen Sinne gemeint sein. Im übertragenen Sinn gebraucht die Umgangssprache sehr oft das Bild des Todes, wenn sie schwere Verlusterlebnisse meint. Man sagt dann, jemand (oder etwas) sei »für einen gestorben«.

Das kann gelegentlich befreiend sein, oft aber auch mit soviel Abschiedsschmerz empfunden werden, daß es dem Sterben gleichzukommen scheint. Die Psychotherapie kennt die Heftigkeit solcher Verlustgefühle, die sich statistisch unter anderem darin niederschlägt, daß die Selbstmordrate nach Trennungserlebnissen am höchsten ist.

Abschiednehmen muß man nicht nur von Toten, sondern auch von geliebten Menschen, die einen — durchaus lebendig — verlassen haben.

Das macht den Zauber der anrührenden Geschichte von »Meiers Kättche« aus: Wer je erlebte, wie in der tosenden und manchmal zotenhaft angeheizten Atmosphäre einer Herrensitzung tausend Männer den »Bläck Fööss« das Lied vom »Meiers Kättche« als Zugabe abverlangen, der erlebt nach den ersten Takten auch das schlagartige Umkippen der Stimmung in eine besinnlich-sentimentale Rührung. Wenn dann in der dritten Strophe das treulose Mädchen dem Jungen den ersten großen Abschiedsschmerz zufügt, dann werden auch Männeraugen feucht:

»Ming eetste Fründin dat wor et Meier's Kättche
Un ich fuhr mem Rädche Dach für Dach zo im
Et Meier's Kättche fuhr dann met om Rädche
Un dann dät et laache su wie ne Sonnesching
Un dann dät et laache su wie ne Sonnesching

Als kleine Fetz do wor ich King bei uns en d'r Stroß
Un fuhr ich met mingem Rädche met drei Jäng dodurch
Jo do wor villeich jet loss
Et Meier's Kättche us d'r Rhingjaß dat hatt mich dann
Och ens mem Rädche jesin
Un zick dem Dach hat ich beim Kättche ne janz decke
Stein em Brettche dren

Met veezehn kom ich en de Lihr als Installateur
Do dät ich janz jot verdeene un bal schon hatt ich
E Moped vör d'r Dür
Doch nevvenan dä Weber's Mattes dä wor schon Jesell
Hat mih Jeld als ich
Un et Kättche fuhr mem Mattes em Auto un leet mich
Janz einfach em Stech.«

Wer wüßte nicht bei diesem, von Hans Knipp vertonten Laufpaßerlebnis von eigenen »Liebestragödien« zu erzählen?

Auch die Trauer um den Verlust der Heimat greift das Karnevalslied auf. Meist handelt es sich allerdings um den Abschied von einem idealisierten Bild der Heimat. Eine einzige nachtrauernde Sehnsucht nach dem Verlorengegangenen entströmt dem Ostermann-Evergreen »Och, wat wor dat fröher schön doch en Colonia«. Abschiedsschmerz muß auch jene von Karl Berbuer besungene Oma verwinden, die »nor am Dreikünnigepözje« noch Bescheid weiß in der Stadt.

Gerade solche Liedthemen mit ihren menschlichen Typen gehen einem ausgelassenen oder eitlen, angetrunkenen oder heimattümelnd verklärten Publikum nah. Trauergedanken im Gewande des Karnevalsliedes verbinden im Sitzungssaal und auf der Straße die Menschen über Standes- und Altersschranken hinweg.

Vielleicht konnte deshalb in Köln zu einer Art karnevalistischer Nationalhymne werden, was einst als zarte Dreiviertel-Takt-Weise über eine Verlobtentragödie aus Österreich an den Rhein kam: »Der treue Husar«.

Die Eule ziert als Wappentier unzählige närrische Insignien

DAS NARRENKÄUZCHEN

Was dem Staat der Adler, ist dem Narr die Eule. Kein anderes Tier ziert die närrischen Wappen, Fahnen, Zepter und Amtsketten öfter als dieser Nachtvogel. In der Häufigkeit der Abbildung könnte es das jecke Hoheitszeichen der Eule durchaus mit dem Bundesadler aufnehmen.

Natürlich ist der Hinweis auf Till Eulenspiegel gleich zur Hand, wenn nach Erklärungen für die Beziehung von Narr und Eule gesucht wird. Bei einigen Karnevalsgesellschaften tanzen denn auch beide im Vereinswappen herum, so bei der Kajuja Frechen. Mit einem schelmischen Winkelzug verweisen die Narren auch gerne darauf, daß die Eule seit der Antike das Symbol der Weisheit ist.

Die Eule hat aber noch eine ganz andere Symbolbedeutung: Sie ist auch der Todesbote. Schon als ägyptische Hieroglyphe stand ihr Zeichen für Tod, Nacht und Passivität. Ihre Lichtscheu, ihr ungeselliges, nächtliches Leben machten sie in der Volksmythologie zum Unheilbringer, zum Vorboten des Todes.

Das Käuzchen ist eines der bekanntesten Mitglieder aus der Eulenfamilie. Sein unheimliches Rufen steht in einer dramaturgischen Tradition von der antiken Sagenwelt über das Märchen bis hin zum Fernsehkrimi. In der Unterwelt oder auf Gräbern beheimatet, kündigt die Eulenverwandtschaft stets Unheilvolles an. Mal versteckt sich in ihrer Gestalt des Teufels Großmutter, mal ziert ihr Federkleid ein Hexenhaupt, und im Gruselfilm steigt bekanntlich die Spannung, wenn im Nebeldunst auch noch das Käuzchen ruft. In tiefenpsychologischen Testverfahren werden Eulen ebenfalls im Sinne jener Unheilverkünder interpretiert, wenn sie sich etwa im Tierzeichentest als Symbole des Unbewußten dokumentieren.

Die Eulen sind mal Inbegriff des »komischen Kauzes« — wie hier im Wappen der KG »Uhu« . . .

. . . mal sind sie Symbol der Weisheit — wie im Signet des Deutschen Museums München

Als wachsam beobachtender Nachtvogel wirkt die Eule nicht nur gespenstisch, sondern sie verbreitet auch einen Hauch weiser Endgültigkeit. Ihre Nähe zur Unterwelt (heute würden wir sagen: zum Unterbewußten) gibt Aufschluß über jenen Teil der Seele, der nicht vom Tageslicht erhellt wird. »Herr, lehre uns bedenken, daß wir sterben müssen, auf daß wir klug werden!« heißt es in der christlichen Trauerliturgie. Dieser Impuls aus der Beschäftigung mit dem Tod kehrt in den verschiedensten Kulturen der Welt immer wieder.

Vermutlich werden die Narren solch direkte Symbol-Anspielung nicht vor Augen haben, wenn sie die Rednerbütt oder den Sessionsorden mit der Eule schmücken. Auch wenn es in Würselen eine Karnevalsgesellschaft »Au Ülle« und in Köln eine KG »Uhu« — immerhin auch ein Eulenabkömmling — gibt, wird keiner dabei zuvorderst an den Todesvogel denken. Dann hat man schon eher den »komischen Kauz« vor Augen.

Genau das aber ist Narrentum: Der Narr hebt auf seinen Schild gerade das, was im Grunde Angst macht. Sich mit dem Dämonischen vertraut zu machen, heißt auch, es ein Stück zu bewältigen. Zum »komischen Kauz«, zum Spottvogel abgestempelt, kann der Mensch den Unheilbringer ertragen, sich von der Angst vor ihm sogar befreien. Spöttische Distanz nimmt dem Schlimmen, dem Unheil, die Bedrohlichkeit. Vielleicht ist es in diesem Sinne bezeichnend, daß der langjährige Präsident des »Bundes Deutscher Karneval«, Heinz Wacker, zwar auch Orden sammelt, mit Vorliebe aber dem Besucher seine große Sammlung von Eulen-Abbildungen vorführt.

Wir scheinen der Narren zu bedürfen, um mit solchen Darstellungen wieder ein Stück Kultur zu pflegen, für das im technischen Zeitalter immer weniger Platz bleibt: unseren Umgang mit Symbolen.

Das Eulen-Sinnbild als Unheils- und Weisheitsverkünder einerseits und als Spottvogel andererseits macht klar: Ein Symbol verkörpert eben nicht im logischen Sinne nur einen einzigen Begriff. Es vermag gerade das zu vereinen, was verstandesmäßig als unvereinbar gilt und dennoch im Gefühlsleben als wesensähnlich empfunden wird. Daher hat unser Unbewußtes im Symbolausdruck oft längst zu einem Bild vereint, was dem Verstand als getrennt, als zweierlei gilt: Narr und Tod, Kauzigkeit und Todesbotschaft, Ausgelassenheit und Sentimentalität, Lebenswille und Todesahnung.

Im künstlerischen Ausdruck vermögen manche Menschen solch widersprüchliche Gegensatzeinheiten zu verlebendigen. Die Clowns gehören dazu wie ihre mittelalterlichen Vorfahren, die Hofnarren. Aber auch in den heutigen Medien gibt es sie. Der Hollywood-Regisseur Billy Wilder antwortete in einem Interview anläßlich seines achtzigsten Geburtstages auf die Frage: »Wie definieren sie Komik?« mit den Worten: »Komik entsteht oft aus der Trauer. In jeder traurigen Situation steckt doch auch etwas Komisches und umgekehrt.«

Manche mögen es als stillos empfinden, wenn der Karnevalist im Trauermonat November seine Session eröffnet. Man kann es aber auch als einen — unbewußten — Vanitashinweis ursprünglicher Sinnbildlichkeit auffassen. So nahtlos wie der Vereinspatron von der Leitung der Feier zum Elften im Elften zur Kranzniederlegung am nächsten Tag — oft der Volkstrauertag — übergeht, so nahtlos greift ja in der Tat der Tod täglich ins Leben hinein.

Niemand im Sitzungssaal nimmt deshalb am »Memento mori« eines Kölner Büttenredners Anstoß, das er seinem letzten Witz stets nachschickt. In der Type des »Weltenbummlers« beschließt Gert Rück jede seiner Reden: »Leev Lückcher, loht üch von mer sage, doot alles em Levve met Humor ertrage. Maht üch hück Ovend noch vill Freud, denn et Levve duhrt kein Iwigkeit.« Anstatt des Amen, das hier erwartet werden könnte, folgt dann allerdings ein »Alaaf«.

»In jeder traurigen Situation steckt auch etwas Komisches und umgekehrt« (Billy Wilder)

UNSER PASTOR HEISST TÜNNES

Wenn Sie immer schon vermutet haben, daß Karneval und Kirche in Köln mehr gemeinsam haben, als das in anderen Gegenden Deutschlands vorstellbar ist, dann liegen Sie richtig. Wie sollte man es sich sonst erklären, daß hier manche Geistliche Jesus mit einem Clown vergleichen, sich selber mit einem Faß Wein und Kirchenlieder mit Karnevalsschlagern.

»Sie sehen ja aus wie die Heiligen Drei Könige«, merkte sogar der Papst an, als er dem Kölner Dreigestirn begegnete. Da wundert es einen dann nicht mehr, wenn der frühere Mainzer Bischof, Paul Leopold Haffner, feststellte: »Ich halte den Karneval für eine höchst christliche und wahrhaft katholische Institution und würde fast eine Ketzerei darin sehen, wenn man ihn abschaffen wollte.«

Wenn hier also schon mutige Vergleiche gezogen werden, dann wagen wir auch einen und sagen: Ein richtig kölscher Pastor ist immer auch ein Tünnes. Womit gemeint ist, daß der Geistliche im Karneval nicht nur Interessenvertreter seiner Kirche ist, sondern auch eine hilfreiche Kraft bei der Bewältigung seelischer Probleme. Auch der Kölner Erzbischof Joseph Kardinal Höffner behauptet vom Karneval: »Er bekennt sich zum Allgemein-Menschlichen.« So also wird »unser Pastor« im Karneval zum Seelenberater. Dann nämlich vertritt auch er die Gemütssache des Tünnes, was ja noch lange nicht heißt, daß er auch den Tünnes mit sich machen läßt . . .

ENE BESUCH IN ROM

Als im Oktober 1983 das Kölner Dreigestirn im Vatikan von Papst Johannes Paul II. empfangen wurde, da empfand Kardinal Joseph Höffner das als »ein in der langen Geschichte des Kölner Karnevals einzigartiges Ereignis.« Bissig bemerkte dazu die »Stuttgarter Zeitung«: »Möge es das auch bleiben.«

Angesichts der drei gestandenen Männer, die sich »mit Perücken, Narrenkappen, Hermelinmützchen, mit Pluderhosen und sonstigem Plunder« in Rom vorstellten, fragte sich das Blatt in einer Mischung aus Verständnislosigkeit und Empörung: »Was aber empfindet das Oberhaupt der Katholischen Kirche, wenn es in Zeiten, in denen Millionen Menschen auf seine Worte zur Unterdrückung, zur Armut und Hunger in der Welt warten und aus ihnen Hoffnung schöpfen, was empfindet der Heilige Vater, wenn er derartigem Mummenschanz seinen Apostolischen Segen erteilt?«

Die Antwort ist einfach: Der Papst schmunzelte amüsiert, als er die Gruppe in der Sala Clementina erblickte. Anders als seine Kritiker hielt er es offenbar durchaus für sinnvoll, seinen Segen für »Frohsinn statt Trübsal«, »Zuversicht statt Angst« und »Humor statt Aggression« zu geben. Allesamt sind dies ja Eigenschaften, die

Seine Tollität bei Seiner Heiligkeit, Romreise einer Kölner Karnevalsdelegation 1983

den Menschen nur nutzen können. Um ihnen diese zu wünschen, bedarf es nicht einmal der Mitgliedschaft in einer religiösen Gemeinschaft. Der Papst segnete nichts anderes als Eigenschaften, die in ihrer großen Menschlichkeit eben auch ureigene Gegenstände der Psychologie sind.

Der von auswärts angefeindete, in Köln aber begrüßte Besuch von Prinz Kurt II. (Ludes), Bauer Reinhold (Schornstein) und Jungfrau Hansi (Hans-Dieter Salchert) war darüber hinaus aber auch der symbolisch stärkste Ausdruck für das Verhältnis, in dem Karneval und Kirche in Köln zueinander stehen.

Seinen Ausgang hatte der Plan zum Papst-Besuch bei jenem Empfang genommen, den der Kölner Erzbischof jedes Jahr dem Dreigestirn gewährt. Bei dieser Gelegenheit hatten die drei Narrenfürsten dem Kirchenfürsten auch erzählt, daß sie in ihrer Jugend eifrige Meßdiener gewesen seien. Der Kardinal fand Gefallen an der Gruppe und merkte an, daß ja vielleicht auch der Papst einmal das Dreigestirn empfangen könne. Ein halbes Jahr später wurde »ene Besuch in Rom« zur Wirklichkeit.

Der jährliche Besuch beim Kölner Erzbischof wird gerne zur gesellschaftsmoralischen Standortbestimmung des Karnevals genutzt, und die Karnevalisten wärmen sich an der Feststellung aus hochwürdigem Munde, daß der »Kölner Karneval keineswegs, wie es zunächst scheinen könnte, bloße Äußerlichkeit mit Festsitzungen und Umzügen ist.« Es gehe vielmehr »um etwas tief Menschliches«. Der Humor ist ein Schlüssel zum Verstehen des Menschen. Er schenkt Gelassenheit« — so läßt sich der Kardinal in den Liederheften der Gesellschaften zitieren.

Zu jeder Session empfängt der Kölner Erzbischof das — zivil gekleidete — Dreigestirn

Wenn ein Teufelchen das »Vater unser« spricht, dann ist Karneval — hier: ökumenischer Gottesdienst der Gesamtschule Köln-Kalk mit Kostümen

Zum klerikalen Umfeld des Karnevals in Köln gehören aber auch andere Ereignisse als solche Spitzenbegegnungen. Nicht nur, daß manches Dreigestirn kurz vor Rosenmontag eine Kerze vor dem Gnadenbild der Schwarzen Muttergottes in St. Maria in der Kupfergasse aufstellt, um schönes Wetter für den Zug zu erbitten: an anderen Stellen der Stadt ziehen sogar ganze Korps in voller Uniform und mit vorangetragener »Regimentsfahne« zur Messe in die Kirche ein. Die »Nippeser Bürgerwehr« zählt hier zu den Pionieren. Und als die »Große Kölner« 1981 ihr hundertjähriges Bestehen feierte, da gab sie sogar eine »Kölsche Mess für Urjel, Tröt un Trumm« bei Werner Brock in Auftrag mit einem mundartlichen Text von Ria Wordel. Seitdem liefert dieses Werk die liturgische Vorlage für manche »Regimentsmesse«.

Selbst das Generalvikariat fertigt für den Karneval eigens Orden an wie den von 1986, der das erzbischöfliche Kreuz und das Papstwappen zeigte, in der Hauptsache aber aus einem Originalstück des roten Teppichs bestand, der beim ersten Papstbesuch in Köln ausgelegt war. Die Ordensaufschrift nimmt Anleihe beim Rosenmontagsmotto — lateinisch, versteht sich. Der Orden wird vom FEK, dem »Festkomitee Erzbischöflicher Karneval«, bei dessen jeckem Treiben an Weiberfastnacht verliehen.

Ungezählt sind die Karnevalsveranstaltungen der Pfarrgemeinden.Unter den Festsaal-Müden gelten sie längst als Geheimtip für Stimmung und Urwüchsigkeit. Von der Kindergartengruppe bis zu den Senioren hat jede Pfarre den Ehrgeiz, Sitzungen sowie närrische Spiel-und Tanznachmittage auf die Beine zu stellen. Das Sälchen des Jugendheims ist daher auch für fast alle Aktiven die Startbühne und für manch einen das Sprungbrett zur karnevalistischen Karriere. »Kajuja« heißt die Kurzform, die als Gütesiegel für diese jecke

Karneval im Pfarrheim führt manchmal zu unvermuteten Begegnungen

Nachwuchsförderung steht. Kein Mensch denkt an Kirche, wenn er über die Witze des »Colonia-Duetts« oder des »Weltenbummlers« Gert Rück lacht und wenn er mit Ludwig Sebus oder den »Höhnern« singt. Und dennoch entstammen diese Spitzenkräfte der klerikal geförderten Talentschmiede des Karnevals, der Katholischen-Jugend-Arbeit (Kajuja).

Die Aufzählung ließe sich fortsetzen über die Teilnahme der Tanzgruppe »Hellige Knäächte un Mägde« an der Fronleichnamsprozession wie am Rosenmontag bis hin zur Reise der Großen Kölner, die sich nicht etwa zum Kegelausflug an die Mosel aufmachte, sondern ins »Heilige Land« reiste und darüber anschließend ausführlich im Sessionsliederheft berichtete. Kölner Karneval ist ohne Kirche eben undenkbar.

Und die Kirche ihrerseits denkt soviel über den Karneval nach, daß die Ausgabe der Kirchenzeitung am Fastnachtswochenende fast ausschließlich dem aktuellen Thema gewidmet ist. Das reicht von

Berichten und theologisch-närrisch Hintergründigem bis hin zur Fiktion von »Jesus in der Bütt« oder der erfreuten Feststellung, daß »Bischof, Pastor und Kaplan gekonnt durch den Kakao gezogen« werden.

Wenn hier von Kirche die Rede ist, dann wird gleichzeitig der Zusatz »katholisch« unterstellt. Immerhin galt das »hellige Kölle« einmal als das nordische Rom und ist auch heute noch das reichste Bistum der Welt. Erst die französische Fremdherrschaft im 19. Jahrhundert sorgte dafür, daß wieder Protestanten nach Köln ziehen durften, und erst nach der Flüchtlingsbewegung in der Nachkriegszeit stieg der Anteil der Evangelischen auf 23 Prozent der heutigen Kölner Bevölkerung.

Festzuhalten bleibt bei alledem, daß die Protestanten, soweit sie überhaupt im Karneval als Gruppe erscheinen, sich zumindest gewährend verhalten. Sicherlich ist es eine große Ausnahme, wenn ein evangelischer Pfarrer als geistlicher Beistand einer Karnevalsgesellschaft ausersehen wird. Aber für Parolen wie »Karneval — nein danke«, die von der »Evangelischen Volks-und Schriftenmission Lemgo-Lieme« 1983 als Flugblätter in Freiburger Briefkästen geworfen wurden, wäre in Köln weder Platz noch Anlaß. Auch ist nicht zu befürchten, daß man sich in Köln von protestantischer Seite genötigt sähe, wie es das »Evangelische Sonntagsblatt« 1959 tat, noch einmal klarzustellen: »Unser Herr ist nicht Prinz Karneval, sondern Jesus Christus.«

Eher scheint es schon so zu sein, daß der katholische Glaube über den Karneval auch auf evangelische Christen Einfluß gewinnt. Der ehemalige Festkomitee-Präsident Bernd Assenmacher jedenfalls hat — als Protestant — ein Bild von seinem gemeinsamen Besuch mit dem Dreigestirn beim Papst in seinem Arbeitszimmer ständig vor Augen. »Da ziehe ich große Kraft draus«, bekennt er und klagt im selben Atemzug mit dem Lob für Johannes Paul II.: »Und wir haben nur den Erhard Eppler ...«

Auch vom Kölner Dom geht eine Kraft aus, die manchmal zu einem überkonfessionellen Zusammenschluß führt. Der Dom ist für die Kölner weniger mit der Frage nach katholischer oder evangelischer Religionszugehörigkeit verbunden als vielmehr ein steinernes Symbol jener kölnischen Mischung aus Gemüt und Spiritualität.

Bei dem Bemühen, zwischen religiöser Dogmatik und profanem Gemütskitsch einen Weg christlichen Menschseins zu finden, wird der Dom regelrecht personifiziert. Mit ihm, dem kirchenarchitektonischen Übervater, spricht man zuweilen auch und läßt sich von ihm etwas sagen. »Mer losse d'r Dom verzälle«, hieß das Rosenmontagsmotto im Dom-Jubiläumsjahr 1980. Und was der Dom zu erzählen hatte, das teilte er dann nicht nur in einem kilometerlangen, närrischen Zug, sondern die ganze Session über mit.

In ihr wurde schließlich auch ein neuer Star der karnevalistischen Szene geboren: Dompropst Heinz-Werner Ketzer. Der humorige Kirchenmann steckte sich den Dom als Silhouette an den Hut, der so zum Sinnbild der Verbindung von Domjubiläum und Karneval wurde. Prompt wurde er zum Ritter des »Ordens wider den tierischen Ernst« geschlagen.

FÜR UND WIDER DEN KARNEVAL

So gut wie es heute ist, war das Verhältnis von Karneval und Kirche freilich nicht immer, obwohl das Christentum an der Enstehung und der frühen Geschichte des Karnevals seinen volkskundlich interessanten Anteil hat. Allgemeine Einsichten zu diesen Zusammenhängen hat Dietz-Rüdiger Moser in seinem Buch »Fastnacht, Fasching, Karneval« zusammengetragen.

Auf die Kölner Verhältnisse wird konkreter eingegangen in dem grundlegenden Buch »Kölner Karneval — Seine Geschichte, seine Eigenart, seine Akteure« von Fuchs, Schwering und Zöller. Danach gab es vor allem im 17. Jahrhundert so große Reibereien, daß der Rat der Stadt sogar feststellen mußte, es sei »wider die heilige Religion, in geistlicher, Mönchs-und Nonnenkleidung öffentlich Unfug zur Schau zu stellen, ein leichtfertiges Spiel von Gesindel, welches sich gröblich gegen den allerhöchsten Schöpfer und seine Nebenmenschen versündige.«

In der Kirche selber gab es schon damals sehr unterschiedliche Meinungen zum Karneval. Während die Jesuiten sich ausgesprochen fastnachtsfeindlich zeigten, stattdessen Bußprozessionen abhielten, und die Augustiner-Eremiten ihren Beitrag in die gleiche Richtung leisteten, indem sie ein frommes Schauspiel zeigten, ging es in einigen Gotteshäusern ganz anders her.

Schwering schreibt über die Kirche, daß ihre Haltung »von doppelter Moral bestimmt« war, wenn sie einerseits eifernd gegen das teuflische tolle Treiben wetterte und andererseits selber Karneval feierte. So wurde beim »Fest der Subdiakone« ein »Narrenbischof« gewählt, der auf einem Esel zur Kirche ritt, und an einer Messe teilnahm, bei der das Amen durch laute »Ia«-Rufe ersetzt wurde. Geistliche pflegten sich damals sogar zu verkleiden, und im 18. Jahrhundert feierten selbst die Mönche und Nonnen in den Klöstern — bevorzugt, wenn »die Frau Äbtissin schlafen ist gewesen«.

Nicht ungeschickt hatten schon im 15. Jahrhundert die Karnevalsanhänger unter den Geistlichen ihr Anliegen verteidigt. Es muß wohl ein Verwandter unseres Tünnes gewesen sein, der im geistlichen Gewande argumentierte:

Die Geistlichkeit war beim Narrentreiben stets dabei — mal aktiv, mal distanziert

»Unsere Vorfahren waren große und ehrwürdige Männer. Diese haben das Narrenfest aus weisen Gründen eingesetzt. Laßt uns leben wie sie und dann auch tun, was sie taten. Wir feiern das Narrenfest, um uns zu ergötzen, damit die Narrheit, die uns angeboren ist, wenigstens einmal im Jahr recht ausbrechen könne. Fässer mit Wein würden springen, wenn man ihnen nicht von Zeit zu Zeit Luft ließe. Wir alle sind alte Fässer, die schlecht gebunden sind, und welche der Wein der Weisheit würde springen machen, wenn wir ihn durch eine unaufhörliche Aufmerksamkeit im Dienste Gottes fortbrausen ließen. Man muß ihm bisweilen einige kleine Erholungen geben, damit er sich nicht ohne Nutzen verliert ...«

JESUS UND DER CLOWN

Die Zeiten, in denen sich die Geistlichkeit maskiert auf die Straße begab, sind zwar schon lange vorbei, aber zu einem lustigen Hütchen für den Herrn Pastor oder für eine bunte Blume am Nonnengewand reicht es auch heute noch.

Es sind vor allem zwei Elemente, die dafür sorgen, daß die Kirche bis heute einen gewissen Einfluß im Karneval hat. Das ist zum einen das seelsorgerische Bemühen um ihre gefährdeten Schäfchen und zum anderen einfach der Wunsch, das mitmachen und miterleben zu können, was alle Menschen, von dem mittelalterlichen Tünnesvorfahren bis zu den modernen Narren, zum Karneval zieht. Wobei in diesem Tun zugleich ein Stück theologisches Programm steckt. Denn die Festigkeit in Moral und Glauben stellt sich gerade da unter Beweis, wo die Verführung am sinnfälligsten wird.

Karneval und Kirche tun sich heute in Köln nicht mehr weh. Ihre Verbindung läßt im Gegenteil manchmal gar den Beigeschmack aufkommen, als empfange der eine von der anderen den Stempel der Unbedenklichkeit und bedanke sich dafür, in dem er ihr leutselig den werbenden Zutritt zu den Massen verschafft. Dennoch ist es von der Sache her unvermeidlich, daß es im Verhältnis von beiden immer wieder zu Konflikten kommt. Es gab Phasen, in denen die offiziellen Beziehungen kühl waren. Das war beispielsweise der Fall, wenn sehr strenge Auffassungen der Kirchenoberen mit der gelockerten Sexualmoral oder der Neigung zum alkoholischen Exzeß an den tollen Tagen aufeinanderprallten.

Pastor Peter Haanen, der seit bald zwanzig Jahren die »Große Kölner« als »geistlicher Beistand« betreut, umriß das Konfliktfeld in einer Predigt, die er zum hunderjährigen Bestehen der Karnevalsgesellschaft hielt, mit folgenden Worten:

»In der Begegnung zwischen Karneval und Kirche bricht sehr vieles auf, sehr viel an Gemüt, sehr viel auch an Frömmigkeit, sehr viel an unverbrauchter Freude. Aber nun wäre es verfehlt, in hohen Tönen diese Einheit von Kirche und Karneval zu preisen, denn so besteht sie ja nicht einmal in dieser Stadt. Da sind die einen doch sehr mißtrauisch und sagen über die anderen, das seien eben nur Karnevalisten, vielleicht etwas leichtlebig, vielleicht etwas an der Grenze und nicht immer so in der tiefen Verantwortung. Da sagen die Karnevalisten, wir sollten in der Kirche still sein, wir redeten zwar von Freude, aber nur von der jenseitigen, nicht von der heute. So hat sicher die Begegnung zwischen Kirche und Karneval ihre Hindernisse.«

In der gleichen Predigt gibt Haanen aber auch Aufschluß darüber, warum die von ihm als Beispiel gewählte Figur des Clowns geeignet ist, solche Hindernisse zu überwinden. Unverkennbar liegen in seiner Beschreibung Elemente, die auf eine Verwandtschaft mit dem kölschen Tünnes hindeuten und beide letztlich als Mitglied der gleichen Familie ausweisen, der Großfamilie der Narren:

»Der Clown verzaubert, er gibt eine neue Welt zu sehen, etwas ganz Einfaches und doch etwas ganz Großartiges, denn der Clown nimmt den Menschen ernst, den Menschen, der eben nicht nur zum Arbeiten und nicht nur zum Denken und nicht nur zum Fernsehen, sondern auch geschaffen ist zum Singen, Tanzen, zum Beten, zum Geschichten erzählen, zum Feiern und auch zum Karneval ...

Clown sein heißt die Menschen erlösen, und dieses Wort darf man sicher auch verstehen in diesem umfassenden Gebrauch, in dem es in unseren Kirchen bekannt ist. Der Clown befreit, entkrampft – gibt dem Leben wieder eine heitere Atmosphäre. Das ist Aufgabe des Clowns, daß er vermag, sein Lächeln weiterzugeben.

Ein Clown ist jener, der nie zu einem Erfolgsmenschen wird. Er wird getreten, gedemütigt, man macht seinen Schabernack mit ihm, er fällt immer aus allen Wolken, kommt nie mit den Dingen zurecht. Er ist unendlich verwundbar, aber er wird niemals besiegt, niemals geht er unter.

Alle bittere Erfahrung kann ihn nicht vom Glauben an die Menschen abbringen. Der Clown ist eine Seele von Mensch.«

Haanen vollzieht die Wendung in die theologische Interpretation. Er malt die Szene aus, in der Jesus mit Dornenkrone auf dem Kopf und Mantel um die Schultern zum Gespött der Folterknechte gemacht wird. Während die Inschrift über seinem Kreuz scheinbar das Lächerliche seines Anspruchs deutlich mache, zeige er sich als der Überlebende schließlich doch als der Stärkere:

»Nur: Er lebt! Er ist nicht untergegangen. Diese Voraussetzung des christlichen Glaubens, diese Gewißheit, daß Jesus lebt, ist eigentlich die Grundlage und Voraussetzung jeglicher Freude.

Ab und zu gibt es Augenblicke in unserem Leben, wo der Clown triumphiert, in dem das Leben groß und warm und lebenswert und liebenswert ist. Für immer werden wir es einst erfahren, aber ab und zu auch schon in dieser Welt, wahrscheinlich, weil wir Menschen das so unendlich notwendig haben.

Und das sollte keine gemeinsame Aufgabe für Karneval und Kirche sein?«

Den Grenzbereich zwischen psychologischer und religiöser Weisheit trifft der »Regiments-Seelsorger« der »Bürgergarde Blau-Gold Ehrenfeld«, Pater Victor Heger. 1986 schrieb er in einem Grußwort für die Gesellschaft über das Lachen:

»Das Lachen ist eine Eigentümlichkeit des Menschen allein. Verhaltensforscher weisen darauf hin, daß Tiere wohl zu weinen vermögen, aber nicht lachen können. Wie es auch sein mag, Lachen ist ein unterscheidendes Merkmal für den Menschen. Isidor von Sevilla (560 — 636) der große Denker und Kirchenvater der ausgehenden Antike, umschrieb den Menschen als ›ein vernunftbegabtes, sterbliches, zum Lachen und zur Bildung fähiges Lebewesen‹.

Obwohl über das Lachen unendlich viel nachgedacht und geschrieben worden ist, haftet dem Lachen immer noch das Geheimnis eines Rätsels an. Es tritt in einer verwirrenden Fülle auf und lebt in schier endlosen Stufen, die aus den menschlichen Unvollkommenheiten zur höchsten Vollendung aufsteigen. Das Lachen entfaltet ein reiches Leben und tanzt auf allen Hochzeiten und auf allen Festen der Tage.

Zur Regimentsmesse wird am Altar volles Ornat getragen. Pater Victor Heger mit »seiner« Bürgergarde Blau-Gold Ehrenfeld

Das Lachen kehrt plötzlich bei einem Einsamen ein und schützt ihn vor Traurigkeit.
Das Lachen ist ein geselliger Gast in fröhlichen Runden, es sitzt vornehm unter den Zuschauern in Opernhäusern und Theatern. Das Lachen besitzt überall Hausrecht und findet stets offene Türen.

Überall wo Sie hinkommen und auftreten, finden Sie schon die Türen geöffnet vor, weil jeder weiß, daß Sie Freude und Lachen ins Haus bringen.

Der Schwede Nathan Söderblom (1866—1931) forderte einmal: ›Man kann den Menschen keinen größeren Dienst erweisen, als sie zum Lachen zu bringen.‹

Er hatte recht, denn das Lachen ist das Ja-sagen zum Leben, auch zu den Wechselfällen und zu den schweren Stunden. Das Lachen ist die Fähigkeit, die Widersprüche des Lebens anzunehmen. Das Lachen ist auch eine unüberhörbare Stimme des Glaubens und der Zuversicht.

Ein alter Ofen eines schottischen Bauernhauses trägt den Sinnspruch: ›Von allen Sorgen, die ich mir machte, sind die meisten gar nicht eingetroffen. Aber jedes Lachen, das meine Freunde mir brachten, hat mein Leben um eine Woche jünger und gesünder gemacht.‹ Ein solcher Ofen wärmt doppelt.«

UNSER PASTOR

Es ist in Köln nichts Ungewöhnliches, daß sich Geistliche wie Haanen oder Heger so ausführliche Gedanken über den Karneval machen. Nicht nur, daß die Karnevalspräsidenten immer wieder gerne geistliche Herren als Gäste begrüßen und dafür vielleicht sogar einige launige Bemerkungen ernten, viele größere und einige kleinere Karnevalsgesellschaften strengen sich an, einen eigenen Vereinsgeistlichen zu gewinnen. Wobei manchmal erstaunliche Wortschöpfungen entstehen.

Ein in der Kirchenhierarchie hoch Stehender gibt der Ehrengarde die Ehre. Ihr »Regimentsgeistlicher« ist kein geringerer als Dompropst Bernard Henrichs. Der Geistliche der Roten Funken muß es sich demgegenüber gefallen lassen, gelegentlich als »Schirmdrochtchen« angesprochen zu werden. Salvatorianerpater Dr. Leopold John trägt nämlich, wie alle Funken, einen lustigen Spitznamen. Ebenfalls einen Pater zum Hirten haben die Blauen Funken, »Feldkaplan« nennt Paul Guntermann sich bei ihnen. »Oberfeldhillije« ist eine Beförderungsstufe, die dem »Standortpfarrer« der KG »Alt-

Dompfarrer Dr. Friedhelm Hofmann wird zum »Greesberg-pfarrer« ernannt

städter«, Pastor Rochus Witton, zuteil wird. Die enge Verbindung von Kirche und Karneval betont Pfarrer Hans-Gunter Riese, der für die Nippeser Bürgerwehr über die närrische Zuneigung hinaus von der Taufe bis zur Beerdigung besonderer Ansprechpartner ist. Pfarrer Hans Siepmann ist einer der seltenen evangelischen Pfarrer, den eine Gesellschaft, hier ist es die Große Braunsfelder, als »Feldgeistlichen« führt.

Die Große Mülheimer KG umging die Qual der Titelwahl und machte Prälat Joseph Pock kurzerhand zum »Ehrensenator«. Schlicht »Greesberg-Pfarrer« nennt sich Dompfarrer Monsignore Dr. Friedhelm Hofmann. Er ist dem Reiterkorps seiner Großen Kölner Karnevalsgesellschaft Greesberg über die närrische Session hinaus auch etwa bei der Zelebration einer farbenprächtigen Hubertus-Messe im Dom behilflich.

Egal, welche schmückenden Namen der jeweilige Geistliche in seiner Gesellschaft trägt, und egal, ob er eine Nobelgesellschaft oder einen Vorortverein betreut, »unser Pastor« ist stets gern gesehener Gast im Karneval. Gerade im »Sündenpfuhl« mancher Herrensitzung, in denen einige Redner bevorzugt Witze aus dem Sexualbereich erzählen, hat mancher Sitzungspräsident gern einen frommen Herrn zur Seite.

Seine Anwesenheit soll zum einen garantieren, daß es insgesamt doch »sauber« zugeht. Wenn das nicht gelingt, kann man sich zum anderen immer noch damit trösten, daß es so schlimm wohl nicht gewesen sein kann, wenn doch selbst »unser Pastor« dazu noch etwas gequält gelächelt hat. So pflegte es zuzugehen, wenn der Adenauer-Sohn Paul, ein Geistlicher, bei der Karnevalsgesellschaft »Pieköpp« in seiner Odenthaler Gemeinde zu Gast war: Augenzwinkernd bat der Präsident nach manchem Vortrag um einen »Persilschein« oder gar um Vorwegnahme der »Absolution« bei »gepfefferten Reden«.

Trotzdem geht es um weit mehr, als nur darum, solchen Sitzungen durch die Anwesenheit eines Geistlichen ein Alibi zu verschaffen. Die Enthaltsamkeit des Geistlichen bei Alkohol und Sexualthemen wirkt orientierungs-und maßstabsetzend im Dunst der Versuchungen, die ansonsten vom reichlichen Weingenuß oder den Auftritten mancher Damentanzgruppe entfacht werden. Wenn der Funken-Pastor anmerkt,»Nein, zum Bützen schwärme ich nicht aus«, oder wenn der frühere Dompropst Ketzer, als er im Flugzeug neben der Kölner Jungfrau zu sitzen kam, scheinbar besorgt verriet:»Da vorne sitzt ein Bischof. Hoffentlich sieht der nicht, daß ich neben einer Jungfrau sitze«, dann sind solche Scherze nicht nur lustig, sondern auch humorvoll verpackte Nachhilfelektionen in Alltagsmoral. In die heute allgemeine Freizügigkeit bringt da noch jemand die Idee der Mäßigung und Entsagung ein, ohne deswegen gleich zum Spielverderber zu werden.

Wagt der Gemeindepfarrer auf der Seniorensitzung umgekehrt vielleicht selber einmal ein Küßchen, so trägt ihm das die Sympathie seiner Schäfchen ein. Er löst damit gerade in der oft unterdrückend strengen Normenwelt älterer Menschen den Zwang der Etikette und läßt manchen sonst Verkrampften noch einmal jugendhaft frei empfinden.

Zurück auf Kindliches führt auch eine andere Szene in Anwesenheit des Pastors. Wenn beim Besuch der Geistlichkeit mit einer Fahne sorgfältig die Szene abgedeckt wird, wie der Präsident das Mariechen bützt, dann wird hier ein kindliches Unschuldsniveau vorgespielt, wie es dem Tünnes im Umgang mit dem süßen Laster im Karneval generell zu eigen ist:»Ich bin klein, mein Herz ist rein...«

Solchermaßen klerikal abgesichert, brauchte das Festkomitee denn auch keine Bedenken zu haben,1972 einen ganzen Rosenmontagszug mit dem Bekenntnis zu überschreiben: »Wir sind alle kleine Sünderlein,« Willy Millowitsch ergänzte diese Zeile ganz folgerichtig in einem Couplet mit den Worten:

»...'s war immer so, 's war immer so.
Der Hergott wird es uns bestimmt verzeihn,
's war immer, immer so.«

Ganz so harmlos ist der Schäl in seinem Sexualempfinden nicht. Er würde im Laster versumpfen, hätte er nicht den unschuldigeren Tünnes an seiner Seite. Da, wo die beiden sich mal gemeinsam auf schlüpfriges Gelände begeben, schützt sie die Absicht eines kindlichen Herzens, wie es Tünnes zu eigen ist. Eine ähnliche Funktion, wie sie Tünnes gegenüber Schäl hat, besitzt auch der Regimentsgeistliche gegenüber seiner närrischen Gemeinde. Durch sein Vorbild gibt er einen Orientierungspunkt im »Hexenkessel der Gefühle« an, und mit der Würde seiner Anwesenheit stärkt er die Männer in ihrem Selbstschutz vor diversen Verlockungen. Wobei — ganz nebenbei gesagt — manche Damen- oder »Mädchensitzung« das genauso nötig hat wie die dafür bekannteren Herrensitzungen.

In diesem Sinne ist ein kölscher Pastor immer auch ein Tünnes. »Unser Pastor« ist in Köln weniger ein theologischer Würdenträger denn eine Instanz des Gemütes, ein Richtungsgeber auf der Suche nach Menschlichkeit. Er ist eine seelische Anlaufstelle, deren amtskirchlicher Rang und Titel im Grunde unbedeutend sind. Es kann damit der vertraute Gemeindekaplan ebenso gemeint sein wie der Kardinal.

»Unser Pastor« ist auf Sitzungen stets gern gesehener Gast — dabei ist es gleich, ob es sich um einen Vorortkaplan handelt oder — wie hier — um den hochwürdigen Kardinal Frings († 1978)

Die Beliebtheit des früh verstorbenen Dompropstes Heinz-Werner Ketzer und die legendäre Volkstümlichkeit von Erzbischof Josef Kardinal Frings beruhten ja nicht auf ihren hohen Kirchenämtern, sondern auf ihren volksnahen pastoralen Aussagen und Gesten. Ketzer besaß soviel Souveränität und Verständnis für die Jecken, daß er nicht einmal klagte, als eine Gruppe von Düsseldorfer Pilgern die karnevalistischen Romreisenden auf den Stufen von Sta. Maria Maggiore lautstark mit Karnevalsliedern begrüßte. Er merkte nur ganz trocken an: »Jetzt denken die Römer alle, ›Mein Gott, was haben die Deutschen schöne Kirchenlieder‹.«

Weit über die Grenzen seiner Diözese hinaus wurde Kardinal Josef Frings bekannt, als er in einer Predigt 1946 Verständnis zeigte, wenn sich die notleidende Bevölkerung mit Briketts und ähnlichem versorgte, das von Lastwagen und Zügen mit schnellem Griff zu besorgen war. Statt zum »Organisieren« zu gehen, gingen die Kölner von da an nur noch »fringsen«. Solche Kirchenleute gelten als »unser Pastor«, selbst wenn sie in der Kirchenhierarchie ganz oben stehen.

Entsprechend gibt es natürlich auch Schäls im Kirchenamt. Ohne Tünnesbegleitung, ohne das Ohr für das Allzumenschliche werden sie einsame »Hochwürden« bleiben, niemals aber »unser Pastor« werden. Die Sprache des Gemüts zu verstehen und zu treffen und dennoch die Etikette zu wahren und das Gewand der Würde zu tragen, das macht die kirchliche Persönlichkeit in Köln aus. Selbst hier finden sich die Mischelemente von Tünnes und Schäl wieder. Dazu bedarf es nicht einmal der kölschen Geburtsabstammung, wie die »Imis« Frings und Ketzer beweisen.

Zwei beliebte Kölner »Pastöre«: Dompropst Heinz-Werner Ketzer († 1984)

Kardinal Josef Frings († 1978)

DER »HALBIERTE MANN«

Der Wiener Theologieprofessor Paul Michael Zulehner beschäftigt sich unter anderem mit der Frage, wie erfolgreiche Manager ihren religiösen Bedürfnissen nachgehen können. Er meint, daß alles, was weseneinheitlich zum Gesamt der menschlichen Indentität zählt, heute in mindestens zwei Hälften aufgespaltet wird: hier die Ziele von Leistung, Macht und Erfolg, dort die Werte Zärtlichkeit, Treue, Hilfsbereitschaft und auch etwas Platz für religiöse Gefühle. Die durchrationalisierte Konkurrenzgesellschaft läßt eine Vereinigung dieser zwei Wertgruppen als unbrauchbar und störend erscheinen. So werden die einen Charaktereigenschaften im Berufsleben gefordert, die anderen dürfen sich nach Feierabend an privaten, familiären Zufluchtsorten zeigen. Als könne der Mensch auf Knopfdruck von hier nach da beliebig umschalten! Weil er es eben nicht kann, leidet er daran; wird schließlich krank. Folglich versucht er, die beiden Seiten noch perfekter voneinander abzuspalten. Diese Trennung verlangt in der Managerwelt eine weitgehende Ausklammerung religiöser und gemüthafter Gefühle.

Das Ergebnis dieser Seelentrennung nennt der Theologe den »halbierten Mann«. Er selber erklärt das so: »Halbiert deswegen, weil sich seine Seele vom Kopf, sein Herz vom kalkulierenden Verstand abgespalten hat. Das Gemüt wurde bis zur Nichtexistenz verleugnet.« Zulehner gibt damit eine treffende Charakterisierung eines Schäls mit Weste und Melone, der sich ohne Zwillingspartner Tünnes auf den Vorstandsetagen verirrt. Der WDR widmete Zulehners Gedankengängen eine Ausgabe seiner Sendereihe »Lebenszeichen«. Dort hieß es, daß ein solcher Charakter (wie er hier von uns dem Schäl zugeordnet wurde) »grundlegende Lebensmuster verliert, zum Beispiel die Fähigkeit zum Spiel, die Fähigkeit zum Weinen. Es geht also um einen Menschen, der auf Härte trainiert wird, auf Unterdrückung der Gefühle trainiert wird, und immer wieder abwägen muß, nützt es meiner Karriere oder nicht.« Einen Schäl ohne die Gemütsverankerung im Tünnes mag man sich nicht sympathisch vorstellen. Der Sozialtheologe findet ihn gar gefährlich: »Bedrohlich wird die Unfähigkeit der ökonomisch wichtigen Männer zu glauben, zu hoffen und umfassend solidarisch zu lieben«. Als kirchliche Hilfe schlägt Zulehner dem «halbierten Mann« vor, »neue Gruppen zu bilden, in denen sich Manager und andere Männer frei aussprechen können, wo sie sich vor allem angstfrei selbst entdecken können.«›Bewußtseinslaboratorien‹ nennt Zulehner »diese freien, aber biblisch inspirierten Männergruppen«.

Es gibt aber auch noch andere Möglichkeiten als solche Gruppen. Zumindest in Köln. Vielleicht legt der Professor einen seiner nächsten Vorträge in Köln mal in die Karnevalszeit. Er könnte dort das »Bewußtseinslaboratorium« Fastelovend entdecken, in dem die abgespaltene Schälhälfte allabendlich ihre Zwillingshälfte im Tünnes findet. Er träfe hier nicht gerade auf »biblisch inspirierte Männergruppen« aber doch auf solche, die das Gemüt pflegen. Das ist zwar nicht dasselbe, aber es ist oft auch nicht weit voneinander entfernt, wie dies die gesellige Nachfeier bei Kölner Prozessionen spätestens mit dem Faß-Anstich beweist.Vielleicht sind es solche humanen Perspektiven, die »unseren Pastor« so gerne die Nähe von Tünnes und Schäl in den »halbierten« Karnevalistenseelen aufsuchen lassen.

WER JECK IST, LEBT LÄNGER

Der »Rheinische Merkur — Christ und Welt« schrieb: »Wer fromm ist, lebt länger und streßfrei« über einen Artikel, der eine erstaunliche Untersuchung zum Gegenstand hatte. Der bayerische Mediziner Helmut Piechowiak hatte in einem Fachblatt aufgezeigt, daß in aktiven religiösen Gemeinschaften »eine deutlich niedrigere Erkrankungshäufigkeit und Sterblichkeit an Krebskrankheiten« statistisch nachgewiesen werden kann.

Dabei komme es »nicht so sehr auf den persönlichen Glauben oder die persönliche Religiösität an, als vielmehr auf die Religionszugehörigkeit oder — deutlicher noch — auf die Gemeinschaft, in der der Mensch sich vorfinde«. Auch der ehemalige Heidelberger Nestor für Sozialmedizin, Professor Hans Schaefer, sieht »im menschlichen Verhalten, in seinem Konsum, aber auch im emotionalen Bereich und gesellschaftlichen Streß« Ursachen für die Zivilisationskrankheiten.

Die beiden Mediziner empfehlen eine religiöse Rückbesinnung mit der Begründung: »Die Einbettung in die Gemeinschaft mindert die zerstörerischen Kräfte der Isolation und Ungewißheit.« Wenn Heil und Heilung in Gottesvorstellungen gesucht werden dürfen, die einst »menschlichen Ängsten oder Sehnsüchten entsprungen seien«, dann kann der Karneval hier mithalten. Nicht gerade mit Gottesbildern, aber immerhin mit tröstlichen Jenseitsvorstellungen vom »Fastelovend im Himmel« (Karl Berbuer), in den laut Jupp Schmitz sowieso »alle kommen«, und mit einem Gemeinschaftsleben, das in seinem diesseitigen Ritual und Ehrenkodex dem kirchlichen nicht weit entfernt ist.

Selbst das Problem, daß Dogmatik neuen Streß verursacht, fehlt dem Fastelovends-Evangelium. Der Psychosomatiker und Klinikleiter Arno Schleier wird in dem besagten Artikel so zitiert: »Wo die christliche Verkündung überwiegend Gesetzes- und damit Gerichtspredigt ist statt Frohe Botschaft, da erzeugt Verkündung

Statt Kümmernisse in sich hineinzufressen, können Narren sie herausposaunen

unweigerlich Angst und bereitet den Boden, auf dem Krankheiten gedeihen.« Vor solcher »christlichen Überforderung« per schlechtem Gewissen ist die rheinische Karnevalistengemeinschaft gefeit, solange »unser Pastor« dem närrischen Treiben beiwohnt. Ein Pastor, der selber Witze erzählt und einem Damenballett zuschaut, bekennt sich zum Menschlichen und nimmt anderen die Angst vor dem Fehltritt. Er demonstriert, daß man auch das Allzumenschliche reuelos überstehen kann.

Wenn nach Meinung der Mediziner selbst »religiöse Utopien« als »Anti-Stressoren« wirken können, dann hat der Karneval auch hier Ähnliches aufzubieten. Ist es nicht eine entlastende närrische Utopie, wenn schmerzliche Erlebnisse einen nicht unterkriegen? Da trifft um die Jahrhundertwende den Herrn Schmitz der Skandal, daß ihm die Frau durchbrennt, und er singt »trallerallalalala« (Willi Ostermann). Da spürt jemand, daß er nicht mehr so kann wie früher, und er besingt mit Leidensgenossen noch lautstark den »dritten Plück« (Karl Berbuer). Ein anderer gerät mit seinem christlichen Gewissen in Konflikt (»Ich han em Draum ming Frau bedroge«), und er geht dafür im Mundartlied den weiten Bußweg nach Kevelaer (Bläck Fööss). Selbst wer die Erfahrung machte, daß für ihn die Liebe nur noch käuflich ist, singt wehmütig, aber in Gemeinschaft, »Bye, bye my love« (Bläck Fööss). Sogar der Alptraum von der zerfetzten Hose gerät noch zum gelassenen »Ritsch ratsch, de Botz kapott« (Rote-Funken-Marsch).

Kurzum: In solchen Nöten und Ängsten suchen die einen Hilfe beim Arzt, andere gehen zum Pastor oder zum Psychotherapeuten. Und die Jecken singen in der Gemeinschaft gerade davon, was anderen Angst macht. Auch das kann Gesundheitsvorsorge sein — gegen die Depression. Sicherlich beinhaltet ein Gebet noch sehr viel anderes, aber das, was Angst macht, in der Gruppe zu benennen, gehört sowohl zum Seelenbalsam für den Betenden wie den Singenden. Vielleicht sähe sich die Zeitung nach Kenntnisnahme der Karnevalistenszene geneigt, den Artikel leicht verändert zu überschreiben: »Wer jeck ist, lebt länger!«

Der Kölner Karneval erstickt in Plüsch und Prunk. Was einst als volkstümliches Vergnügen begann, können sich heute nur noch Neureiche oder Karrieremenschen leisten. Für teures Geld hängen sie sich billiges Ordensblech um den Hals und lassen sich in ermüdenden Beförderungszeremonien mit militärischen Rangzeichen schmücken. Und über allem thront ein eitel-steifer Elferrat, bei dem die Starrheit der Kleiderordnung sogar die Mimik mit erfaßt.

So harte Kritik muß sich der Karneval gelegentlich gefallenlassen. Dagegen werden wir ihn gleich verteidigen.

Aber gönnen wir uns vorher noch eine Minute Zeit, und seien wir mal ehrlich: Uns hat doch einiges auch schon geärgert. Wenn ein schwarzbefrackter Karnevalsfunktionär nicht mehr lachen kann; wenn eine schlechte Flasche Wein so teuer wie ein Spitzengewächs ist; wenn die närrische Parodie auf Ordensseligkeit und Militärhierarchie in die Begeisterung darüber umschlug ... Das zu entschuldigen fällt manchmal schwer.

Wogegen wir den Karneval aber in Schutz nehmen wollen, das ist die Behauptung, er sei nur noch etwas für die Reichen und die Blender. Kann schon sein: »En Party in der Upperclass eß nix für Lück us d'r Klappergass.« Aber der Karneval ist ja auch keine Party, sondern immer noch ein riesiges Volksfest, in dem sich Upperclass und Klappergass ständig in die Arme laufen.

Da darf auch mal der kleine Mann der Lust am Prunk nachgeben, darf sich geehrt und geschmeichelt fühlen, wenn er auf der Bühne ausgezeichnet wird. Und ist es nicht gut, wenn diejenigen, die sich eine närrische Regentschaft leisten können, auch mal die Gelegenheit nutzen, die Sprache des Volkes zu sprechen?

Damit ist nicht nur die Mundart gemeint, sondern auch die Tatsache, daß sie sich manchmal, ihrer eigenen Art der Lebensführung überdrüssig, in Volkes Mitte begeben und bei Ähzezupp und Flönz ihrer Sehnsucht nach dem Echten und Bodenständigen nachgeben.

Daß einige danach wieder sang- und klanglos in der Upperclass verschwinden, ist eine andere Sache. Soziale Unterschiede sind durch den Karneval eben nicht aufhebbar. Aber was er wieder einmal zeigt, ist doch, daß es in Upperclass und Klappergass die gleichen seelischen Kräfte sind, von denen die Menschen bewegt werden. So wie Tünnes gelegentlich den vornehmen Cut von Schäl anlegen möchte, so drängt sich Schäl danach, in die urwüchsige Welt des Tünnes einzutauchen. Und warum sollte man den beiden dies Vergnügen madig machen?

DIE LUST AM PRUNK

Solange schon Archäologen den Boden nach Zeitzeugnissen durchwühlen, fördern sie auch Schmuckstücke ans Tageslicht. Allen Kulturen ist ein Bedürfnis zu eigen, sich mit Gegenständen zu umgeben, die keine praktische Funktion haben und die nichts anderem dienen als der Lust am Schönen, der Lust, sich zu schmücken. Die kultische Symbolik solcher Gegenstände spielt dabei zwar eine Rolle, aber nicht die einzige. Sobald eine Gruppe die primitivsten Bedürfnisse von Nahrung, Kleidung und Wohnung abgedeckt weiß, beschäftigt sich ihre Phantasie mit dem vermeintlich Unnützen, und sie beginnt, sich und ihre Umgebung zu dekorieren.

Es ist diese Lust sich zu schmücken, die das Kleid des Karnevalsoffiziellen schneidert. Sie paßt ihm Uniformrock und Litewka an, bindet ihm die Schärpe um und heftet straßbesetzte Orden an seine Brust. Sogar Smoking und Frack, bei deren Gestaltung die Variationsbreite geringer ist als bei den kunterbunten Karnevalsuniformen, gehören zu den schmückenden Gewändern. Von den Abendkleidern der Frauen einmal ganz zu schweigen.

Einmal schön sein! Die Grenzen zwischen Selbstgefälligkeit und Selbstironie sind im Karneval fließend

Der Wunsch, sich zu schmücken und in Idealpose darzustellen, lebt im Karneval auf

Der Karneval bietet den heimlichen Seelenwünschen nicht nur die Schminke für den Clown und für die verdötschte oder gar häßliche Rolle. Auch den entgegengesetzten Herzenswünschen steht er zur Verfügung. Einmal fein und elegant sein zu wollen, einmal dem eigenen Schönheitsideal nachkommen zu können — auch das macht Menschlichkeit aus.

Der Wunsch, sich zu schmücken und sich in Idealpose darzustellen, läßt sich nicht bis zur Selbstverleugnung kleinhalten, wenn die Seele gesund bleiben und der Verstand nicht in ideologischen Fanatismus abdriften will. Als in den siebziger Jahren das Fein-Sein, das modisch Schicke weitgehend verpönt war, als eine Ideologie von Lässigkeit und Anti-Mode das schlechte Gewissen beim Kauf von Abendkleid und Anzug gleich mitlieferte, da tat man sich schwer, das Schmuck- und Prunkbedürfnis auszuleben. Als Reaktion auf vorausgegangene übertriebene Zwänge, die mit der modischen Konvention gleich die Persönlichkeitseinschätzung mitbetrieben, war das nur zu verständlich und gesellschaftspolitisch vielleicht notwendig. Aber Lust und Spaß am hergebracht Dekorativen blieben auf der Strecke.

Der Karneval wurde eine der wenigen Zufluchtsstätten, in denen der operettenhafte Flitter, das schicke Kleid und die Freude am Eleganten gezeigt und gelebt werden durften. In Zeiten, da die Verwaschenheit von Jeans und Unfarbigkeit von Parka-Mäntel das Gruppenbild nicht nur bei Jugendlichen bestimmte, blieb das Leben am Hof des »schmucken Prinzen« für manchen die einzige Gelegenheit, sich selber festlich auszustaffieren. Im Karneval durfte er sich, ohne in die Gefahr der Lächerlichkeit zu geraten, noch mal »fein machen«.

Für die Generation, der die Jugendjahre durch Krieg und Nachkriegsnot verdorben wurde, war es wichtig, daß der Karneval auch den Zugang zur gehobenen Kleidung des Schäls ermöglichte. Wer mit sich zwangsläufig den Tünnes machen lassen mußte und wer sich dann endlich mal den Anzug des Schäls leisten konnte, der mußte sich bestraft fühlen, wenn er aus dem Schlamassel genau zu jener Zeit herauskam, als der Anzug plötzlich nicht mehr gefragt war, ja sogar als spießig bis »reaktionär« galt.

Der Sitzungskarneval ging zwar kriselnd durch die siebziger Jahre, letztlich aber erwies sich seine Funktion, dem Eleganten Raum zu geben, als so wichtig, daß er diesen Zeitraum — mit einigen durchlüftenden Reformen — überstand. Der Karneval gab auch hier wieder einmal Gelegenheit zum gemeinschaftlichen Ausleben genau der Bedürfnisse, die sich im gewöhnlichen Alltagsleben schwer tun, mag das nun seine Gründe in persönlichen oder gesellschaftlichen Umständen haben. Auch in diesem Sinne hatte er eine Ventilfunktion.

Heute ist es kaum noch vorstellbar, daß das Bedürfnis zur glänzenden Selbstdekoration der Schützenhilfe durch das Brauchtum bedurfte. Da tragen Männer Ohrringe, da glitzert Straß an Hals und Taille, sogar ordenähnliche Broschen werden an die Brust geheftet. Nicht nur die Jüngeren färben und strähnen sich das Haar, und nicht nur Ältere legen wieder so großen Wert auf Exklusivität der Kleidung, daß sie das Etikett des Herstellers gar nicht auffällig genug nach außen tragen können. Die Frage, welche Kleidermarke man trägt, spielt eine große Rolle.

Wie heftig die Reaktion zurückschlägt, wenn die Lust am Feinsein mißachtet wird, das wird mit Unwohlsein der feststellen, der zusehen muß, wie heute wieder Kleider »Leute machen«.

In Zeiten, da Presse- und Galabälle wieder zum gesellschaftlichen Ereignis werden, nachdem vor Jahren die Karten dafür noch wie warmes Bier angeboten werden mußten, und in Zeiten, in denen selbst beim Abschlußball des Tanzkreises eines Sozialwerkes der Smoking und andere teure Kleidung wieder »in« sind, wird der »feine Karneval« eher zur Trendbestätigung denn zum Ventil.

Es macht sich dann aber auch bald wieder die Gegenreaktion bemerkbar, wenn so mancher »Schöne Hubäät« und manche

Der Karneval öffnet nicht nur das Ventil für die Lust am Verdötschten . . .

... auch dem Hang zum Eleganten gibt er Raum

»Schicky Micky« von den Narren durch den Kakao gezogen werden. Der Karneval findet also nicht nur in der Seele des Einzelnen ein Ventil in Richtung Tünnes und eins in Richtung Schäl. In diese entgegengesetzten Richtungen kann sich auch die »Gemeinschaftsseele«, der gesellschaftliche Trend, öffnen.

Die Freude am Dekorativen äußert sich aber nicht nur in Kleidung und Aufmachung des einzelnen Karnevalisten oder in der Ausgestaltung der Festsäle. Sie kann auch ganze Gruppen erfassen, die ihre Lust am Schönen nicht nur durch die größere Anzahl der Kostümierten zu steigern suchen, sondern auch durch die Abstimmung ihrer Bewegungen. So formieren sich Korps, Garden und Ballette, die mit ihren Tänzen fester Bestandteil jeder Sitzung sind.

Selbst hinter der Freude am Säbelschwingen und den blankgeputzten Stiefeln steht wohl eher eine Gegenreaktion auf die farblos-nüchterne Wirklichkeit des Alltagslebens als eine Verherrlichung des Soldatentums. Schon Joseph Klersch hat in seinem Buch »Die kölnische Fastnacht« über dieses Problem nachgedacht, als er Phänomene aus den zwanziger Jahren aufgriff:

»Der Zug war in einem operettenhaften Militarismus erstickt; die Zahl der Korps stieg bis zu zehn an, und der Humor konnte am Ende nur noch in den Zeichnungen der Wagen sein Recht behaupten. Es konnte den Anschein haben, als ob der durch den Versailler Vertrag für das Rheinland verbotene Militarismus sich in den Karneval geflüchtet hätte, um sich unter der Tarnung der Maske ein Reservat zu schaffen.

Nun waren zwar die friedlich-gemütlichen Kölner in diesen Jahren nicht etwa zu Militaristen geworden; was sie lockte, das war das Drum und Dran, die Aufmachung, die Aufzüge, die manchmal das Programm der Sitzungen zu sprengen drohten.«

Heute färbt diese Lust am Schönempfundenen selbst Gruppen, die weit davon entfernt sind, mit militärischem Gardegeist in Verbindung gebracht zu werden. Gemeint sind jene kunterbunten Gruppen in den Veedelszöch, die vom Publikum geliebt werden und dem »Verein der Freunde und Förderer des Kölnischen Volkstums« als dem Veranstalter doch immer wieder Sorgen bereiten. Da werden Hunderte von Stoff- und Plastikblumen zu prachtvollen Gewändern zusammengestellt und über Monate hinweg die Wagen mit Modellaufbauten und Puppen liebevoll bestückt. Die Hingabe ist um so größer, als hier keine Karnevalsprofis am Werk sind wie beim Rosenmontagszug, sondern Amateure, die mit ganzem Herzen und nur damit an ihrer Arbeit hängen. Jedes Jahr sieht sich der Vereinsvorsitzende und frühere Bürgermeister Jan Brügelmann deshalb genötigt, die Teilnehmer zu mahnen, ihren Veedelszoch nicht in einen glanzvollen Blumenkorso wie in Nizza zu verwandeln, sondern bodenständigen Witz und Bezug zu städtischen Themen zu wahren — so stark kann sich die Lust am Prunk auch in einem volkstümlichen Umzug bemerkbar machen.

Schon Kinder, die sich verkleiden, geben ihrem Spiel nicht selten erstaunlich ordnende Strukturen. Das kann bis hin zur Formation eines Umzugs in Reih und Glied gehen. Wer diese Lust am geschmückten Umzug, die Freude sogar am Versuch eines uniformierten Gleichschritts abschätzig unterdrückt, wird letztlich die gleiche Erfahrung machen wie manche altgewordenen Eltern der einstigen antiautoritären Bewegung. Sie müssen heute oft feststellen, daß ihre inzwischen Herangewachsenen nach Nobelkarossen streben, während sie selber noch dem bunt bekleckstenGebrauchtwagen demonstrativ den Vorzug gegeben hatten.

Die Lust an derartigen Umzügen ist nicht per se ein Ausdruck militanter Gesinnung, wie man meinen könnte. Sie läßt sich allerdings von militanten Verführern extrem mißbrauchen, wie es sich auch heute noch bei Truppenparaden und staatlich organisierten Umzügen in aller Welt zeigt. Wer aber in spielerischer Form dazu Gelegenheit hat wie die Kölner mit ihren Zügen, ist davor wohl eher gefeit. Massenaufmärsche der braunen Machthaber blieben deshalb auch nicht ohne Grund in Köln besonders selten und unattraktiv. Und politische Einflußnahmen auf des Kölners liebsten Ummarsch, den »Zoch«, waren 1939 ebensowenig gern gesehen wie 1986, als selbst das harmlose Vorhaben der Landesregierung, im Rosenmontagszug einen »Nordrhein-Westfalen-Wagen« anläßlich des 40jährigen Landesjubiläums mitzuführen, am Karnevalistenprotest scheiterte.

Standfestigkeit wird auch in einem ganz anderen Kampf notwendig sein, der sich bereits am Horizont abzeichnet. Er wird einer Verführerin gelten, die sich in besonderer Weise der falschen Pracht verschrieben hat: der Werbung. Sollte sie im Zug an Boden gewinnen, so würde die harmlose Lust an Glanz und Glitter der Karnevalswelt für Zwecke mißbraucht, die mit dem eigentlichen Anliegen des Karnevals nichts zu tun haben.

Die Werbewelt muß die Schau und auch ein Stück Verlogenheit produzieren, indem sie weis macht, daß Kleider wirklich Leute machen. Um die Unverstelltheit als Lebensbedingung für den Tünnes müßte dann gefürchtet werden. Dienlich wäre das höchstens dem Schäl, aber der kommt auch heute schon nicht zu kurz. Durch eine kommerzielle Ausbeutung würde der Karneval jedenfalls der Unschuld beraubt, die er den politischen Verführern gegenüber noch bewahren konnte.

Die Kölner haben offenbar einen besonderen Hang zu farbenprächtigen und durchaus prunkvollen Umzügen. Schließlich gibt es außer dem Rosenmontagszug und den »Schull- und Veedelszöch« auch noch die Umzüge in den einzelnen Stadtteilen. Über 50 gab es davon im Jahr 1987, und zu einem großen Umzug, wie dem in Ehrenfeld, kommen weit über 80 000 Zuschauer.

Im Sommer befriedigen Fronleichnamsprozessionen und Schützenfeste das Bedürfnis nach Massenveranstaltungen auf der Straße. Durch die geschmückten Straßen ziehen dann nicht selten die gleichen Verantwortlichen, die auch die Karnevalsumzüge auf die Beine stellen, von den Musikern und den Fahnenträgern ganz zu schweigen. Bis auf die Tanzgruppe »Hellige Knäächte und Mägde«, die einen historisch angestammten Platz in der Prozession hat, wechseln alle Mitzieher dafür natürlich die Uniform. Gleich bleibt sich die Freude an der öffentlichen Demonstration, die dem Bedürfnis nach Geordnetem und Dekorativem, nach Feierlichkeit und Würde ihr Erlebnisfeld überläßt.

Gerade wenn es — durch die Jahreszeit bedingt — draußen recht trübe aussieht, erwacht das Bedürfnis, Glanz und Flitter in die gute Stube zu holen. Dem kommt nicht nur der vergleichsweise wohlgestellte Kölner Karneval nach, indem er Farbe und Leben in seine Sitzungssäle bringt, das führt auch zu dem unvermuteten Prunk einer

Proklamationsfeier, wie sie beispielsweise in dem unscheinbaren Industrie-Straßendorf Kalscheuren an der Kölner Stadtgrenze alljährlich von der KG Hofgrafen auf die Bühne gestellt wird.

In Stadtteilen wie Worringen oder Pesch und in den Randgemeinden wird jährlich eine Vielzahl närrischer Dreigestirne inthronisiert, die einen Abglanz des großen Kölner Vorbilds in manche dörfliche Mehrzweckhalle, in Schützenhäuser und Festzelte tragen.

Die Freude am Umzug lebt nicht nur am Rosenmontag auf. Selbst in kargen Nachkriegsjahren wurde zur Fronleichnamsprozession geschmückt — wie hier in der Straße »Unter Krahnenbäumen«

Sicherlich sind es unterschiedliche Gründe, die die Kölner aus allen sozialen Schichten in die Festsäle treiben. Diejenigen, die ohnehin schon reich und mächtig sind, wollen sich auch hier darstellen — und müssen es auch, denn ein anderes Gesellschaftsleben als das des Karnevals gibt es in Köln so gut wie nicht. Und umgekehrt: Wer am Abend in eine blitzsaubere Gardeuniform schlüpfen kann, nachdem er den ganzen Tag den Blaumann des Schlossers trug, Mehlstaub in der Backstube schluckte oder Urinflaschen auf der Krankenstation entleerte, der genießt den Einzug in die Operettenkulisse einer eleganten Sitzungsgesellschaft. Hier hat er die seltene Chance, für ein paar Stunden im Talmi-Glanz am Hofe seiner Tollität ein Leben zu führen, das ihm der Alltag nicht erlaubt.

Der Spaß am Dekorativen, am Feinen und am Prunk wird erst dann bedenklich, wenn er zum Selbstzweck und zum einzigen Zweck gerät. Das wäre der Fall, wenn Tünnes und Schäl im Herzen der Karnevalisten nicht mehr gemeinsam auftreten würden. Solange das aber noch der Fall ist, kann Schäl sich ruhig die Brust voller Orden heften — Tünnes wird ihn schon daran erinnern, daß sie letztlich nur aus wertlosem Metall sind.

Wenn andererseits der Schäl seinen Freund nur sich selbst überläßt, kommt auch nichts Gutes dabei heraus. Wo die Derbheit allein regiert, muß die Kultur bald weichen. Ein Narr, der nur tollpatschig-unpassend, deftig-unangepaßt aufträte, würde auf die Dauer zu einem alle Umgangsformen verletzenden Trampel.

Das »feine Kostüm« bedeutet aber auch einen Schritt zurück zu kindlichen Wünschen. Wer Kindern eine Kiste mit Kostümen bereitstellt, wird sehen, daß längst nicht nur der Spaß am Clownesken, am Skurrilen ihre Auswahl bestimmt. Mindestens ebenso groß ist die Freude, sich mal als feine Prinzessin, als Mann von Welt, als »d'Artagnan« unter den Musketieren, als König oder als Starlet zu sehen. Macht und Bedeutung haben zu wollen, schön und begehrt sein zu wollen, ist ein Bedürfnis, das wenigstens in der Illusion des Spiels flüchtig erfüllt werden darf. Das haben Kinder mit dem bayerischen Märchenkönig des vorigen Jahrhunderts und dem Kölner Karnevalsprinzen gemeinsam. Kinder und Narren beabsichtigen jedoch nie etwas anderes, als eben nur das Spiel — und auch das nur vorübergehend.

Solange ein Gleichgewicht zwischen Tünnes und Schäl besteht, wird auch dem Karnevalisten bewußt bleiben, daß seine Operetteninszenierung nichts anderes als Spiel ist. Allerdings ein Spiel, das Sehnsüchte der Seelenwirklichkeit aufzugreifen weiß. Einen Menschen der trotz aller Bodenständigkeit nicht auch einmal die Lust am

Eleganten verspürt, gibt es im Karneval ebensowenig wie in anderen Lebensbereichen. Das müßte ein Mensch sein, der noch nie den Wechsel von Phasen träger Bequemlichkeit mit solchen vorwärtsdrängenden Bildungshungers verspürte. Gäbe es ihn, dann stimmte etwas nicht. Deshalb wäre es genauso falsch, den Sitzungskarneval durch den Straßenkarneval ersetzen zu wollen wie umgekehrt.

Beides hat seine Existenzberechtigung, und echte Narren tummeln sich auf beiden Feldern. Mal geht der Tünnes mit seinem Freund im Schlepptau auf den Zug durch die Gemeinde, das andere Mal folgt Tünnes seinem zweiten Ich, dem Schäl, mit zögernden Schritten auf das Parkett des Sitzungssaales.

RIEVKOOCHE GEGEN AUSTERN

Beim exquisiten »Prinzenfrühstück«, das am Tag nach dem Rosenmontagszug der Kritik an der zurückliegenden Session gewidmet ist, geht es höchst vornehm zu. Besondere Anstrengungen der Küche sind traditionell vorgesehen, und die Gaumengenüsse werden dezent an die Tische von Oberbürgermeister, Festkomitee-Präsident und erwartungsfroher Karnevalsprominenz gereicht. So hätte sich auch im Jahr 1978 die Zeremonie wiederholt, wenn da nicht eine große »Kump Ähzezupp« (eine Schüssel mit Erbsensuppe) an den Tisch des Präsidenten des »Großen Senats des Kölner Karnevals«, Jan Brügelmann, geraten wäre.

Auf kölsche Art servierte man ihm die Quittung für seine ständigen Ermahnungen, den Fastelovend nicht in Prunk und Plüsch ersticken zu lassen. Mit seiner schon traditionellen Schelte für bestimmte Eitelkeiten goß er über Jahre Wasser in den Wein karnevalistischer Selbstgefälligkeit. Als Vorsitzender im »Verein der Freunde und Förderer des Kölnischen Brauchtums« hatte er sich mit seinem kritischen Begehren nach mehr Volkstümlichkeit schon manche Suppe eingebrockt. Nun bekam er sie in einem scherzhaften Racheakt serviert. Brügelmann löffelte sie aus und letztlich durfte gefragt werden, wer nun wen zum Narren hielt.

Es ist nicht bekannt, wieviele der erlauchten Gäste mit verstohlenem Neid zu der Kump Ähzezupp hinübergeschielt haben. Für gewöhnlich läßt sie als Symbol der Volkstümlichkeit das Karnevalistenherz höher schlagen. Es wäre kein Kölner Prinz, der nicht den »Kringel Flönz« (einen Kranz Blutwurst) dem gebeizten Lachs vorzöge und dem nicht beim Anblick der Gulaschkanone im Funkenbiwak der Roten Funken auf dem Neumarkt das Wasser mehr im

Munde zusammenliefe als bei lukullischen Spitzenleistungen an einem Senatsabend. Zumindest sagen die Prinzen immer, daß dies so sei. Besonders beim Besuch von Sozialeinrichtungen geraten solche Deftigkeitsbekenntnisse zum programmatischen Treueeid. »Mer sin jän jekumme, denn mer han noch keine Kaffee jedrunke un Appeltaat esse mer ärch jähn«, begrüßte Prinz Carl V. (Hagemann) die Bewohner beim Besuch eines Longericher Seniorenhauses.

Angetan wie ein Fürst von feinstem Hofe, mit seidenem und pelzbesetzten Gewand, geziert mit kostbaren Federn, verläßt der Prinz in Begleitung von Adjutant und Prinzenführer seine Nobelkarosse, um sich an des Volkes Tisch, bei Ähzezupp und Appeltaat am wohlsten zu fühlen. Das ist das wahrgewordene Märchen von »Zar und Zimmermann«. Beides zusammen macht einen Narrenfürsten erst aus: die Eleganz des Schäls und das volksnahe Gemüt des Tünnes. Das ist alles andere als widersprüchlich, das ist unbewußt gelebte Menschlichkeit.

Je wohlhabender die Menschen nämlich werden, desto größer wird auch die Sehnsucht nach dem Einfachen. In vielen Lebensbereichen spiegelt sich das, im Essen aber besonders.

»Wat sulle mer met Austern und Schnecke,
wat sull met Spaghetti un Schlock.
Mer losse uns Rievkooche schmecke
un mache uns flöck e paar parat«,

heißt es im »Rievkooche-Walzer«, mit dem die Bläck Fööss einst bekannt wurden.

Jeder weiß, das sich die Männer im Ornat des Dreigestirns die Tage zwischen Proklamation und Aschermittwoch ein Vermögen kosten lassen. Etwa 100 000 Mark für das »Trifolium« zusammen, das ist eine Summe, die nicht zu hoch veranschlagt ist, auch wenn sie je nach Länge der Session und Veranlagung des Narrentrios nach oben und unten schwanken dürfte. Auch der feudale Aufenthalt in einem Kölner Luxushotel, das die Übernachtungskosten selbst trägt (1987: 70 000 Mark), läßt die drei eher als Schäls denn als Tünnesse erscheinen.

Um diesen Anschein zu vermeiden, ließen sich einige närrische Dreigestirne zuweilen Gags einfallen, mit denen sie ihr Tünnesblut demonstrierten. Mal zog das Trifolium im orangefarbenen Schutzanzug der Müllwerker mit einem Abfallcontainer in das Hotel ein, mal als Bierkutscher, dann wieder in einem museumsreifen Kleinwagen, der durch die Hoteltür bis dicht vor den Rezeptionsschalter

Einzug in die Hofburg — einmal à la Klappergass . . .

. . . und einmal à la Upperclass

gefahren wurde. Mit Rucksack und Hut erschienen die Tollitäten auch schon mal als Wandervögel, begrüßten den Hoteldirektor als »Herbergsvater« und verzehrten ihre Butterbrote in der Hotelhalle. Freilich gab es auch das Gegenteil: Ein Dreigestirn ließ sich von einem englischen Doppeldeckerbus vor das Hotel fahren und zog »standesbewußt« im dunklen Mantel mit Bowler ein.

Manchmal verblüfft auch der für korrekte Kleiderordnung bekannte Elferrat einer Gesellschaft das Publikum, indem er zu sogenannten Milieusitzungen im Bauernkostüm einzieht und zwischen Marktständen mit Kohl und Rettich auf der Bühne Platz nimmt. Selbst die Sitzungskapelle ist mitunter für solche Überraschungseffekte gut, indem sie die Arbeitskleidung in den festlichen Saal hineinholt.

Der frühere Kapellmeister der Rote-Funken-Kapelle, Hardy van den Driesch, ließ seine Musiker bei einer Veranstaltung an einem Wochentag einmal nicht wie üblich eine halbe Stunde vor Sitzungsbeginn in den obligatorischen roten Smokingjacken aufspielen. Er erlaubte sich mit dem Literaten einen Scherz, weil dieser vergessen hatte, den Sitzungstermin bei ihm anzumelden. Als der Literat nervös und notgedrungen den Elferrat ohne Musik in den Börsensaal einziehen ließ, ertönte vom Seitengang erlösend der Rote-Funken-Marsch: Die Regimentskapelle zog so ein, als sei sie gerade auf allen möglichen Arbeitsstellen zusammengetrommelt worden. Der eine erschien im Hausmeisterkittel, der andere in Labor-Schutzkleidung, wieder andere mit Schutzhelm oder Aktenmappe.

Es sieht ganz so aus, als habe der Kölner Karneval sich noch soviel Volkstümlichkeit bewahrt, daß er mit gesteigerter Festlichkeit immer auch für den mahnenden Hinweis sorgt, wo die Gesellschaft eigentlich ihre Basis hat: in der Arbeitswelt. Wie selten sonst wird hier die Drecksarbeit des Alltags gewürdigt.

Das mag manch einem als Augenwischerei, als Gefälligkeitstrick gegenüber weniger wohlgestellten Gruppen erscheinen. Auch die Figur eines türkischen Straßenkehrers im Rosenmontagszug 1987 läßt sich als Alibi deuten. Doch wenn das auch einmal zutreffen sollte, so sind sich Smoking und Blaumann wohl selten so nahe wie im Kölner Karneval. Vielleicht hängt das auch damit zusammen, daß es oft genug Handwerker sind, die den Karneval auf ihren Schultern tragen. Mögen sie auch finanziell noch so gut gestellt sein, die Verbindung zur Arbeitswelt bleibt bestehen.

Wer in dieser Hinsicht nichts anzubieten hat oder eine durchsichtige Schau betreibt, ist schnell so aufgeschmissen, wie es Schäl ohne seinen Tünnes wäre. Die Art, wie der Eleganteste noch durchblicken läßt, daß ihm auch der Arbeitsanzug paßt, ist hier der wirksamste Schutz gegen Mißtrauen und Kritik. Selbst Oberstadtdirektor Kurt Rossa gibt bei Festakten denn auch gerne zu erkennen, daß er ursprünglich aus dem Elektrohandwerk kommt. Und wenn der Torwart Harald »Toni« Schumacher in Köln zum Idol der Stehplatz-Fans werden konnte, obwohl er doch bevorzugt wie ein Dressman abgelichtet wurde, dann deshalb, weil alle zugleich sehen konnten, daß er sich nie zu schade war, sich bei der Arbeit dreckig zu machen — in seinem Fall gar wortwörtlich.

In dieser Stadt wird zwar Prunk und Pathos geliebt, aber nur solange man nicht in der Not steht, das alles ernst nehmen zu müssen. Wer zu erkennen gibt, daß er Uniform oder Frack am liebsten auch im Alltag tragen würde, ist schnell unten durch. An allen Ecken lauert auf solchen Schäl der Tünnes, der ihn schnell vom hohen Roß herunterholt. Besser, man trennt die beiden erst gar nicht.

Gerade der Sitzungskarneval bietet die Gelegenheit, die Tünnes- und die Schälseite miteinander zu verbinden. Wer zu einem gesellschaftlichen Ereignis in bestimmter Kleiderordnung erscheint, muß seine Rolle eine Weile auch durchhalten. Selbst wenn man sich die Schauspielerei gegenseitig anmerkt, darf sie doch nicht entlarvt werden, denn jeder Sitzungsbesuch kostet in seiner Vorbereitung Mühe und Geld. Dieser Aufwand will erst einmal mit der Freude am schönen Schein belohnt sein. Im Verlauf des späteren Abends läßt dieser Zwang nach. Wenn das Lied vom »Buuredanz in Birkesdorf« ertönt, steigt schließlich alles doch noch auf die Stühle.

Je später der Abend, desto weniger kann Schäl den Tünnes in sich zügeln — spätestens beim »Buuredanz« steht alles auf den Stühlen

»SAG' ENS BLOTWOOSCH«

Lauschen wir folgender Szene:
Verabschiedungsfeier eines verdienten Schulrektors in den Ruhestand. Die Festgäste in der Aula erlebten soeben die Ansprache des Regierungsschuldirektors mit Aushändigen der Entlassungsurkunde. Der Schulchor sang zum Eingang, und eine kammermusikalische Kostbarkeit überbrückte zur nächsten Rede. Der Vertreter der Elternschaft trocknet noch einmal die feuchten Hände am Anzugstoff, und der Schulsprecher inspiziert zum zwanzigsten Male sein Manuskript. Ans Rednerpult tritt ein langgedientes Mitglied aus dem Kollegium: »Sehr geehrter Herr Schulrat, werte Festversammlung — leeven Jupp!«

Endlich! — Der »leeve Jupp« löst das Protokoll, bewirkt Heiterkeit, erleichtertes Aufräuspern, befreites Schmunzeln. Der altbewährte Kollege traf in der Versammlung der Schäls das Losungswort des Tünnes. Die Festversammlung hätte genauso gut einem Betriebsjubilar, einem Goldhochzeitspaar oder einem städtischen Beigeordneten gelten können — der Mundartschlenker löst überall die Steifheit und übermittelt die Botschaft: »Schäl, Du bist nicht allein, Tünnes ist bei Dir.« Das kann um so erlösender wirken, je steifer und gezwungener man sich vorher gab.

Das ist in etwa die gleiche spannungslösende Wirkung auf die der Büttenredner Gert Rück (»Ne Weltenbummler«) jährlich abzielt. In einer Passage seiner Rede strapaziert er die Hörer mit einem Marathon-Satz. Fremdwortgespickt steigert er ihn mit Förmlichkeit und Komplexität zu großer Spannung, um dann alles in einem Allerweltswort aufzulösen. Mit diesem einzigen Wort, meist einem mundartlichen, hätte der ganze intellektuelle Vorspann verkürzt wiedergegeben werden können: »Schäl, mach nit su ne Verzäll!«

Auch auf Karnevalssitzungen können solche Situationen mit steifer Etikette entstehen. Werden beispielsweise diplomatische oder akademische Ehrengäste begrüßt, kann ein Präsident sich in seiner Wortwahl schon mal so vergaloppieren, daß eine schlagfertige Kapelle diese Gestelztheiten mit dem Liedanfang »Sag' ens Blotwoosch« persiflieren wird.

In der Tat gibt es in Köln nur wenige gesellschaftliche Ereignisse, die das Pathos der reinen Hochsprache durchhalten. Wer mit seiner Rede auch das Herz erreichen will, und wer sein eigenes Herz verständlich machen will, der wird an der kölnischen Mundart nicht vorbeikommen. Manchmal genügt da schon ein kurzes Dialektzitat, wie es Heinrich Böll einmal gebrauchte. Die Dankesrede anläßlich seiner Ernennung zum Ehrenbürger schloß er 1983 im Kölner Rathaus vor versammelter »Upperclass« mit der Anleihe aus einem Volksgutpotpourri: »Ich han dem Mädche nix jedonn, ich han et bloß ens kräje.«

Es sind solche Kölsch-Einschübe in allen Lebenssituationen, die Außenstehende im Vorurteil bestärken, die Kölner könnten eigentlich nie ganz ernst sein. Dabei ist das gar kein Widerspruch! Die »Psalmen op Kölsch« lassen an Inbrünstigkeit und Feierlichkeit nichts entbehren. Das zeigt auch die mundartliche Liturgieabfolge in der »Kölschen Mess für Urjel, Tröt un Trumm«. Daß die Mundart hier eine Kraft gewinnen kann, die an amerikanische Spirituals erinnert, zeigt der Text von Ria Wordel im Vergleich zum hochdeutschen »Agnus Dei«:

»Joddeslamm, kumm, loß jon!
Nemm alle Sünde fott.
Joddeslamm, loß uns nit ston,
bes uns doch widder jot.«

»Lamm Gottes,
du nimmst hinweg die Sünde der Welt,
erbarme dich unser.«

Die seit einigen Jahren sehr rührige »Akademie für uns kölsche Sproch« weist mit ihren ganzjährigen Aktivitäten nach, daß es keinen Lebensbereich geben muß, der in der Mundart nicht seriös zum Ausdruck gebracht werden könnte. Die Ernsthaftigkeit der Aussage bleibt, und dennoch beherbergt die kölsche Redewendung noch einen zusätzlichen Informationsgehalt, der das Gemeinte unnachahmlich verdeutlichen kann und der sich nicht in Hochsprache übersetzen läßt. So war denn auch jenes Schlußzitat Bölls in der Feierstunde von einem Aussagewert, der sich nur so und nicht anders vermitteln ließ. Für das liebenswürdig-kritische Verhältnis des Literaturnobelpreisträgers zu seiner Heimatstadt könnten Textbelege und Recherchen zu Hauf vorgelegt werden, aber die bei aller Kürze große Ausdrucksvielfalt und Treffsicherheit des Kölsch-Zitats ließe sich damit nicht erreichen.

Kölsch ist die Sprache des Tünnes. Sie vermittelt damit nie nur Begriffe und Wörter, sie ist nie nur rein intellektueller Bedeutungsträger. Als Sprache des Tünnes überbringt sie zugleich ein Stück Lebensphilosophie. Es ist die Philosophie des ganzen Menschen, der sich zwischen Kopf und Gemüt keine Trennmauer bauen läßt.

Das macht solche Menschen stark. Der vermeintliche Dummling im Märchen hat uns gezeigt, zu welchen Schätzen das führen kann. Oder um noch einmal Goethe zu zitieren: »Jede Provinz liebt ihren Dialekt, denn er ist doch eigentlich das Element, in welchem die Seele ihren Atem schöpft.«

Es kommt nicht von ungefähr, daß die Mundart eine Wiederbelebung zur gleichen Zeit erfährt, in der auch andere Zeitströmungen sich des ganzen Menschen, der Ganzheitlichkeit von Leben überhaupt, wieder annehmen. Meist werden diese Bemühungen, die vor allem von der Jugend kommen, unter dem Stichwort »alternativ« zusammengefaßt.

In den gleichen Jahren, da die alternative, ökologische oder wie auch immer genannte Bewegung erstarkte, wurde auch die Mundart wieder populär. Die Musikszene zeigt, daß dies nicht ein reines Kölner Phänomen ist. Dialekt-Gruppen wie die bayerische »Spider Murphy Gang«, »Haindling«, die hessischen »Rodgau Monotones« und schon vorher die Wiener Interpreten beweisen, daß Dialekt gefragt ist. Die Kölner mischen in der Szene kräftig mit. Daß der Kölsch-Slang der Gruppe »BAP« im ganzen Lande Fans findet, daß die »Bläck Fööss« nicht mehr nur in der karnevalistischen Hitparade, sondern mit ihrer »Katrin« auch überregional ganz vorne lagen, all' das wäre zehn Jahre zuvor noch undenkbar gewesen.

Tünnes hat mit seiner Sprache ein starkes Ausdrucksmittel. Die Jugendlichen spüren das, wenn sie zu erkennen geben, daß Mundart für sie »in« ist. 1986 veröffentlichte das »Amt für rheinische Landeskunde« das Ergebnis einer Umfrage unter Jugendlichen über ihr Verhältnis zur Mundart. Dabei stellte sich nicht nur heraus, daß fast alle befragten rheinischen Jugendlichen die Gruppen »Bläck Fööss« und »BAP« kannten, sondern daß 97 Prozent von ihnen die Mundart ganz generell gesellschaftlich akzeptabel finden. Mehr noch: 86 Prozent bedauerten, daß sie ihre heimatliche Spracheigenarten nicht perfekt beherrschen.

»Da biste platt!« überschrieb das Informationsblatt »report« des Landschaftsverbands Rheinland diese Erkenntnisse über das »Platt«. In der Tat, Tünnes ist auf dem Vormarsch. Und der neue Streit, was nun wirklich Mundart und was Umgangskölsch à la »BAP« ist, kann unter diesem Gesichtspunkt getrost den Sprachpflegern und -forschern überlassen werden.

Da auch Schäl kölsch spricht, setzt das neue Hoffnung auf eine Chance zur Integration von Schäl und Tünnes in einem Colonia, das nicht mehr jene unsinnige und verletzende Menschenklassifizierung vom Hochdeutsch der »Upperclass« und dem Dialekt der »Klappergass« trifft. Da wäre dann nicht mehr die Rede von fein und unfein, da ginge es nur noch um die Kraft der menschlichen Ausdrucksstärke. Und davon liegt nun mal eine Menge in der Tünnes-Sprache.

Dazu noch einmal Heinrich Böll. Sein Zitat vom Mädchen, dem er »nix jedonn« hat, leitete er mit einer Liebeserklärung an diese Kraft des Tünnes ein: »Und nun zum wirklich wahren Schluß, eine kleine Hommage an den lokalen Sprachgenius Kölns, an die fast schon zahlreichen kölschen Musikgruppen, die, so scheint mir, dies etwas allzu sehr in kölsche Gemütlichkeit versunkene Kölsch wieder zum Leben erweckt und fast zu einer Weltsprache gemacht haben, auch ich möchte, um diesem Sprachgenius zu huldigen, einen Vers aussprechen, in dem sich auch Schuld und Unschuld eines Autors ausdrücken, ›ich han dem Mädche nix jedonn, ich han et bloß ens kräje‹.«

DIE SEHNSUCHT NACH DEM ECHTEN

Jupp Söller, Prinz Karneval von 1984, erzählt gern folgendes Erlebnis aus seiner närrischen Amtszeit: Bei einem Auftritt vor Behinderten in Köln-Chorweiler hatte er spontan einem Mädchen Hilfe bei einer dringend nötigen Anschaffung zugesagt. Aus Dankbarkeit luden die junge Behinderte und deren Eltern ihn ein. Sie hätten wegen ihrer schlechten finanziellen Lage aber nichts anderes als hausgemachte Reibekuchen anzubieten. Die Familie war sichtlich überrascht und erfreut, als der Prinz nach Aschermittwoch die Einladung annahm und sich zu ihrer Wohnung im Kölner Norden begab.

Noch Jahre nach diesem Ereignis schwärmt Söller von der deftigen Köstlichkeit der servierten Hausmannskost und vor allem von der Aufrichtigkeit und Ehrlichkeit der Atmosphäre.

Andere Prinzen erinnern sich ebenfalls mit einem gewissen Glanz im Auge an Besuche in Kindergärten, Krankenhäusern, Altenheimen. Die Tollitäten singen überhaupt gerne das hohe Lied der »einfachen Lück«. Oft bleiben ihnen solche Begegnungen nachhaltiger im Gedächtnis als das Bühnenspektakel mancher Prunksitzung.

Es ist die Ehrlichkeit der dort entgegengebrachten Reaktion, die Aufrichtigkeit eines Herzens, das nichts zu verlieren hat, das den Hang der Narrenfürsten zum »kleinen Mann« und zum Menschen mit dem argen Schicksal erklärt. Die Einfachheit macht keine Schau, sie vertuscht nichts, und so wie in der Geschichte von »Des Kaisers neue Kleider« bietet sie dem Herrscher einen unverstellten Spiegel seiner selbst. Hier wird nicht viel »Gedöns« gemacht, und hier erweist es sich, ob die Herzen des Volkes den »Fürsten der Freude« einlassen oder nicht.

Jeder Prinz weiß um die Schau, die ihm zuweilen vorgemacht wird. Er spürt, wo Neid, heimliche Mißgunst und das Spiel der Intrige das Lächeln und die Glückwünsche mancher Ordensverleihung bittersüß tränken. Andere wiederum versuchen, sich in seinem Glanz zu profilieren. Er kennt auch die Lüge, mit der er immerzu als Höhepunkt des Abends angekündigt wird. Er lächelt dann darüber hinweg, daß ihm nach einer zündenden Vornummer im Programm die Gäste auf dem Weg zu Buffet oder Toilette im Foyer entgegenkommen wenn er in den Saal will. Schließlich gibt es genug »Sitzungsprofis«, die meinen, beim Tollitätenaufzug am wenigsten vom Programm zu verpassen.

In der Tat wirkt die Freude über den Besuch des Dreigestirns vielfach dort am echtesten, wo der äußere Rahmen eher bescheiden ist: bei der kleinen Karnevalsgesellschaft, im Pfarrsaal, bei Kindern, Alten und Kranken. Auch Spitzenpolitiker erhoffen sich Glaubwürdigkeit, wenn sie ihr Ohr so an des Volkes Stimme zeigen. Keinem von ihnen fehlt das Bild im Album, auf dem er, vom Kohlenstaub gezeichnet, mit Bergleuten einem Förderkorb entsteigt. Wer karnevalistische Würdenträger von dergleichen Begegnungen berichten hört, darf ihnen getrost unterstellen, daß sie solche Kontakte nicht nur aus Berechnung suchen. Schließlich sind sie nicht auf Wahlkampf aus, und selbst bei 100prozentigem Sympathiegewinn werden am nächsten »Elften im Elften« andere gekürt.

Die Faszination der Begegnung mit dem Einfachen entspringt oft auch dem zeitweiligen Überdruß an der eigenen Lebensführung. Da gibt es beispielsweise manchen, der sich fragt, warum er ein Handwerk erlernt hat, wenn er sich nun überwiegend mit personalrechtlichen Problemen, Bilanzen, Zinssätzen, Kalkulationen, Verhandlungsstrategien und ähnlichen abstrakten Dingen zu beschäftigen hat. All das muß er, wenn er einen großen Betrieb erfolgreich und zeitgemäß führen will, und nur wer sich in dieser Einkommensstufe behauptet, wird sich ein karnevalistisches Würdenamt leisten können. Auch daß es auf den oberen Erfolgssprossen im Umgang mit anderen nicht immer nur mit herzlicher Unverstelltheit, Gradlinigkeit und ehrlicher Freundschaft zugeht, weiß ein jeder.

Narren aber sind Gemütsmenschen und bleiben es, auch wenn sie zu Geld und Erfolg gekommen sind. Als Gemütsmenschen werden

Karnevalsmenues — mal schlicht . . .

. . . mal vornehm

sie spüren, daß an einem Lebensstil etwas nicht richtig sein kann, der ihnen statt eines Werkstücks den Telefonhörer, das Scheckbuch oder ein Diktiergerät in die Hand drückt und der ihnen Geschäftsfreundlichkeit abverlangt, wenn die Faust lieber auf den Tisch hauen möchte. Je größer diese Entfremdung vom ursprünglichen Berufsmotiv und vom ureigenen Gemüt wird, desto stärker wächst der Wunsch, es noch einmal »wie früher« zu haben — einfach, aber echt.

Es wird wohl niemand glauben, diese Beobachtung träfe nur auf Karnevalsprinzen zu. Vielleicht haben sie aber größere Chancen, diese Widersprüche aufzulösen.

Konkret erleben solche »Entfremdungsgefühle« die Berufsreisenden, wie die Vertreter und Fernfahrer beispielsweise. Gastronomen an den Fernstraßen kennen deren Unterversorgung an Geborgenheit und stellen Werbetafeln mit dem Spruch auf: »Hier kannste futtern wie bei Muttern«. Die deftige, einfache Hausmannskost wird nirgendwo mehr geschätzt als bei denen, die zwangsläufig auf den heimatlichen Tisch verzichten müssen. Hier kann tatsächlich noch manche gutmütige, kernige Wirtsfrau zur »Mutter der Landstraße« werden, bei der man im Konkurrenzgeschäft des Alltags auch mal ehrlich sein darf.

Der »Fastelovend op d'r Stroß« kommt ohne musikalische Perfektion aus

Und noch eins macht die Faszination des Einfachen aus. Es ist der Unmut über die Arroganz, mit der alles sogenannte Kulturelle dem Volkstümlichen vorgezogen wird. Vielen ist es eine Genugtuung, wenn sie im Karneval manches vom Denkmalsockel zurück auf den Boden der Normalität holen können. So tut es beispielsweise Karl-Heinz Jansen in der Rolle des »Tröötemanns«. Ein uraltes, verbeultes Bombardon (eine Art Tuba) umgeschultert, kündigt er an, »Kultur in den Schuppen deuen« zu wollen. Doch dazu kommt es nie. Seine Typen-Rede ist eine einzige Persiflage auf den überspannten Kulturbegriff.

In der Welt außerhalb des Karnevals erweist sich das Klischee wohl als unausrottbar, daß Unterhaltsames leicht und deshalb qualitativ gering sei. Ernstes, Klassisches und sonstwie Kulturelles steht hingegen von vornherein im Ansehen des Anspruchsvollen. Dabei ahnt kein Außenstehender, wie schwer es ist, beispielsweise den »Blauen-Funken-Marsch« ordentlich zu musizieren. (Er wird's

Karl-Heinz Jansen verulkt in der Rolle des »Tröötemanns« ein überspanntes Kulturverständnis

dann leider auch selten.) Und nur Eingeweihte können nachvollziehen, wie flexibel das Auswendigspiel bei Programmimprovisationen sein muß und wieviel Routine dem Sitzungsmusiker im Spielen »vom Blatt« abverlangt wird, wenn unberechenbar die Tanzkorps mit ihren Notenkoffern und oft abenteuerlichen Tempovorgaben aufkreuzen. Beim kammermusikalischen Kollegen wird er dennoch nie über das Ansehen eines »Tusche-Trööters« oder »Tingel-Tangel-Musikanten« hinauskommen. Die Karnevalsmusiker selber nennen sich »Stripper«, was sie als selbstironischen Ehrencodex verstehen. Dem gleichen Musiker mit dem gleichen Instrumentenkoffer öffnen sich aber respektvoll die Bühneneingänge, wenn er im Orchester zur Haydn-Sinfonie antritt. Daß dieses Werk etwa einen Trompeter noch nicht einmal ein Zehntel so fordert wie eine Sitzung, will keiner wissen. Daß er den Frack mit Kummerbund und Schleife trägt und eben »Haydn spielt«, das gebietet Ehrfurcht. Da zahlt schließlich auch das Kulturamt.

Natürlich sind die Verhältnisse nicht durchgängig so einfach, wie gerade aufgezeigt. Orchesterprobespiele werden zurecht etwa mit Wagner- und Strawinsky-Musik gefordert und nicht mit dem Marsch »Alte Kameraden«. Aber es fallen vielc Fchlurteile, wenn die Polarisierung nach »Kitsch« und »Kultur« so voreilig und gedankenlos getroffen wird, wie dies oft geschieht.

Auch Tünnes und Schäl sehen durch ihre unterschiedliche Kleidung, Bauernkittel und Anzug, so gegensätzlich aus, daß Soziologen schnell mit gesellschaftlichem Klassendenken bei der Hand sein könnten. Schließlich heißt es »Kleider machen Leute«. Denkste. Jedenfalls ist das nicht kölsche Karnevalssoziologie. Auch wer hier die Kleidung der »besseren Gesellschaft« trägt, kann durchaus noch zu den »Leuten wie Du und ich« gehören. Wo sonst kann man »Upperclass« und »Klappergass« so einträchtig nebeneinander sehen wie im Karneval — wenigstens für die Dauer einer Session?

»ET HÄT NOCH IMMER, IMMER, IMMER GOT GEGANGE«

Wenn man sich gelegentlich anhört, was es alles an Vorbehalten gegenüber dem Karneval gibt, dann fallen meist zwei Vorwürfe, die einander glatt widersprechen.

Häufig wird kritisiert, daß die Narretei wie auf Kommando ausbreche. Das Argument scheint zu ziehen, wenn man sich vor Augen hält, wie die Jecken am Elften im Elften dem Zeigerstand elf Uhr elf entgegenfiebern. Und wenn dann alle Freude in der Nacht zum Aschermittwoch schlagartig ein Ende hat, dann scheint solcher Kalendergehorsam eher zu einem Beamten denn zu einem Narren zu passen.

Der andere Vorwurf besagt genau das Gegenteil: in Köln werde das ganze Jahr über nur Karneval gefeiert. Die Bewohner der Stadt seien nie richtig ernsthaft und nähmen alles auf die leichte Schulter.

Das kommt davon, wenn man nicht so genau hinschaut. Beide Kritiker wissen offenbar nicht recht, was die Kölner eigentlich zwischen Aschermittwoch und dem 11. 11. treiben. Da regiert zwar kein Narrenfürst, aber gemütvoll, wie die Kölner nun mal sind, greifen sie auch im Sommer gerne auf Symbole und Zeichen des Karnevals zurück. Und weil sie das während des ganzen Jahres tun, kann auch nicht davon die Rede sein, daß sie am 11. 11. auf Kommando jeck werden.

Die Karnevalisten haben sich diesen historischen Termin nur ausgesucht, um für das, was das ganze Jahr über ihre Herzen bewegt, auch einen richtigen Festtag zu haben. Andere feiern ihre Frühlingsgefühle mit einem Fest, die Bauern haben ihren Erntedanktag, und die Kölner haben sich mit den Tollen Tagen eben eine Festwoche geschaffen, in der sie ihr ureigenes Lebensgefühl feiern. Nicht der Karneval kommandiert die Bürger dieser Stadt — ihre Bewohner lassen hochleben, was sie auch alltags bewegt. Wie dieses Lebensgefühl sich im Alltag darstellt, wollen wir mit einem Blick auf kölsche Lebensläufe mit ihren Höhepunkten zwischen Geburt und Tod untersuchen.

Die bittersten Prüfungen mußte dies Selbstverständnis in den Kriegs- und Nachkriegszeiten über sich ergehen lassen. Auch darauf wollen wir einen Blick werfen, denn ein Schuß Jeckentum gehört tatsächlich zur Kölner Lebensphilosophie, und die erweist bekanntlich erst dann ihre Tragfähigkeit, wenn einem angst und bange wird. Besonders, wenn es einem ganzen Volk schlecht geht.

VON DER WIEGE BIS ZUR BAHRE

Auch in Köln weiß man um das Vorurteil, hier sei das ganze Jahr über Karneval. Die städtische Wirtschaftswerbung nahm sich das derart zu Herzen, daß sie in ihren Reklamefeldzügen den Karneval seitdem am liebsten ausklammert. Sie fürchtet, Köln als Wirtschaftszentrum, als Kunst- und Musikstadt, würde nicht genügend gewürdigt, wenn das Image als Karnevalsstadt übermächtig wäre.

Dennoch ist das Bild vom immerwährenden Karneval ein glattes Vorurteil, für dessen Entstehung es freilich gute Gründe gibt. In schwierigen Verhältnissen und bei wichtigen Einschnitten im Leben, an den sogenannten »Schwellensituationen« wie Geburt, Hochzeit oder Tod, versichert sich der Mensch gerne eines gemüthaften Beistandes. Im Rheinland stehen ihm dafür neben der Mundart die Vorratskammern der karnevalistischen Ausdrucksformen zur Verfügung. Und wenn es hier auch wie überall ist, daß der närri-

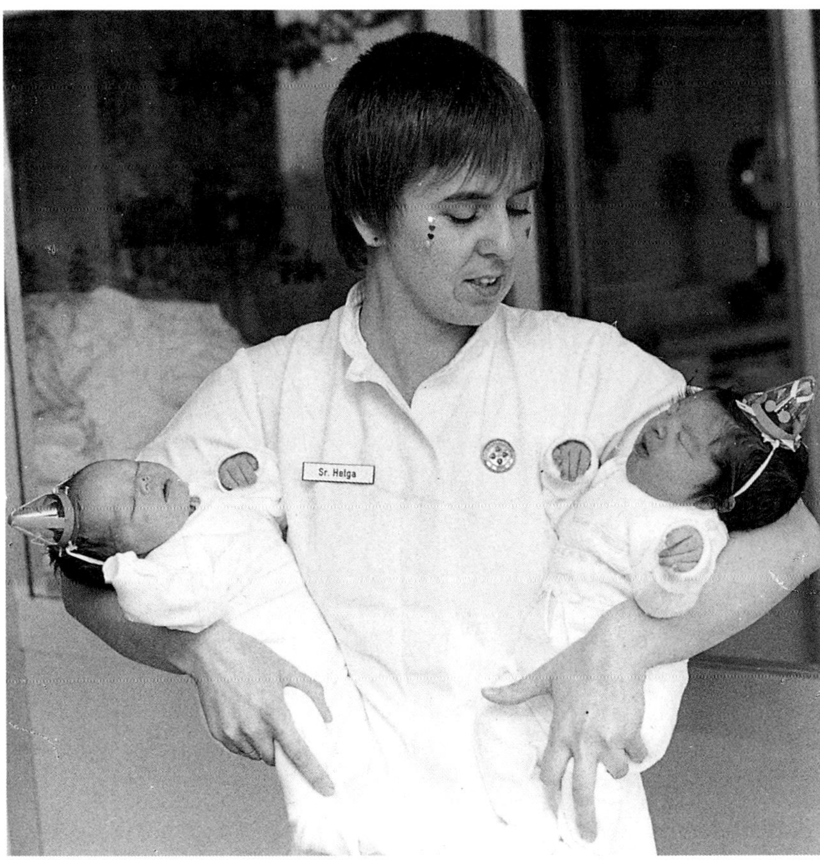

Neugeborene im Krankenhaus der Augustinerinnen in der Kölner Südstadt

sche Rheinländer an den wichtigsten Stationen seines Lebens meist den Anzug des Schäls trägt, so lädt er sich zum Fest doch immer auch den Tünnes ein. Auf einen rechten Narren trifft dies vom Wiegenfest bis zum Begräbnis zu.

Wobei es bei der erstgenannten Veranstaltung natürlich noch der Hilfe närrischer Eltern oder wenigstens einer ebensolchen Hebamme bedarf. So werden die Kinder, die im Krankenhaus der Augustinerinnen in der Kölner Südstadt das Licht der Welt just an den tollen Tagen erblicken, nicht nur mit rosa oder blauen Bändchen kenntlich gemacht. Den Neugeborenenschädel ziert auch ein Karnevalshütchen. Dieses »Nonnenkrankenhaus« erhält nämlich regelmäßigen Besuch vom Dreigestirn, und das soll nicht einmal von den Neugeborenen ohne Kostüm empfangen werden.

Text einer Geburtsanzeige aus Köln-Nippes:
»Zick dem 6. Oktober han mer . . .
. . . mih Sorje, winniger Schlof
mih Arbeit, winniger Zick zum Nixdun,
mih Jedöns, winniger Platz.
Ävver dofür met Jenny
7 Pund mih Jlöck.«

Solche Gesten gehen über den Fastelovend hinaus, sie sind Teil eines Lebensprogramms. Sich selber nicht ganz ernst zu nehmen in Situationen, denen landläufig allergrößte Bedeutung beigemessen wird, gehört dazu. Weil es ein Programm ist, das sich zum Gemüt bekennt, äußert es sich besonders gerne in Ausdrucksformen, derer sich auch der Karneval bedient. Für Außenstehende ist so etwas beim flüchtigen Blick nur schwer zu trennen. Daher das Vorurteil von der ewig jecken Stadt.

Zu den Festen, die so etwas in besonderer Weise zum Ausdruck bringen, gehört spätestens seit Willi Ostermanns Lied vom »Kinddauffeß unger Krahnebäume« die Taufe. Das hier besungene Geschehen haftet seitdem als schaurig-schönes Ideal jeder kölschen Familienfeier an:

»Eß mer op en Kinddauf engelade,
dat kann nix schade, do geiht mer hin;
denn vun Hätze kann mer sich vermaache,
et gitt ze lache — un vill zo sin.«

Was es dort zu sehen gibt, reicht vom gemeinsamen Musizieren bis zur handfesten Keilerei, in deren Verlauf vorübergehend gar der Täufling verlorengeht. Trotzdem offenbart das Lied keine Bösartigkeiten, denn:

»So'n Fest is edel — em richt'ge Veedel
die ganze Naach, do geiht et Trallalala lalala . . .«

Von den älteren Karnevalsliedern ist dies eins, das auch die Jugend noch gerne singt. Der Reiz liegt nicht unerheblich darin, wie hier »das Edle« behandelt wird. Es wird als aufgesetzt entlarvt, und zum

Kindtaufe in der KG »Unger Uns«. Den Täuflingen wird zugleich die Ehrenmitgliedschaft in der Gesellschaft verliehen, gültig bis zum 18. Lebensjahr

Vorschein kommen menschliche Schwächen, die einen Teil des Gemüthaften ausmachen. Nicht einmal, wenn es im Lied heißt »Einer wor der andre durch am bläue«, wollen einem die besungenen Rabauken und Festverderber unsympathisch erscheinen. Sie führen ja letztlich auch nicht eine skandalös entglittene Familienfeier vor Augen, sondern veranschaulichen hauptsächlich, daß in den Schäls ein Tünnes steckt. Erst stolzieren sie — die Silberkrawatte mit einer Nadel festgesteckt — in die Kirche, und nachher sind alle ein bißchen »trallala lalala ...«

Von einer anderen Schwellensituation singen die Bläck Fööss. Sie zelebrieren »minge allerschwerste Dach«. Wenn die schleppend dumpfen Einleitungsverse ertönen, macht sich die Stimmung eines Leichenbegräbnisses breit: »Hück es mingen allerschwerste Dach / Unglöck hät breit Fööss, wer hätt' dat jedaach.« Erst später klärt sich, daß es um eine Hochzeit geht. »Dä Pastor säht: ›Liebes Brautpaar, bevor ich Euch trau, denkt noch einmal nach und prüft Euch genau.‹ Ich han mich jepröf, jetz ben ich am Eng, dä Ring an mingem Finger sitz jet eng.« (Bläck Fööss / Hans Knipp).

Die Entscheidung zum Bund fürs Leben macht eben nicht nur Freude, sie macht auch Angst. Wenn dann dieser Akt in festlicher Garderobe und feierlicher Atmosphäre bezeugt werden soll, wird's

An den Schwellensituationen des Lebens genießen die Karnevalisten den Geleitschutz der Narrengemeinschaft

manchem wirklich bang ums Herz. Wer ist sich schon so sicher, wie es die Förmlichkeit der gesellschaftlichen Szene verlangt? Und was heißt schon vorherige Prüfung? Das eigentliche Wagnis der Beziehung beginnt ja erst jetzt. Kurz: der Schritt aus der bisherigen Alleinverantwortlichkeit ist eine der wichtigen Schwellensituationen des Lebens. Das bereitet auch Unbehagen, und deswegen ist man dabei nicht gern allein.

Da freut sich dann mancher, wenn Freunde und Kollegen ein lustiges Spalier bilden. Für den Hundeführer eins mit Polizeihunden, für den Vertreter eins mit Staubsaugern und für das Mariechen eins mit uniformierten Gardisten. Andere Hochzeiter zeigen schon vorher mit einer mundartlichen Einladung an, daß sie den Trauungsakt zwar ernst meinen, aber nicht tierisch-ernst nehmen: »Hück es Polterovend en d'r Elsaßstroß...«

Mit diesem Ausflug in die Tünnessprache geselliger Stunden vergewissern sie sich unausgesprochen des Gemüts-Beistands derer, die ihnen bisher wichtig waren. Zugleich wird signalisiert, ich begebe mich jetzt zwar in einen etablierten Stand, zähle gar zu den etwas Gesetzteren und trage heute auch zwangsläufig den Anzug des Schäls — aber ich hebe nicht ab. Ich bleibe einer von eurem Gemüt.

Einige sind jedoch das ganze Jahr über so sehr Tünnes, daß sie nicht einmal an diesem Tag den Frack des Schäl tragen mögen. Diese Zeitgenossen sind so jeck, daß sie auch beim Trauungsakt nur Tünnes bleiben wollen: Sie treten im Clownskostüm beim Standesamt an. Klar, daß diese jecken Paare sich mit Vorliebe den Elften im Elften oder die Zeit um Rosenmontag als Hochzeitstag aussuchen. Bei den »Düxer Clowns« geraten Perücken, Schminke und Ringelhemd geradezu zum närrischen Statussymbol, und natürlich wird auch für

Selbst vor dem Standesbeamten mögen die »Düxer Clowns« ihr Kostüm nicht ablegen

die Trauzeugen nichts anderes zugelassen als das Clownskostüm.

An den weiteren Lebensstationen geht es ähnlich zu: Kommunion, Berufs- und Vereinsjubiläen, Silber- und Goldhochzeiten ... Alle werden von den Narren des Alltags mit einem Bekenntnis zum Gemüt gefeiert, so daß bei vordergründiger Betrachtung wieder der Eindruck von »Karneval« entsteht.

Das erfaßt sogar Augenblicke, von denen man es nicht erwartet hätte. In dem schon erwähnten Krankenhaus der Augustinerinnen wird nicht nur geboren. Wie in jedem Krankenhaus gehört auch der Tod zum Tagesgeschehen. Als das Dreigestirn 1984 dort zum Sessionsbesuch aufgewartet hatte und sich einzeln durch die Reihen der bettlägerigen Patienten mit Händeschütteln verabschiedete, war Jungfrau Theodora (Schneefeld) plötzlich in Tränen aufgelöst. Eine hochbetagte Schwerkranke hatte ihr besonders innig die Hand gedrückt mit den Worten: »Ich danken Üch, dat Ihr jekomme seid. Dat wor minge sehnlichste Wunsch. Nu kann ich ruhig stirve.« Am nächsten Tag rief der Arzt in der Hofburg der Tollitäten an, um mitzuteilen, daß die Frau tatsächlich noch in der Nacht friedlich entschlafen sei. Eine wahre Geschichte, eine extreme Geschichte. Aber sie macht vielleicht deutlich, daß es nichts mit Pietätlosigkeit zu tun hat, wenn der Karneval manchmal bis ans Sterbebett geht.

Man könnte sogar fragen, wo denn der Beistand des Gemüts mit seinen Facetten von Gemeinschaft, Geborgenheit, Volksreligiosität und Wärme mehr angebracht wäre, als in den schweren letzten Stunden. Karnevalistische Attribute werden dabei demjenigen ein geschmackloser Fremdkörper sein, der mit ihnen nicht gelebt hat. Aber sollte gerade der, der ein Leben lang seine Heimat bei den Jekken hatte und dem das Tünnesblut Teile seiner Identität belebte, sich ausgerechnet beim Abgang von der irdischen Narrenbühne allein in die Hände eines Schäls im weißen Kittel begeben?

Tünnes und seine Verwandten, die Jecken und Narren, machen aus der Beerdigung noch einmal eine letzte große Demonstration ihrer Seelengemeinschaft, auch wenn sie dabei den Schäl-Anzug tragen. Zuvor geben sie eine Todesanzeige auf, in der das verdienstvolle Wirken des verstorbenen Mitglieds für die Gesellschaft gelobt wird, und manchmal heben sie auch hervor, daß der Verstorbene Elemente von Tünnes und Schäl in sich vereinigte: »Er war einer dem Ernst und Frohsinn sich hingebender Kölner, er war ein Bürger unserer Stadt«, hieß es in einem Nachruf der Prinzen-Garde auf ein hochrangiges Mitglied.

Die Ehrerbietungen am Sarge sind in den Traditionsgesellschaften denen bei hohen Staatsbeamten nicht unähnlich. Uniformen, Fahnen und Ehrenzeichen werden aufgeboten — nur sind es samt und sonders Zeichen, die sonst dem närrischen Saal und der Straße gelten. Über das offene Grab wird die gleiche Fahne gesenkt, die seit Generationen als sogenannter Plaggen durch die Alaaf-Wogen des Rosenmontagszugs getragen wird. Gelegentlich wird auch die Gesellschaftsmütze ins Grab mitgegeben. Thomas Liessem berichtet von diesem Akt bei der Beerdigung des Karnevalskomponisten Gerhard Ebeler (1969):

»Ich durfte als damaliger Festkomiteepräsident dem langjährigen Weggenossen fröhlicher Tage die Abschiedsworte sagen und auf seinem Sarg die vierfarbene Mütze des Kölner Karnevals niederlegen, unter welcher er so lange seinem geliebten vaterstädtischen Fest mit größtem Erfolg gedient hat.
Gott trüs en en der Iwigkeit!«

Natürlich begleitet auch eine Musikkapelle die letzte Reise eines Karnevalsoffiziellen. Es sind die gleichen Musiker, die zu den Sitzungen und Umzügen aufspielen, und sie spielen auch die gleichen Lieder. Tatsächlich: Nicht etwa der sonst obligatorische Trauermarsch von Chopin, sondern der Marsch der Ehrengarde oder der Roten Funken, abgelöst von »O du wunderschöner deutscher Rhein«, erklingen.

Im Anhang der Notenhefte tauchen einige Schlager und Gesellschaftsmärsche nämlich noch einmal auf — anders gesetzt. Das Metrum ist getragen, und die Harmonien sind in traurigsten Moll-Parallelen geschrieben. Diese Lieder werden dann am offenen Grab gespielt. Selbst für den — während der Session noch nie eingetretenen — ungewöhnlichsten aller Fälle haben die Komponisten vorgesorgt. Auch das Einzugslied aller Prinzen »Ach wär' ich nur ein einzig Mal, ein schmucker Prinz im Karneval« erscheint als Trauermarschausgabe.

Als die Roten Funken 1965 den Tod ihres Präsidenten Eberhard Hamacher betrauerten, da bahrten sie den beliebten Karnevalisten in der Wachstube des »Funkenturms«, der mittelalterlichen »Ulrepforte«, inmitten rot-weißer Treuesymbole auf. In voller Uniform hielten Gesellschaftskameraden Ehrenwache, genauso wie dies Generäle am Sarg Konrad Adenauers zwei Jahre später im Kölner Dom taten. Kostüme und Perücken, in denen sonst »zum Bützen ausgeschwärmt« wird, lassen sich auch bei traurigem Anlaß einsetzen.

Da erscheint es fast schon als selbstverständlich, daß jedes Jahr zu Allerheiligen eine närrische Delegation mit Kranz, Fahne und Kapelle über den Kölner Südfriedhof zieht, um in Trauermarschformation das Grab des letztverstorbenen Präsidenten aufzusuchen.

Karnevalistische Ehrenwache — Rote Funken am Sarg ihres 1965 verstorbenen Präsidenten Eberhard Hamacher

Bei all dem spielt der Karneval zwar eine Rolle, aber nur hilfsweise. Ziel solcher Veranstaltungen ist es ja nicht, das Jeckentreiben auch im Kreißsaal oder am Grab fortzusetzen. Meist dient das Karnevalszitat nur dazu, die Steifheit und Strenge des Rituals zu lokkern. Insofern ist die Annahme, in Köln werde das ganze Jahr über Karneval gefeiert, ein Vorurteil, auch wenn einige Äußerlichkeiten das unterstützen.

Der Beobachter muß sich schon näher heranbegeben, um erkennen zu können, daß im jecken Gewande auch der Ernst zu Hause ist. Zwar ist es ein gemüthafter Ernst — doch gerade deswegen kann es ja so furchtbar traurig werden. Wo das Gemüt des Tünnes beteiligt ist, da geht es nicht lau zu. Da ist es ergreifend feierlich oder umwerfend komisch.

Welche Erkenntnis solch ein Lebenslauf mit närrischen Momenten möglich macht, hat B. Gravelott unnachahmlich kurz zusammengefaßt:

»Et ganze Levve«

»Wenn mer op de Äd kütt eß mer bläck,
Litt mem Föttche op ner wööle Deck,
Hät villeich gekresche ov gekrieht,
Wie mer wood em Weckel eingedrieht.
Wenn mer vun der Äd geiht eß mer bläck,
Litt mem Hingersch bloß op Holzpiensdreck,
Em papeere Hembche eingenieht,
Hät de Auge jet em Kopp verdrieht.
Un dozwesche — zwesche Deck un Dreck
Litt die Levve, weiß do dat, do Jeck?«

KARNEVAL IN NOTZEITEN

»Der Kölsche hät en Eigenaat,
die fingk mer söns nit mieh . . .

Trotz Nut und Dut un Sorg un Leid
eß he noch Minschefründlichkeit.«

Das sollte man auf Hochdeutsch noch ein zweites Mal hören: »Trotz Not und Tod und Sorg' und Leid / ist hier noch Menschenfreundlichkeit.« August Schnorrenberg textete und komponierte solche Verse in der bittersten Kölner Nachkriegszeit, in der hinter jedem Wort die harte Realität der Überlebenden stand.

Natürlich schildert das Lied einen volksmoralischen Idealzustand, und sicherlich entwirft es im Refrain ein Heile-Welt-Klischee: *» Wenn op d'r Huhstroß de Lampe widder brenne / Wa' mer en Kölle sich widder us deit kenne / Wenn de kölsche Kinder singe met Humor / Dann eß uns Kölle och widder, wie et wor. «*

Wichtiger als alle Durchhalteparolen waren die Lebenszeichen des ersten Nachkriegskarnevals

Solche Liederzeilen waren dennoch keine »Durchhalteparolen«, denn dagegen war man nach noch allzufrischer »tausendjähriger« Erfahrung allergisch. Aber sie trafen die Volksseele und das einzelne Herz genau dort, wo die Parolen gerne getroffen hätten. Dort schließlich wurde denn auch unter Mithilfe des Karnevals die jahrelange Unterscheidung zwischen Freund und Feind durch die umfassendere »Menschenfreundlichkeit« ersetzt.

Die Lieder, die in den ersten Jahren nach 1945 entstanden, gingen mit so konkreten Handlungen einher, daß man sie nicht als ohnmächtigen Galgenhumor abtun kann. »Jetz wed opgerümp met all däm ganzen Dreck«, textete Karl Berbuer 1948 im Kölner Trümmerhaufen. Das berühmte Mainzer »Heile, heile Gänsje« verfolgte keine andere Absicht, obwohl die Popularität seines Refrains die Einleitungsverse in Vergessenheit geraten ließ:

»Wenn ich e' mal de Herrgott wär,
Da wüßte ich nur ääns:
Ich nähm in meine Arme weit
Mein arm zertrümmert Määnz.
(...)
Ich bau dich wieder auf geschwind,
Du warst ja gar nit Schuld!
Ich mach dich wieder wunnerschön,
Du derfst, du sollst nit unergehn!«

Derartige Ermunterungen zum Wiederaufbau wurden natürlich lieber vom Narrenlied als von Verordnungen der Besatzungs- und Übergangsregierung angenommen.

Die Jahre zwischen der sogenannten Stunde Null im Jahr 1945 und der Republikgründung, 1949, gaben zu allem anderen Anlaß, als an Karneval zu denken. Und dennoch hinterließen die Narren mit ihrem Humor, ihrer Kreativität und ihrem Scharfblick ein Zeugnis so humaner Tatkraft und menschlicher Wärme, daß die Erinnerung manchmal sehnsüchtig dahin zurückgeht: »Dröm fier d'r Fastelovend / Noch ens su wie vür veezich Johr!« So sangen die Bläck Fööss vierzig Jahre nach Kriegsende:

»Usjebomb un afjebrannt
Nur Schutt un Dreck am Strosserand
D'r Kreech wor us un keiner woss,
Op et noch wiggerjeit.
(...)
E besje laache holf jet drüvver weg,
Kumm denk ens dran zoröck!« (Bläck Fööss: »Usjebomb«)

»Humor ist, wenn man trotzdem lacht«, heißt die Redensart. Psychologisch gesehen, kommt es bei dieser Volksweisheit besonders auf das »trotzdem« an. Damit wird ausgedrückt, daß jemand, der Humor besitzt, die Augen nicht vor der Wirklichkeit zu verschließen braucht. Auch angesichts des Dramas besinnt er sich auf so viele Eigenkräfte, daß er noch lachen kann. Solche Kraft kann nach einer Phase des Entsetzens und der Traurigkeit auch die Rückbesinnung auf die Lebenserfahrung sein: »Et hät noch immer, immer, immer got gegange«. Wer im »Kölnischen Liederschatz« liest, wie selbst nach schwerstem Brandbombenhagel ein Kölscher sich an ein aus den Trümmern gezogenes Klavier setzte und neben dem noch brennenden Haus eben dieses Lied anspielte, der ahnt etwas von der elementaren Kraft des Narrengemüts. Nicht umsonst nennen Außenstehende eine solche Situation »verrückt«, »wahnsinnig«, »total jeck«.

Dieses »trotzdem« ist so bedeutend, weil hier der Humor das Schlimme nicht einfach leugnet. In Wohlstandszeiten, in denen Not und Leid eher in abstrakten, unsichtbaren Formen die Seele des Menschen quälen, tut man sich schwerer mit neuen, zeitgemäßen närrischen Aufmunterungen. Die Lustlosigkeit und die per Alkohol geförderte »Stimmung« überspielen die »seelische Schrecksekunde« wohl doch zu rasch, wenn es — bei den »Höhnern« — heißt:

»Kumm loß d'r Mot nit sinke
Jangk met e Dröppche drinke.
Hau kräftig op de Trumm
Do beß ene echte kölsche Jung!«

Die Karnevalslieder aus Notzeiten beschwören dagegen immer jenes trotzige »Dennoch«, »Jetzt erst recht« oder »Nicht mit uns«, ohne die schlimme Wirklichkeit dabei vergessen zu wollen.

1948 beging der Kölner Karneval das 125jährige Bestehen seit seiner Wiederbelebung. Dekorationsmaterial oder Geld für Prunk-Ausstattungen war nicht vorhanden, also wurden ideelle Werte zum Jubelträger. »In Deutschlands schwerster Zeit bringt der Festausschuß des Kölner Karnevals e. V. ein Buch heraus über den Kölner Karneval«, leitet der Ausschuß-Vorsitzende, Albrecht Bodde, sein Vorwort zu Joseph Klerschs »Kölner Fastnachtsspiegel« ein. Gedruckt auf einem Papier, das die Materialarmut anschaulich unterstreicht, heißt es: »Nun Werk, gehe hinaus und lege Zeugnis davon ab, daß der Lebensmut der Kölner in den Trümmern der Stadt und in dem Chaos des Geistes der letzten 15 Jahre sich als unüberwindlich gezeigt hat.« Wer in jener Zeit die eitle Schäl-Seite des Jekken herausgekehrt hätte, dürfte außer Lächerlichkeit nichts zu gewinnen gehabt haben. Das Tünnesgemüt, die Echtheit des Herzens, war gefordert, so wie es ein Lied von 1948 ausdrückt:

»Morgens frög uns ald die Frau:
›Wat soll ich hück koche?‹
Un säht flöck dobei: ›Au, au —
Ich han nix zo stoche!‹

Et mäht d'r Mann'n domm Geseech
Säht dann unger Laache:
›Doför hann ich dich, leev Weech,
Do weeß et schon maache!‹
Die zwei sich einig sinn:

Wat wör dat ganze Leeve wäht,
Wenn sich der Minsch noch ärgere dhät.
Die schlächte Zick vorüvver geiht
Se doort kein Iwigkeit!«

(P. Horatz auf die »Körschgen Melodie«)

Wenn ringsherum alles zerschlagen liegt, wenn Ungewißheit und Unterversorgung den Alltag bestimmen, dann wird das Gemüt zum unveräußerlichen Kapital:

»Jo watt vun Kölle eß kapott,
Weed widder neu gemaht.
Un eß och manches Gässge fott,
Bliev doch die kölsche Aat.«

(Karl Jahn: »Der kölsche Fastelovend«)

In Notzeiten wird der närrische Reim sogar zum Lebensprogramm:

»Et größte Leid weed widder got,
Wenn mer behält dä fruhe Mot,
Dröm maache mer uns jitz ens Freud,
Eh' et zo spät, denn heut ist heut.«

(Unbekannter Verfasser im Liederheft der Roten Funken, 1946)

»Dä Kreeg eß am Engk, Funk späu en de Hängk« — ihrer damals populären Parole folgen hier die Roten Funken mit Oberbürgermeister Theo Burauen bei Aufräumarbeiten an der Ulrepforte

Die Dokumente närrisch-menschlicher Selbstbehauptung sind nicht auf die Zeit nach dem Zweiten Weltkrieg beschränkt. Sie wurden angesichts der Kontraste zwischen Frohsinn und Hunger,

Kostümierung und Trümmerwüste damals aber besonders deutlich. Doch schon nach dem Ersten Weltkrieg begründete Karl Berbuer seinen Ruf als Komponist zwischen Gemüt und Politik mit dem 1924 erschienen Lied:

»Se kriggen uns nit kapott,
Es och et letzte Hemb vum Liev
Dä letzte Grosche fott.«

»Met uns mäht keiner d'r Molli mieh«, hieß es in ähnlicher Version nach dem Zweiten Weltkrieg bei Jupp Schlösser. Und in unserer Zeit, wo Angst und Depression angesichts von Aids, Umweltzerstörung und Atomwaffen auftauchen, setzten die »Bläck Fööss« die Tradition fort mit der geballten Ladung eines Langspielplatten-Albums: »Mir klääve am Lääve« — uns kritt keiner klein.«

Die Beispiele belegen die These von Reinold Louis, daß der Karneval »Mäzen des kölnischen Volksliedes« ist. Es hätte ohne den Karneval keine Aufführungsanlässe gehabt. Auch wäre es ohne die bescheidenen Liederhefte der Gesellschaften als Veröffentlichung nicht erhalten geblieben. Oft sind diese Liedertexte die einzigen verläßlichen Quellen zum Karneval vergangener Jahre. Schriften zum Thema, die über eine Vereinsgeschichtsschreibung hinausgehen, gibt es wenig, und die Archive der meisten Karnevalsgesellschaften sind in schlechtem Zustand. Das ist einerseits zu bedauern, andererseits zeigt es, wie sehr der Karneval im jeweiligen Augenblick verwurzelt ist — Vergangenheit und Zukunft interessieren ihn wenig. In den Texten der Karnevalslieder aber — wie in den Figuren von Tünnes und Schäl — hat das Kölner Gemüt seine Ausdrucksmöglichkeit gefunden. Der Karneval ist damit auch der Mäzen einer kölnischen Seelenkunde.

Man kann in der Tat mit psychologischen Ausdrücken das benennen, was der Karneval dem Menschen in schweren Krisen an Überlebenshilfen bietet. Da werden moralische Allgemeingültigkeiten und übergeordnete Werte (im Sinne des psychoanalytischen »Über-Ichs«) herangezogen, wenn beispielsweise vor den egoistisch-hektischen Auswüchsen gewarnt wird, die gleich nach der Währungsreform einsetzten. »Su weed wie jeck eröm gerannt: Dat hät mer fröhter nit gekannt«, textete August Schnorrenberg und empfahl als Gegenmittel im Refrain: »Wa' mer all zosamme setze / Un der Tünnes mäht sing Wetze / ...«

Mit der archaischen Urkraft des Lachens und der Dollerei auf der Straße wird dagegen all dem freien Lauf gegeben, was die Tiefenpsychologen die Triebkräfte des »Es« nennen. Und vereint werden diese Extreme, Trieb und Norm, in der gestalterischen Fähigkeit des »Ichs«: Eine Gemeinschaft wird aufgesucht, in der mittels Musik und Wort, Tanz und Mimik, Farben und Stoffen dem allen in kulturell anerkanntem Gewande eine Ausdrucksmöglichkeit gegeben wird — Karneval, wie er sich psychologisch darstellen läßt.

An solche Unterscheidung dachte niemand — und das ist auch gar nicht nötig —, als das Narrentum nach dem Krieg seine Kraft entfachte durch animierende Aufmunterungen, ohne dabei das Augenmaß zu verlieren. »Mer sin widder do — un dun wat meer künne« hieß das Motto des ersten Nachkriegsrosenmontagszugs, der sich nicht einmal traute, sich so zu nennen. »Erweiterte Kappenfahrt« nannten ihn die Jecken eingedenk ihrer bescheidenen Möglichkeiten.

Überlassen wir die Schilderung einer psychologisch so einschneidenden Lebenserfahrung einer karnevalistischen Autorität wie Thomas Liessem. In seinem Buch »Kamellen und Mimosen« schildert er den Augenblick, als ihn die Erkenntnis »Kölle lääv« sogar die kostbare Dose Schmalz für einen Moment vergessen ließ.

»Es geschah am trostlosen Rosenmontag des Jahres 1946.

Regenverhangen drückte ein bleierner Himmel auf das, was ein erbarmungsloser Krieg vom heiligen Köln übriggelassen hatte.

Ich ging zum Rudolfplatz, dem Treffpunkt der Kölner Schwarzhändler, um für wertloses, aber teures Geld ein wenig Fett zu ergattern.

Es war gegen 14 Uhr. Wahnsinnspreise wurden unter dem Damoklesschwert jederzeit möglicher Polizeirazzien von Menschen in abgerissener Kleidung geflüstert.

Urplötzlich übertönte Lärm aus Richtung Barbarossaplatz das Gemurmel der ›Maggler‹ und ihrer Kunden.

Ich sah, wie sich eine Menschenschlange über den ruinengesäumten Ring heranwälzte und erkannte schließlich viele hundert Kinder. In bunten, zusammengeflickten Kostümen tauchten sie schemenhaft aus den Mittagsschwaden auf. Aus dem Radau der Schlaginstrumente aller Art ergaben ihre hellen Stimmen die Melodie: ›Ov krüz oder quer, ov Knääch oder Här, mer losse nit, mer losse nit vum Fasteleer . . .‹

Den hungrigen, aber singenden Kindern schlossen sich immer mehr Erwachsene an. Ihnen war es gleichgültig, daß Ansammlungen und Aufmärsche von der Besatzungsmacht nicht geduldet, ja sogar unter Strafe gestellt waren.

»Se kriggen uns nit kapott«

Spontanes Karnevalsleben im »Trümmerhaufen« Köln

Der Zug schwoll immer mehr an. Der farbenfrohe Tatzelwurm bewegte sich zum Rathaus, das provisorisch im Gebäude der Allianzversicherung am Kaiser-Wilhelm-Ring untergebracht war.

Ich wußte nicht, ob ich wachte oder träumte, ob ich mitlachen oder laut aufheulen sollte:

Menschen, die ohne Hoffnung dahinvegetierten, hatten ihr kölsches Herz wiederentdeckt. Kölsche Pänz, von denen manche bei

Die Häuser zerstört — die Uniformen gerettet. Der Musikzug der »Altstädter« stellt sich zum Nachkriegsrosenmontagszug auf

Kriegsausbruch noch nicht geboren waren, hatten bekundet, wie die närrische Tradition ihrer Vaterstadt in ihnen weiterlebte.

Hunger war der treueste Begleiter, und eine Zukunft zeichnete sich nirgendwo ab. Im Rückblick kam ich mir vor wie die Gammler von heute: Ohne Ziel und zu nichts nutze.

Mir stand kein Sinn nach Karneval.

Doch jetzt schien es mir, als hätten mich die unschuldigen Kölner Pänz mit ihrem Singsang aus der Lethargie gerissen. Es sollte weitergehen . . .

Die Lieder der schunkelnden Menschenmenge wechselten vom ›Ajuja‹ zum ›Treuen Husar‹. In der Ferne verklang schließlich der alte Karnevalsgassenhauer ›Wo mag er sein, wo mag er bleiben . . .‹

Wo mag er sein, wo mag er bleiben, der kölsche Karneval?

Da stand ich nun, der ehemalige Festausschuß-Präsident des weltberühmten Kölner Karneval, auf einem Treppenrest unseres zerstörten, ehemaligen Opernhauses und hielt meine teuer erworbene Dose Schmalz in der Hand.«

»NIT FÜR KOOCHE BLIEV ICH KARNEVAL HE«

Es war ja wohl nicht zu überlesen, daß die kölschen Jecken in unserer Betrachtung ganz gut wegkommen. So gut, daß man sich fragen könnte, warum es überhaupt Menschen gibt, die dem Fastelovend gleichgültig oder sogar ablehnend gegenüber stehen. Dem wollen wir in diesem Kapitel nachgehen.

Da gibt es beispielsweise Leute, denen der Karneval einfach egal ist. Sie können nichts mit ihm anfangen und verhalten sich dementsprechend scheu, wenn andere auf die Pauke hauen. Ausgesprochene Karnevalsgegner wiederum wettern genauso laut gegen das Narrentreiben, wie die Jecken »Ajuja« und »Alaaf« rufen.

Mit beiden müssen die Narren auskommen. Sie können sogar von ihnen lernen — besonders von denjenigen, die so laut schimpfen. Mit ihrem Verhältnis zum Karneval ist es nämlich so wie mit geschiedenen Ehepartnern: Vor ihren Auseinandersetzungen stand die Liebe. Was aber ist passiert, daß aus Zuneigung Ablehnung wurde? Welche Kränkungen oder Einsichten stecken dahinter, wenn sich die Wege mancher Kölner plötzlich vom Karneval trennen?

Vielleicht lernen wir von den Gegnern des Karnevals besser zu sehen, wo die Narren sich und ihre Sache gefährden und Sympathien ungewollt verspielen. Am Ende unserer karnevalistischen Seelenkunde mit Tünnes und Schäl wollen wir uns jedenfalls fragen, was eigentlich quer läuft im Kölner Karneval. Da muß doch etwas dran sein, wenn eine so kölsche Seele wie die des Sängers Wolfgang Niedecken den Bruch mit dem Karneval erklärt: »Nit für Kooche, Lück, bliev ich Karneval he.«

DER RHEINISCHE FROHSINN UND DIE STILLEN IM LANDE

Der erste Besuch in einem Kölner Brauhaus dürfte für die meisten auswärtigen Besucher zu einem Erlebnis werden, das man nicht so schnell vergißt. Der Gast sitzt nämlich noch nicht richtig, da hat er schon ungefragt ein Glas Kölsch vor sich stehen. Es kann sogar passieren, daß der »Köbes« — ein Kellner in einer Art blauem Tünnes-Kittel — ihm das zweite Glas schon hinstellt, wenn das erste gerade halb geleert ist. Kölner wissen das natürlich und sind darauf eingerichtet, daß es einen witzigen Wortkampf kosten wird, das angebotene Bier mit der Bitte um ein nicht-alkoholisches Getränk zurückzuweisen. Der »Köbes« wird nun den Tünnes herauskehren und dieses Privileg in saftiger Direktheit ausspielen. Er wird dabei scherzhafte Sticheleien austeilen, die alle darin münden, die Männlichkeit oder die richtige Gesinnung des Gastes anzuzweifeln. Wer das Kölsch verschmäht, muß damit rechnen, als »Saftheini« oder »Milchbubi« zu gelten. Bei auswärtigen Gästen sind darauf zwei entgegengesetzte Reaktionen zu beobachten. Die Gruppe, die selbst schon in geselliger Stimmung ins Lokal kommt, etwa am Ende eines Messetages, beantwortet das Spiel des Köbes mit eigenen Scherzen. Diese Besucher spielen mit und preisen später in der Heimat die rheinische Fröhlichkeit. Andere aber fühlen sich von so viel Direktheit überrumpelt. Im günstigsten Fall erdulden sie dies mit einem Verlegenheitslächeln. Im unklügsten Fall melden sie förmlichen Protest an. Es gibt eben Menschen, auf die wird diese Art des gepriesenen »rheinischen Frohsinns« eher ausklammernd denn einbeziehend wirken. Wenn der Tünnes sie allzu jovial in den Arm nimmt, wird er sie eher erschrecken als begeistern.

Mit dem Karneval ist das nicht anders. Wer als auswärtiger Zaungast zu einer Sitzung oder zum Rosenmontagszug anreist, der wird das laute Spektakel, das schnelle »Du« und die einhakende Schunkelgeste geradezu erwarten. Wer zum Kölner Karneval fährt, will schließlich etwas erleben, da sollte schon »was los sein«. Der Gradmesser für ein gelungenes Einmal-Erlebnis sind dabei sicher nicht wehmütige Stimmungen, von denen der Karneval auch etwas anzubieten hat, sondern eher die Lautstärke der »decken Trumm«. Wer jedoch alltags von der Direktheit unverblümter Narrenart unvorbereitet getroffen wird, reagiert vielleicht anders und hält sich nach einem solchen »Ur-Erlebnis« von den »närrischen und lauten Rheinländern« künftig lieber fern. Damit wird man auch als noch so begeisterter Karnevalist leben müssen.

Missionseifer ist gegenüber den zurückhaltenderen Bewohnern der Karnevalshochburg auch nicht angebracht, weil er nur als aufdringlich empfunden wird. Die Betreffenden sind deswegen keine »schlechten Kölner« — sie sind nur andere Kölner. Auch sie werden ab und zu den Tünnes herauslassen, aber sie machen das nicht im Karneval. Die einen tun es lieber, indem sie sich von den Gefühlswellen in Filmen, Rockkonzerten oder Opern überrollen lassen, andere gehen in Diskotheken oder in die Kneipe an der Ecke, und wieder andere werden Mitglied in einem Kunst- oder Sportverein. Alles dies sind legitime Wege, einen Ausgleich zwischen Tünnes und Schäl, zwischen Gemüt und Konvention, zu schaffen.

»Jeck, loß Jeck elans«, heißt ein oft und gern zitiertes Wort aus Narrenmund. Das sollte nicht nur im Karneval selber, sondern auch außerhalb seine Gültigkeit haben. Gerade weil die Narren sich bei ihrem Fest alle Freiheiten nehmen dürfen, die ihnen der Alltag nicht gönnt, sollten sie auch den Stillen im Lande ihre Freiheit vom Karneval lassen.

Einige in der Zeit nach dem Zweiten Weltkrieg Zugewanderte haben zwar bis heute keinen Zugang zu einem Verein des »rheinischen Frohsinns« gefunden, etliche aber wuchsen von einer leiseren Seite des Geschehens in die Szene hinein. Über ihr Interesse an Heimat- und Volkskunde, über die Mitwirkung in einer Musik- oder Tanzgruppe gerieten sie auch in die lauteren Gefilde des rheinischen Narrentreibens. Sie machten sich damit vertraut, fanden's schön und machen seitdem mit.

EINE ENTTÄUSCHTE LIEBE

Der eigentliche Karnevalsgegner ist nicht unter den Zugereisten und Fremden zu finden. Er lebt auch nicht unter denen, die aufgrund ihrer stilleren Mentalität zum jecken Treiben nie einen rechten Zugang finden. Diese betrachten den Karneval zwar eher befremdet und kritisch, insgesamt aber doch aus einer Distanz, die von Wohlwollen und Toleranz geprägt ist. Manchmal schwingt auch ein Stück heimliche Wehmut über die eigene Verschlossenheit gegenüber den närrischen Ereignissen mit.

Nein, die wirklichen Gegner des Karnevals sind weniger bei den »Imis« als vielmehr bei den »Insidern« auszumachen. Das sind oft solche Menschen, die von klein auf mit dem Fest vertraut sind und sich ihm zeitweise sogar mit ganzem Herzen verschrieben hatten.

»Nit för Kooche« möchte Wolfgang Niedecken zu den Karnevalisten. Aber Musik verbindet. Niedecken im Arm von Rote-Funken-Kapellmeister Mathias Dick (links)

Nun holen sie zum Rundumschlag gegen den Karneval aus: Sie denken jetzt so, wie es Wolfgang Niedecken, Sänger der Rockgruppe BAP sagt: »Oh, nit för Kooche, Lück — bliev ich Karneval he / Nä, ich verpiss mich hück — ich maach nit met dobei.«

Woher kommt so viel Bitterkeit bei einem Mann, der ansonsten die Tünnes-Sprache, die Mundart, zu seinem Markenzeichen erhoben hat und im gleichen Lied, mit dem er dem Karneval seine Gegnerschaft erklärt, trotz alledem bekennt: »Ich ben jeck, wie ich will, t' janze Johr«?

Niedecken gibt in der Textbeilage zur Langspielplatte »Vun drinne noh drusse«, auf der das Lied zu hören ist, einen Hinweis, von wo seine Gegnerschaft zum Karneval herrührt: »Ich bin des öfteren von erstaunten Mitmenschen gefragt worden, was ich — als kölsche Jung — denn um alles in der Welt gegen Karneval hätte ... ? — ›Gegen Karneval nix, nur gegen das, was 'se draus gemacht haben‹, hab ich dann meistens geantwortet.« Das liest sich schon differenzierter. Da klingt etwas von Verärgerung und Enttäuschung durch. Das rückt die Aussage »Nit för Kooche« auch in die Nähe der Erklärungen mancher Karnevalsaktiven, die nach so manchem Sessions-Ärger stöhnen, daß sie »die Nase voll« hätten und daß nun »endgültig Schluß« sei. Am nächsten Elften im Elften sind sie im Gegensatz zu Niedecken dann aber doch wieder dabei.

Das Verhältnis der Narren zu ihrem Fest, das sich in solchem Verhalten ausdrückt, ist durchaus mit einer Ehe zu vergleichen. Der anfängliche Flirt gehört ebenso wie die späteren Krisen zum üblichen Verlauf. Nicht immer muß diese Liebe so enttäuscht werden, daß sie — wie bei BAP — zur Scheidung führt, aber manchmal kommt es eben doch dazu.

Die dabei zu Tage tretenden Scheidungsgründe verweisen auf

Traditionalisten im Karneval — die einen schätzen sie als Brauchtumshüter, den anderen sind sie ein Ärgernis

Gefahren, denen die Partnerschaft von Narren und Karnevalsfest tatsächlich ausgesetzt ist. Da ist vor allem vom Mißbrauch durch »Verklemmte«, »Vereinsmeier«, »Traditionalisten« die Rede, von »Kleinlichkeitskrämern« mit ihren »Beistellfrauen« und schließlich davon, daß der Fastelovend eine einzige große »Kompensation« darstelle. So drückt es das Lied von »BAP« aus. Ein Mensch kann aber nicht von etwas enttäuscht werden, von dem er von vornherein nichts hielt. Erst wo eine Bindung, ein Vertrauen, ein Glaube vorhanden waren, kann sich Enttäuschung einstellen. Und wieviele Gefühle werden nicht alle liebevoll dem Karneval anvertraut!

In den bisherigen Kapiteln war zu hören, was da alles zugehört: Gefühle der Heimatverbundenheit, Sehnsüchte der Kindheit, der Drang nach Geltung und der Wunsch nach Geborgenheit. Der Karneval hält aber auch für einander so widersprechende Bestrebungen her wie den Kitzel der Eitelkeit und die Lust am kleinen Schuß Anarchie. Er liefert ebenso Gründe für Tränen wie für das schallende

Gelächter, für das Anlegen eines Anzugs wie für das Überziehen eines Lappenkostüms, er gibt Chancen zur Kritik an den Verhältnissen in der Welt wie zur Entspannung vom politischen Alltag. Die Gefühle, die an den Karneval gebunden werden, sind damit genauso verschiedenartig wie die Bedürfnisse seiner Anhänger.

Allen diesen Bedürfnissen dient der Karneval als Projektionsfläche. Damit sind Ärger und Enttäuschung vorherzusehen. Denn wie sollen die einen die ersehnte Ordnung und Geborgenheit in der gleichen Gemeinschaft finden, in deren Schutz andere gerade mal über die Stränge schlagen möchten? Wie sollen die einen ungeniert »widder Kind sin«, »wenn andere lieber auf das zackige Kommando hören: »Ehrengarde — habt Acht!«?

Überall, wo eine solche Fülle verschiedenartiger Bedürfnisse auf ein Ereignis projiziert werden, besteht die Gefahr, daß der Vertrauensvorschuß der Teilnehmer ins Gegenteil umschlägt. In den berüchtigten Stehplatzkurven der Fußballstadien ist dies besonders augenfällig. Die heimische Mannschaft wird mit so fanatischem Jubel empfangen, daß klar ist, hier geht es nicht nur um Sieg und Niederlage von elf Fußballern, sondern auch um das Selbst- und Ehrgefühl hunderter Fußballfans. Um dies befriedigen zu können, wird es auf den »eigenen« Verein projiziert. Liefert die Mannschaft aber eine blamable Vorstellung, dann schlagen enttäuschte Hoffnung und unbefriedigte Projektionswünsche in Haß um; es kommt zum Bruch: Die Fahnen des eigenen Vereins werden verbrannt.

Der Karneval ist solchen irrationalen Zugriffen seiner Teilnehmer noch wehrloser ausgeliefert als die Fußballer in den Stadien. Kein Absperrgitter und kein Wassergraben hindert irgendwen am Betreten der Narrenszene. Man kann den Karneval im Sinne von »Atelierfesten« und »Scheunenbällen« feiern; man kann ihn nutzen, um in einer preußischen Uniform durch die Straßen zu laufen; man kann sich sogar über den Karneval selber lustig machen, indem man statt einer Prunksitzung eine »Stunksitzung« feiert, mit der typische Erscheinungen des Narrenfestes auf die Schippe genommen werden.

Es nimmt daher nicht Wunder, daß die einen sich getäuscht fühlen, wenn ihr geliebtes Fest bei den anderen für etwas ganz anderes herhält, als sie selber für richtig halten. »Das ist doch kein Karneval mehr«, sagen die einen, und die anderen antworten mit genau dem gleichen Satz. Und dann gibt es ja noch diejenigen, die sich als Gralshüter von Amts wegen verstehen. Meist sitzen sie in übergeordneten Gremien, berufen sich auf Tradition und Brauchtum oder einfach nur auf ihren Vorgänger. Einem so lebendigen Fest wie dem Karneval versuchen sie mit ehernen Regeln Bestand zu geben und merken nicht, wie sie sich selber und anderen Narren die Freiheit der Entwicklung nehmen, die den Karneval erst so fasziniernd bunt macht.

Aber auch an der Basis kann es zu Mißbräuchen kommen. Manche warten schon das ganze Jahr gierig auf das Fest der großen gemeinschaftlichen Regression, den Karneval. Fehlverstandene närrische Direktheit kann dann abdriften in Alkohol- und Sexualmißbrauch oder in Gewaltanwendung, denn über allem närrischen Tun schwebt immer auch ein Hauch von Anarchie. Diese nur spielerisch zu gestalten, gelingt nicht immer. Wenn Hans Süper vom Colonia Duett lustvoll mit dem Fuß aufstampft und dazu ausruft: » ... mach' ich kapott, kapott, kapott ...«, dann wird dieser Schuß Anarchie kreativ gestaltet. Wenn Jugendliche, wie es an den tollen Tagen geschah, unter dem gleichen Ruf Straßenbahnen mit Baseballschlägern demolieren, dann ist das die fehlgeleitete Variante des gleichen anarchistischen Impulses.

Nicht zu Unrecht wird auf solche Schattenseiten des Karnevals hingewiesen. An dem durch winterliche Temperaturen eher ruhigen Rosenmontag 1985 mußte die Polizei 14 durch übermäßigen Alkoholgenuß hilflose Personen unterbringen. An zwölf Stellen der Innenstadt betreuten verschiedene Hilfsorganisationen Betrunkene

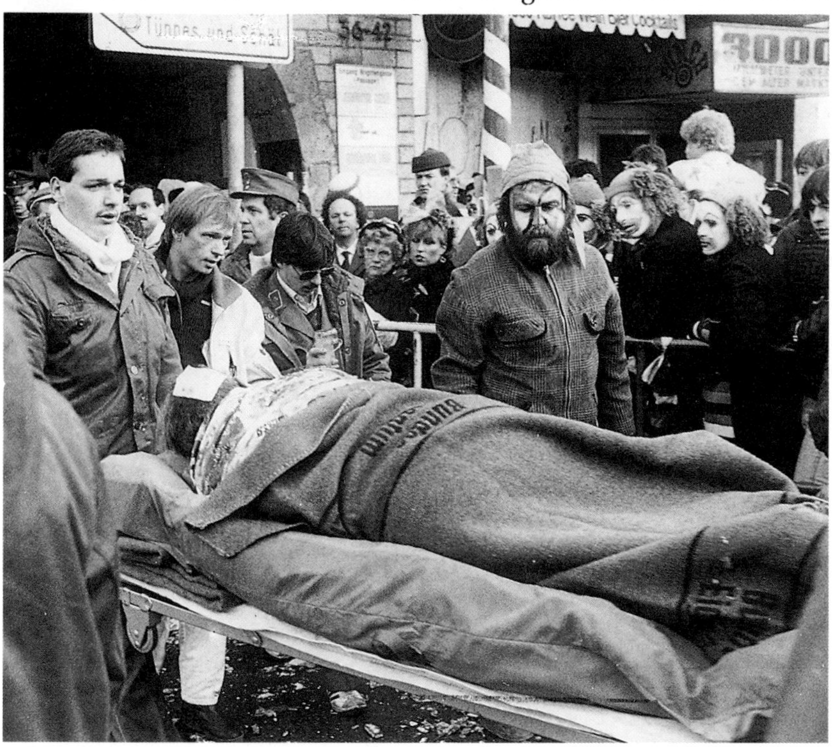

Die Schattenseiten des Karnevals stoßen manchen ab

und Verletzte, darunter eine Frau, die am Zugrand gestürzt war und sich die Nase gebrochen hatte, einen Zuschauer, dem eine Tafel Schokolade ins Auge geflogen war, und einen Schwerverletzten, der vom Huf eines Pferdes am Kopf getroffen wurde. Eine Gruppe von 50 Jugendlichen randalierte in einem Einkaufscenter, und eine andere plünderte einen Imbißstand.

Hier hat der Karneval seine sensible Stelle: Die Narrenfreiheit kann genauso mißbraucht werden wie das Recht und die Freiheit zu Demonstrationen. Wenn diese in einer Straßenschlacht enden, dann ist das bitter. Es beweist aber noch lange nicht, daß Demokratie und Freiheit als solche schlecht wären. An einem Punkt wie diesem aber verlieren die Karnevalsgegner aus Wut und Enttäuschung oft die Lust am ganzen Fest. Sie ziehen sich zurück und wollen mit all' dem nichts zu tun haben — »noch nit ens für Kooche«.

DIE KEHRSEITE DES KARNEVALS

Liebesverhältnisse sind nur im Anfang ungetrübt. Wenn sie in die Jahre kommen, bereiten sie auch Probleme. Nicht umsonst werden die gefeiert, die bis zur Silber- und Goldhochzeit gehalten haben.

Dem Karneval über die Verliebtheitsphase hinaus treu zu bleiben, heißt auch, mit seinen Ecken und Kanten zu leben. Dazu muß man jenes unkritische Frühstadium verlassen, in dem die Liebe noch blind macht. Die Karnevalsgegner helfen dabei, indem ihre zornige Kritik manchmal tatsächlich Mißstände hervorhebt. Solche Verirrungen des Karnevals sind schon angesprochen worden. Sie beginnen überall dort, wo sich die Wege von Tünnes und Schäl trennen, wo sich die beiden gegensätzlichen Charaktere in ihrer Zielsuche nicht mehr ergänzen. Das ist der Fall, wenn der Kräfteausgleich zwischen Kopf und Bauch, Verstand und Gemüt, zwischen Kultur und Narrheit, Geistigkeit und Bodenständigkeit, zwischen »Upperclass« und »Klappergass« nicht mehr stattfindet. Da war beispielsweise von »karnevalistischen Ur-Erlebnissen« die Rede und von der Freude, wenn steife Schäls den Tünnes in sich entdecken. Wenn daraus aber nicht mehr folgt als ein kurzes Tünnes-Gastspiel einmal im Jahr, dann ist es mit der Menschlichkeit eines »Tünnes im Schäl« nicht weit her. Dann ist das Lappenclown-Kostüm nur noch Alibi und dient zur »Kompensation«, wie die BAPs es nennen: »Ich kann echt nit drövver lache, / wenn die froore, die sonst nix / ohne Schlips und Kraare mache, / ob ihr Pappnaas richtig sitzt?«

Alkoholische Übermengen sind eine Kehrseite des Karnevals

Die Treue zu Tradition und Heimat bekunden die »Altstädter« auch auf ihren Helmen: »Am guten Alten in Treue halten«

Thomas Liessem konnte in seinem gefürchteten Lehrer »Stief« auf einmal einen anderen entdecken, als dieser an Rosenmontag den Tünnes spielte. Es ist aber auch zu fragen, wieviele Ehrenfelder Kinder eine schönere Schulzeit hätten erleben können, wenn der »Stief« ihnen auch im Alltag mal ohne Schälgewand begegnet wäre. Es ist zwar gut, wenn wenigstens im Karneval noch einmal die kindlichen Seiten aufleben dürfen, besonders in dem, der hier einst zu kurz kam. Noch besser aber ist es, ein Kind sein zu dürfen, solange man es noch tatsächlich ist. Daß man sich als Fünfzigjähriger im Karneval auch noch mal den Nüggel umhängen darf, ist dafür nur ein schwacher Ersatz.

Von heimatlichen Geborgenheitsgefühlen im Karneval war zu hören und davon, wie diese manchen seelisch einen Halt geben. »Hat man keine (...) Heimat, verfällt man der Ordnungslosigkeit, Verstörung, Zerfahrenheit«, sagt der Schriftsteller Jean Amery und führt dazu aus: »Sicher (...) fühlt man sich dort, wo nichts Ungefähres zu erwarten, nichts ganz und gar Fremdes zu fürchten ist.«

Solche Sicherheit ersehnen sich viele, die ihre Heimat im Karneval festmachen. Der kann diesen Wunsch aber nie ganz befriedigen, und das enttäuscht oft seine Freunde.

Dabei hat auch das seine Vorzüge. Denn wo die Narrenwelt nur noch vertraute Sicherheit bietet, wo sie nicht mehr mit Überraschungen aufwartet, da wäre sie nämlich zu Tode gestürzt bei jener schmalen Gratwanderung, die Amery so beschreibt: »In der Heimat leben heißt, daß sich vor uns das schon bekannte in geringfügigen Varianten wieder und wieder ereignet. Das kann zur Verödung und zum geistigen Verwelken im Provinzialismus führen, wenn man nur die Heimat kennt und sonst nichts.«

Im Kapitel vom »kölschen Herz« war vom Tünnes-Geist als einer Art Bastion die Rede. Sie schützt einerseits die »Burgbewohner«, sie läßt andererseits aber auch niemanden an sich heran. Hier droht die Gefahr der Selbstgenügsamkeit, die alle Entwicklung hemmt und bis zum »Fanatismus« führen kann, wenn es darum geht, die eigene Art zu verteidigen. Nötigenfalls werden Feindbilder eigens zu dem Zweck aufgebaut, eine um sich schlagende Selbstverteidigung rechtfertigen zu können. So entstehen die gelegentlichen Grabenkämpfe zwischen Köln und Mainz oder zwischen links- und rechtsrheinischen Karnevalisten. Auch der Standesdünkel, der zwischen »großen« und »kleinen« Karnevalsgesellschaften unterscheidet, hinterläßt Wunden. Manche wurden schon zu Karnevalsgegnern, weil ihnen dies nicht die rechte Methode für den Sieg der Freude schien.

Die Fähigkeit der Narren zur Regression, also zur herzerfrischenden kindlichen Hingabe, wurde als mögliche Hilfe zur Erhaltung der seelischen Gesundheit gewürdigt. Das stimmt solange, wie die Betonung auf dem Vorübergehenden solchen Tuns liegt. Es ist eine Frage der Dauer und des Ortes, wie und wo jemand den Tünnes aus sich herausläßt. Es gibt erwachsene Kindsköpfe, die hier überziehen und ihren Mitmenschen »auf den Geist« gehen. Wenn sich der Kulturbürger Schäl zu weit und zu lange fortbegibt, dann wirkt Tünnes nicht länger erfrischend kindlich, sondern ermüdend kindisch.

Ähnlich ist es dort, wo Themen wie Verdauung und Sex angesprochen werden. Gerade hier bedarf es eines kulturellen Rahmens, der Grenzen setzt. Wird dieser gesprengt, droht die Gefahr, daß Tünnes auf eine niedrigere Entwicklungsstufe zurückfällt — er wird primitiv und zieht im Wortsinn alles »in den Schmutz«. Auch die Herabwürdigung des Partners zum bloßen Sexualobjekt und die Diffamierung sexueller Minderheiten droht dann. Das wirkt sich auf die Dauer negativ auf die Beziehungen der Menschen überhaupt aus.

Tatsächlich gibt es Redner, die den Deckmantel von Karneval, Brauchtums- und Mundartpflege nur benutzen, um unter die Gürtellinie zu zielen. Karnevalsgegner, die das Fest einmal geliebt haben, spüren so etwas sehr genau. Und es ist schmerzend, die einstige Geliebte allmählich verkommen zu sehen.

Korpsgesellschaften mit ihren soldatischen Uniformen und militärischen Hierarchieordnungen stellen für viele eine andere Kehrseite des Karnevals dar. Tatsächlich passiert es immer wieder, daß die vielbeschworene Persiflage des Militärs sich in eine Huldigung verwandelt. Kritik an dieser Erscheinung kommt auch in Karnevalistenkreisen häufiger hoch. Joseph Klersch, Chronist und Mitgestalter des Karnevals, schrieb schon vor einem Vierteljahrhundert über das Gehabe mancher Gesellschaften: »In diesen Jahren verschwand aus ihrem Wesen das Satirische, sie begannen sich als der Heerbann des Helden zu fühlen, eine militärische Hierarchie und Waffengattungen zu bilden und sich allmählich zu einer lustigen Parallele eines wirklichen Militärs umzugestalten.«

Diese Feststellung über den Karneval des Jahres 1868 erweist sich auch heute noch als aktuell, wenn zu beobachten ist, wie sich manche Gesellschaften um den Besuch ihrer Sitzungen durch hohe Militärs bemühen und das Erinnerungsfoto vom Vereinsausflug zur Bundeswehr die Narren an Panzern und Flakgeschützen zeigt.

Die verbindende Funktion des Karnevals wurde schon herausgehoben. Für Upperclass und Klappergass bieten sich hier Möglichkeiten der Begegnung auf Zeit wie sonst selten. Mag der Karneval aber auch von oben nach unten durchlässig sein, so ist er es doch nicht ohne weiteres von unten nach oben. Das Amt eines Prinzen wird immer denen vorbehalten bleiben, die es bezahlen können. Auch die Eintrittskarten zu den glanzvollen Veranstaltungen des Festkomitees haben ihren Preis. Um eine von ihnen zu ergattern, bedarf es nicht nur des nötigen Geldes — man muß auch gesellschaftlich etwas darstellen.

Manchen Karnevalisten mit schmalem Geldbeutel hat es schon bitter gestimmt, daß gerade die treuesten Anhänger des Narrenfürsten der Proklamation am Hofe Seiner Tollität fernbleiben müssen. Da bleibt nur noch die Hoffnung, daß der Prinz auch gewillt ist, sich einmal von seinem Thron herabzubegeben und sich unters Volk zu mischen. Der Terminplan für die Aufzüge des Dreigestirns sieht viele Besuche in Altenheimen, Krankenhäusern und sozialen Einrichtungen vor. Dort wird es sich erweisen, ob Prinz Karneval nur eine lästige Pflicht erfüllt oder sein wahres Volk entdeckt.

Die schmerzlichste aller Kehrseiten der Liebe ist die Prostitution. Auch beim Karneval liegen Geltungs- und Profitgierige auf der Lauer, um ihre Zuhälterdienste anzubieten. Es gibt Karnevalisten, die quasi »auf den Strich« gehen, indem sie an vielen kleinen Tünnessen immer wieder Treuebrüche begehen.

Das kann zur bitteren Enttäuschungen der Betrogenen führen, wie die Geschichte eines Saalwächters zeigt, der über Jahre hinweg den Bühnenkünstlern die Tür zum großen Auftritt öffnete. Er freute sich, den Großen seines heimatlichen Festes jedes Mal für Sekunden ganz nah zu sein und fieberte mit ihnen, wenn sie zum Vortrag einzogen. Hatten die Künstler das Podium verlassen, warf er stets einen verstohlenen Blick auf den soeben verliehenen Orden, der ihre Brust zierte. Gerne hätte er in all den Jahren auch einmal einen Orden bekommen, sagte sich aber: »Ehre, wem Ehre gebührt.«

Als eines Tages ein Fernsehteam erschien, konnte der Präsident der Verlockung nicht widerstehen. Die Scheinwerfer kitzelten seine Eitelkeit, und die zuständige Reporterin wurde mit Klatschmarsch auf die Bühne zur Ordensdekoration gebeten. Das Alaaf galt nun der Hoffnung, im Fernsehen präsentiert zu werden, obwohl nur eine kurze Aufnahme mit einer Tanzgruppe gemacht werden sollte. Wieder zurück im Foyer, machte sich die Reporterin, die dem Karneval fremd gegenüberstand, lustig über den kitschigen Orden und

Nicht die Tatsache der Ehrung, sondern die Art, wie und an wem sie vollzogen wird, bringt den Karnevalisten Kritik ein

ihre Ehrung. Mit Bitterkeit mußte der Saalwächter zuschauen, wie der Gegenstand, an dem sein Herz hing, zwischen Kabeln und Stativen in irgendeinem Materialkoffer verschwand. Seine Enttäuschung galt auch dem Präsidenten, der den Karneval so prostituiert hatte.

Auch so macht sich der Fastelovend gelegentlich Gegner: nicht allein durch die Ehrungen, sondern durch die Art, wie und an wem er sie vollzieht. Da triumphiert in der Inflation der Eitelkeiten manchmal der geschäftstüchtige Schäl.

Noch viel direkter ist diese Art von Prostitution, wenn es um die Werbung geht. Um mit großzügigen Gesten Pralinen oder Bier an die Auftretenden verteilen zu können, muß nach jedem Auftritt der Name des Sponsors genannt werden. Da kann es passieren, daß der Name einer Kölschmarke nach dem Ausruf »Alaaf« der häufigste des Abends ist. Zu Auswüchsen kommt es manchmal bei der Prinzenproklamation. Da verläßt die illustre Gästeschar mit zwei Tragetaschen voll »Damen- und Herrenpräsenten« den Gürzenich: Schallplatten, Bücher, Pralinen, Parfüms, Porzellan und Kölschgläser machen die Taschen schwer. Ohne das sei der Karneval in dieser Form nicht mehr finanzierbar, klagen die Funktionäre. Das mag stimmen, aber ebenso richtig ist, daß sich aus diesem Grunde viele Liebhaber enttäuscht vom Karneval abwenden.

Andererseits müssen die überzogenen Sehnsüchte in Hinblick auf den Karneval und die Projektionen in diesem Liebesverhältnis wohl hin und wieder ernüchtert und enttäuscht werden, denn solche Anhänglichkeiten könnten sich sonst uferlos ausweiten — das schadet erst recht. Die Hingabe an das »vaterstädtische Fest« könnte sonst auch dazu führen, daß man das Liebesverhältnis zu dem Menschen an der eigenen Seite vernachlässigt.

FASTELOVEND ALS DURCHGANGSSTATION

Mögen die Jecken auch ihr Herz an den Karneval verloren haben, allen ihren Gefühlen kann er keine Heimat geben. Er ist bestenfalls Durchgangsstation für die eigene Gefühlsentwicklung. Das ist in einer gemütssterilen Zeit aber schon viel.

Probleme löst er jedoch keine. Selbst wenn vom letzten Stündlein gesungen wird und wenn die Vereinsmütze den Sarg ziert, so befreit das den Narren letztlich doch nicht völlig von der Angst vor dem Tod und entbindet ihn nicht der persönlichen Trauer. Es werden auch bei keinem Karnevalisten religiöse Zweifel dadurch ausgeräumt, daß der Regimentspfarrer die Messe hält. Die Jeckenharmonie überspielt da manches.

Allerdings beansprucht der Karneval auch gar nicht, das Leben einfach zu machen. Es wäre allzu naiv, sich vorzustellen, der Karnevalist glaube persönlich ganz fest, daß er nach dem Tod »vum Himmelspözje« als »kölsche Jung« auf seine Vaterstadt herniederschaut. Willy Millowitsch singt zwar das Berbuer-Lied vom »Fastelovend im Himmel«, doch in einem Interview zur Frage: »Wie sieht der Himmel aus?« antwortete er nüchtern: »Wenn wir gestorben sind, ist unser Leben zu Ende. Ich meine, es gibt kein Jenseits. Dieser Gedanke wäre zu schön.«

Der Karneval bewältigt also keine religiösen, philosophischen oder spirituellen Fragen, aber er spielt eine begrenzte Rolle im Kampf gegen das Vergessen und gegen das Verdrängen der jeweils anderen Seiten im Menschen. Er tut dies mit einer Parteinahme für das »Kind im Manne« (und in der Frau), den »Philosophen im Clown«, für den »Tod im Narrengewand«, letztlich für den »Tünnes im Schäl«.

Wenn der Karneval im Lachen das mahnende »memento mori« mitschickt, wenn er in einer sich rasch wandelnden Welt Heimatboden ausbreitet und den Delikatessen einer Überflußgesellschaft die »Kump Ähzezupp« gegenüberstellt, dann ist solch ein Anrühren vernachlässigter Gemütsbereiche nicht wenig. Wenn er einer anonymen Nachbarschaft mit geselligem Vereinsleben begegnet und wenn er den Streß-Geplagten im gemeinsamen Gesang entspannen läßt, dann kann der Karneval für die Seele so etwas wie ein warmes Bad sein. Mit diesem läßt sich die therapeutische oder medikamentöse Kur begleiten und vorbereiten. Und wer das Glück hat, daß er gar nicht erst Patient werden mußte, dem tut ein warmes Bad auch zwischendurch mal gut — zur Vorbeugung.

NOCH EINMAL AN UNSERE LESER

Sie sind noch da? Dann haben Sie wirklich lange durchgehalten, vorausgesetzt, Sie gehören nicht zu den Leuten, die Bücher grundsätzlich von hinten lesen, damit sie gleich wissen, ob sie gut oder schlecht ausgehen. Hunderte von Seiten zu lesen über ein Volksfest, das man vor allem einmal mitgemacht haben sollte, das ist schon eine Leistung. Aber Sie haben ja mit uns festgestellt: Wer den Karneval ernst nimmt, kommt mit ein paar Seiten nicht aus. Wir glauben, es gibt da sogar einen gewissen Nachholbedarf. Als Fremdenführer durch die närrische Seelenlandschaft wollten wir etwas davon decken. Wieweit wir damit bei Ihnen gekommen sind, wissen letztlich nur Sie selber. Wir haben aber so unsere Vermutungen.

Möglicherweise ziehen einige von Ihnen lange Gesichter: Brauchtumspfleger etwa, die es lieber gesehen hätten, wenn wir uns bei unserem Vergleich mit Tünnes und Schäl enger an die Vorbilder aus der Stockpuppenbühne gehalten oder Persönlichkeiten und Ereignisse des Karnevals ausführlicher gewürdigt hätten; Historiker und Soziologen, für die Tünnes und Schäl als geschichtliche und gesellschaftliche Erscheinung bereits erledigt sind; ja sogar Psychologen, die lange Testreihen mit der Frage vermissen: »Wieviel Tünnes steckt in wieviel Schäls?«, aufgegliedert nach Alter und Geschlecht. Alle diese Gebiete haben wir nur gestreift und sind dabei auch noch kühn durch die Jahrhunderte gesprungen. Aber es ging uns ja vor allen Dingen um die närrische Seele, und die wurde auch vor mehr als hundert Jahren schon von ähnlichen Bedürfnissen bewegt wie heute.

Verloren haben wir wahrscheinlich auch alle Leser, die sich auf unserem Gang nur zu den bekannten Jubelpunkten führen lassen wollten, oder solche, die sich einen Erkundungsgang durch die Schattenseiten des Karnevals erhofften. Wir wollten aber weder Denkmäler errichten noch Schlüssellochgeschichten erzählen, sondern einfach mit einem Blick hinter die bunte Maske des Karnevals feststellen, welche Triebkräfte dort eigentlich wirken. Daß dabei eine bodenständige Menschenkunde herauskam, mag überraschend sein. Doch wie so oft zeigt sich auch hier das Allgemeingültige besonders deutlich im Extremen, eben im Narrentreiben. Das hatte schon Joseph Klersch erkannt: »Der Karneval ist in gewisser Weise der Prüfstein für das kölnische Volkstum und die kölnische Volksseele.« Daß wir diese Prüfung mit Hilfe zweier so volkstümlich-einfacher Gestalten wie Tünnes und Schäl bewerkstelligen konnten, muß man dabei als einen Glücksfall ansehen.

Bleiben zuletzt außer den ganz zustimmenden noch diejenigen Teilnehmer unserer Führung übrig, die schon die ganze Zeit ungeduldig ihre Meinung loswerden wollen. »Ja, könnt Ihr Euch denn überhaupt nicht vorstellen, daß man Karneval einfach nur so, aus Spaß an der Freud', feiert?« fragen sie schon fast verzweifelt.

Doch, das können wir. Auch wir wissen, daß niemand auf eine Sitzung geht, weil er sich sagt: »Heute muß ich aber unbedingt mal ein paar Versäumnisse aus meiner Kindheit nachholen.« Das würde so auch gar nicht funktionieren. Wir wissen aber auch, daß unausgesprochen und unbewußt solche und ähnliche Motive alle Karnevalisten — und nicht nur sie — bewegen. Dabei sind nicht nur frühere Versäumnisse die Triebfeder. Auch das Gegenteil, nämlich die Wiederbelebung von Erinnerungen an eine als schön empfundene Zeit, macht schon viel vom »Spaß an der Freud'« aus.

Wer das weiß und erkannt hat, daß solches Verhalten durchaus nicht unehrenhaft, sondern in vielen Fällen geradezu heilsam für die Seele ist, der wird in Zukunft mit doppelter Freude an einem Fest teilnehmen können, das den Lebensstil und den Charakter einer ganzen Stadt mitbestimmt. Und mehr haben wir eigentlich nicht gewollt. Wir wollten niemand bekehren und niemand abschrecken, wir wollten weder verurteilen noch glorifizieren.

Wie gut die Narretei bei alledem wegkommt, hat uns manchmal selber überrascht. Es hat uns aber auch gefreut — können wir nun doch selber mit neuer Begeisterung in die tollen Tage ziehen. Vielleicht begegnen wir uns sogar irgendwo im Narrentreiben.

Also noch einmal: Loß mer trecke . . .

Bettelheim, Bruno: Kinder brauchen Märchen. — Stuttgart 1977

Böll, Heinrich: Ich han dem Mädche nix jedonn, ich han et bloß ens kräje. Texte, Bilder, Dokumente zur Verleihung des Ehrenbürgerrechts der Stadt Köln, 29. April 1983. Hg. vom Oberstadtdirektor der Stadt Köln. — Köln 1983

Bonk, Winfried: Volkstheater Millowitsch. Vom Puppenspiel zum Fernsehen. 2. erweiterte und überarbeitete Auflage. — Würzburg 1983.

Borger, Hugo: Das Kölner Hänneschentheater. In: Kölner Geschichtsjournal 1/76. Das Hänneschen läßt die Puppen tanzen, S. 28 ff. Hg. von den Historischen Museen der Stadt Köln. — Köln 1976.

Borger, Hugo: Zu einem Skizzenbuch von Johann Christoph Winters. Ebd., S. 76 ff.

Eyll, Klara van: Wirtschaftsgeschichte Kölns vom Beginn der preußischen Zeit bis zur Reichsgründung. In: Zwei Jahrtausende Kölner Wirtschaft, Bd. 2, S. 163 ff. — Greven Verlag Köln 1975.

Fuchs, Peter/Max-Leo Schwering/Klaus Zöller: Kölner Karneval. Seine Geschichte, seine Eigenart, seine Akteure. — Greven Verlag Köln 1984.

Jung, Hermann (Hg.): Das Rheinland wie es lacht. — Reinbek bei Hamburg 1979.

Karneval in Köln 1823 — 1973 (= Köln. Vierteljahresschrift für die Freunde der Stadt. Sonderheft 1973). Hg. vom Verkehrsamt der Stadt Köln. — Köln 1973.

Klersch, Joseph: Die kölnische Fastnacht. — Köln 1961.

Klersch, Joseph: Kölner Fastnachtsspiegel. Hg. vom Festausschuß Kölner Karneval e. V. — Köln 1948.

Krupp, Hans W.: Willi Ostermann, Band 18 in der Reihe »Kölner Biografien«. Hrsg. Stadt Köln, 1986.

Leson, Willy (Hg.): So lebten sie im alten Köln. Texte und Bilder von Zeitgenossen. — Köln 1974.

Liessem, Thomas: Kamelle und Mimosen. Bearbeitet von Helmut Eickelmann. — Köln o. J.

Louis, Reinold: Kölnischer Liederschatz. — Greven Verlag Köln 1986.

Louis, Reinold: Kölner Originale. — Greven Verlag Köln 1985.

Lützeler, Heinrich: Rheinischer Humor. Nicht nur für Rheinländer. — Hanau/Main 1978.

Mezger, Werner (Hg.): Narrenfreiheit. Beiträge zur Fastnachtsforschung. Untersuchungen des Ludwig-Uhland-Institutes der Universität Tübingen. — Tübingen 1980.

Mezger, Werner: Narretei und Tradition — Die Rottweiler Fasnet. — Stuttgart 1984.

Mies, Paul: Das kölnische Volks- und Karnevalslied. Ein Beitrag zur Kulturgeschichte der Stadt Köln von 1823 bis 1923 im Lichte des Humors. Zweite, erweiterte Auflage. — Düsseldorf 1964.

Modehn, Christian: Ohne Glaube, Hoffnung, Liebe? Manuskript der Sendung »Lebenszeichen« (WDR) vom 19. 5. 86. — Köln 1986.

Moser, Dietz-Rüdiger: Fastnacht — Fasching — Karneval. Das Fest der »Verkehrten Welt«. — Graz, Wien, Köln 1986.

Moser, Dietz-Rüdiger (Hg.): Narren, Schellen und Marotten. Elf Beiträge zur Narrenidee. — Remscheid 1984.

Musée sentimental de Cologne, Le. Entwurf zu einem Lexikon eines Musée Sentimental de Cologne. Reliquien und Relikte aus zwei Jahrtausenden »Köln Incognito« nach einer Idee von Daniel Spoerri. — Köln 1979.

Niessen, Carl: Das rheinische Puppenspiel. Ein theatergeschichtlicher Beitrag zur Volkskunde. (= Rheinische Neujahrsblätter, VII. Heft, Hg. vom Institut für geschichtliche Landeskunde der Rheinlande an der Universität Bonn). — Bonn 1928.

Orloff, Alexander: Karneval. Mythos und Kult. — Wörgl 1980.

Pohl, Hans: Wirtschaftsgeschichte Kölns im 18. und beginnenden 19. Jahrhundert. In: Zwei Jahrtausende Kölner Wirtschaft, Bd. 2, S. 9 ff. — Greven Verlag Köln 1975.

Probst, Gisela: Zur psychologischen Funktion des Karnevalschlagers. In: Rheinisches Jahrbuch für Volkskunde, 23. Jahrgang. — Bonn 1978.

Reuter, Rudolf: Tünnes und Schäl us Köllen am Rhing. Ihre Lebensgeschichte und Erlebnisse, erforscht, gesammelt und aufgezeichnet von Rudolf Reuter. 6. Auflage 1981. — Köln 1981.

Schwering, Max-Leo: Fastelovend op dr Stroß. Geschichte der Schull- und Veedelszög 1933 — 1983. — Köln 1983.

Schwering, Max-Leo: Das Kölner »Hänneschen« — Geschichte und Deutung. In: Kölner Geschichtsjournal 1/76. Das Hänneschen läßt die Puppen tanzen, S. 34 ff. Hg. von den Historischen Museen der Stadt Köln. — Köln 1976.

Schwering, Max-Leo: Das Kölner »Hänneschen«-Theater, Geschichte und Deutung. — Köln 1982.

Schwering, Max-Leo/Romano Spiro: Köln von A bis Z. Das heitere Stadt-Lexikon. — München 1985.

Sturm, Vilma: Auskunft über den Kölner Karneval. In: Unterwegs. — Frankfurt o. J.

Zulehner, Paul M.: Frauen und Männer. Manuskript der Akademie für Erwachsenenbildung. — Köln 1985.

Alfred Koch: S. 10, 14, 15, 17 li., 19 u., 22, 23, 37, 40, 48 re., 49, 54, 55, 57, 60, 62, 64, 67, 75, 86, 94 o. re., 96, 98, 99 u., 108, 113, 116 re., 117, 125, 129 o., 131, 141, 142, 148, 159, 161, 162, 170, 172, 189, 191, 193 o. li. u. re., 195, 211, 212, 228, 236, 237, 242, 249, Autorenportraits auf dem Schutzumschlag.—

Archiv für Kunst und Geschichte, Berlin: S. 51 re.—
ARD-Filmarchiv: S. 52 re.—
Uli Becker: S. 181.—
Chargesheimer: S. 29.—
Hermann Claasen: S. 199, 224.—
Walter Dick: S. 231.—
Harriet Drack: S. 99 o. li., 102.—
Charlotte Elfgen: S. 219.—
F. W. Holubovsky: S. 25, 30, 65, 81, 94 o. li., 99 o. re., 116 li., 122, 123, 143, 144 o. re., 146 o., 175, 183, 186 li., 193 o. re., 196, 205, 213, 245.—
Ralf Huttanus: S. 220.—
Helmut Jüliger: S. 19 o., 21, 94 u. re., 167, 174, 185, 205, 239, 241.—
Foto Keystone: S. 186 re.—
Archiv »Kölner Stadt-Anzeiger«: S. 144 li., 146 u., 172, 222.—
Helmut Koch: S. 48 li., 94 u. li., 139, 178.—
Foto Kops: S. 232.—
Alexander Mokos: S. 52 li.—
Stefan Odry: S. 51 li.—
Birgit Pohl: S. 71.—
Puppenspiele der Stadt Köln: S. 43.—
Rautenstrauch-Joest-Museum: S. 165.—
Rheinisches Bildarchiv: S. 33, 34, 35, 39, 153, 156 li.—
Walter Schiestel: S. 17 re., 82, 104, 145, 216, 218.—
Elmar Thoma: S. 135.—
Verlagsarchiv: S. 154, 155, 156 re., 168.—
Hansherbert Wirtz: S. 133.—
Zik: S. 129 u.—